Gesundbrunnen
im Schaumburger Land
Rehburg – Rodenberg – Nenndorf – Eilsen

Ausflüge in die Geschichte

Georg Schwedt

2017

Herstellung und Verlag:
BoD - Books on Demand, Norderstedt
ISBN 978-3-7448-5631-7

Inhalt

Teil 2:
Der Brunnenmedicus zu RODENBERG und Professor der Universität Rinteln Franz von Ziegler   95

Teil 4:
Berühmte Chemiker an den Schwefelquellen von EILSEN 275

Zur Geschichte des Gesundbrunnens aus historischen Berichten **275**

6

Teil 1
Königliche HOF-MEDICI
am Gesundbrunnen zu REHBURG

Historie in zeitgenössischen Berichten

EINLEITUNG

Am Freitag, den 14. März 1766 erschien im *Hannoverischen Magazin* anonym ein Beitrag unter dem Titel
Von den Kräften des Brunnens und Bades bey Rehburg.
Er beginnt wie folgt:

„Ich zweifle nicht, daß unsere Aerzte über die Kräfte des Rehburger Brunnens und Bades schon viele wichtige Beobachtungen gemacht haben. Um zu veranlassen, daß sie solche dem Publico mitzutheilen belieben mögten, liefere ich hiermit die wenigen folgenden, so ich aus denen in einer öffentlichen Registratur verwahrt liegenden, unsern Brunnen betreffenden Papieren zu ziehen Gelegenheit gehabt.“

Aus diesem Beitrag stammen die folgenden Fakten zur frühen Geschichte des REHBURGER BRUNNENS.

1690   Bericht des Rehburger Amtmanns *A(h)rens* (über den Großen Zulauf an Kranken)
1722   Bericht des Amtmanns *Ludowieg…, daß das Wasser vielen Kranken ersprießlich gewesen…*
1752   Akte des Regiments-Wundarztes *Fromm* vom Regiment von Münchow (über *Heilung von einer Flechte und Ausschlag…*)
        Königl. Churfürstl. Hofmedicus A. L. *von Hugo* im Auftrag der Königl. Regierung am Brunnen, *um von desselben Wirkungen nähern Unterricht zu schöpfen.*

1752
d. d. 28. Nov.
Proclama
wegen des An-
bauens bey dem
Rheburger
Brunnen.

Nachdem Ihre Königl. Majest. von Groß-Britannien, und Chur-Fürstl. Durchl. zu Braunschweig-Lüneburg, Unser allergnädig- ster Herr, sofort als Ihro, nach Höchst-Dero- selben letztmaligen Ankunfft in Dero teutschen Landen, von den Umständen des, ohnweit dem Städtchen Rheburg vorhande- nen, und zwar vor langer Zeit schon in dasiger Nachbarschafft nicht unbekannt, jedoch theils verfallen-gewesenen, theils son- sten wegen Ermangelung der, bey einem Gesund-Brunnen er- forderlichen Nothwendigkeiten, dem *Publico* wenig zu Nutzen gekommenen Gesund-Brunnens, alleruntertbänigster Vortrag geschehen ist, die huldreiche Entschliessung gefasset haben, diese von der Natur dargebotene Wohlthat nicht ohnangewandt zu lassen, sondern vielmehr so gemein-nützlich, als möglich ist, zu machen.

PROCLAMA von König Georg II. von Großbritannien, Kurfürst von Hannover (aus K. Droste 2003)
Der abgebildete Auszug aus der Anordnung dokumentiert den Beginn der Entwicklung zum Kurbad Rehburg.

Und am Ende des zuvor zitierten Berichtes ist zu lesen:
„Was der Nienburgische Arzt, der verstorbene Herr Doctor Corner, von unserm Brunnen rühmet, übergehe ich, und zeige nur an, daß er vom 16ten August 1750, diesen Brunnen schon seit 24 Jahren vielen Kranken angerathen, und manche selbst der verzweifelsten dadurch hergestellet gesehen zu haben, versichert.
(Der Verfasser dieses Berichtes wird aus der später zitierten Schrift des Hofmedicus Christoph WEBER einen Namen bekommen.)

Aus dieser Zeit stammt auch das *Kurtagebuch des Johann Christian Kestner vom 9. bis 30. Juli 1765* (2005 mit Kommentaren von Alfred Schröcker herausgegeben).
Johann Christian KESTNER (1741-1800) war Jurist und Archivar, berühmt vor allem als Ehemann von *Werthers Lotte* Charlotte Buff.

Zwischen 1750 und 1850 galt der *Rehburger Brunnen* als „Madeira des Nordens" und wurde zum bekanntesten Kurort für den Adel des Königsreichs Hannover. In dieser Zeit entstanden die Kuranlagen mit Badehaus, Brunnenhaus, Wandelhalle, Kurhotels und 1841/42 der Friederikenkapelle sowie auch der Kurpark

Zu Beginn des 19. Jahrhunderts analysierte der Hamelner Ratsapothekers WESTRUMB (1751-1819) die beiden Quellen – die Trink- und die Badequelle. Seine Untersuchungsergebnisse wurden in das erste *Deutsche Bäderbuch* von 1907 aufgenommen.
Zum Ende des 20. Jahrhunderts waren die Kuranlagen, die zuvor unter anderem als Pflegeheim und für Waisenhäuser genutzt worden waren, verfallen – der Kurpark war zugewuchert. 1950 endete auch die Ära als Staatsbad.

Zu Beginn des 21. Jahrhunderts erwachten die historischen Kuranlagen aus ihrem Dornröschenschlaf.
Im Jahre 2003 wurde die *historische Kuranlage mit Museum* eingeweiht, bestehend aus dem frühklassizistischen Neuen Badehaus (1778/1786 – mit seiner ornamentalen Badekammer, dem „Königinnen-Bad"), der Wandelhalle (1843/44 – heute mit der Tourist-Information und dem Café-Restaurant *Carpe Diem*), dem

sanierten Brunnen auf dem Vorplatz, dem früheren Brunnenhaus von 1753 sowie der Friederikenkapelle (1841/1842).

Im „Neuen Brunnenhaus" befindet sich die Ausstellung „Kurleben der Romantik" und lädt zu einer Zeitreise in das Kur- und Badeleben des 19. Jahrhunderts ein, wo auch der Nachbau eines tragbaren *chemischen Probierkabinetts* zu sehen ist, mit dessen Reagenzien um 1800 die ersten zuverlässigen Analysen von Mineralwässern vor Ort durchgeführt werden konnten.

Wer heute in dem Niedersächsischen Staatsbad BAD NENNDORF kurt und sich ein wenig mit der Historie beschäftigt, wird nicht nur auf die Vergangenheit des benachbarten GESUNDBRUNNENS von RODENBERG stoßen, sondern auch auf Vergleiche mit BAD REHBURG, das heute kein Bad mehr ist, jedoch die historischen Anlagen zu neuem Leben erweckt hat. Alle drei Orte liegen in der ehemaligen GRAFSCHAFT SCHAUMBURG.

Systematische Beschreibung aller Gesundbrunnen und Bäder Teutschlands (1776)
von J. F. ZÜCKERT

Johann Friedrich ZÜCKERT (1737-1778) war zunächst Apotheker geworden und studierte ab 1758 Medizin in Berlin am *Anatomischen Amphitheater* und an der Charité. 1760 promovierte er an der Brandenburgischen Universität zu Frankfurt an der Oder. Nach Forschungsreisen ließ er sich 1761 in Berlin nieder, wurde Mitglied des *Obercollegium medico-chirurgico* und wirkte vor allem als Fachschriftsteller.

Er berichtete über REHBURG wie folgt:

29) Der Rehburger Gesundbrunn.
*Man hat davon eine Beschreibung aus der gelehrten Feder des Herr D. **Weber**s. Sie ist in 8. zu Hannover 1769. gedruckt. Der Brunn ist eine halbe Stunde von dem Städtchen Rehburg, und eine Stunde vom Kloster Lokkum, im Herzogthum Calenberg, vier Meilen von Hannover, und eben so weit von Minden. Er ist seit dem Ende des vorigen Jahrhunderts von Zeit zu Zeit bald häufiger bald weniger von Kranken besucht worden, die sich in Zeltern um denselben gelagert haben. Im Jahre 1750. aber und in den nachfolgenden Zeiten hat man ordentliche Brunnengebäude und Badehäuser errichtet, und viele zur Bequemlichkeit der Kranken abzielende Einrichtungen gemacht, so daß jetzt eine große Frequenz bey diesem Brunnen ist.*

Der Ort, wo das Wasser entspringt, besteht aus zween in dem Lokkummerberg befindlichen durch die Kunst verfertigten und im blossen Felsen ausgehauenen Hölungen, zu welchen ein Stollen führt, der 900 Fuß lang ist. Es scheinet, daß der Felsen daselbst also ausgehauen worden, wie man die Wasseradern desselben am besten und reichlichsten eröfnen zu können geglaubt hat. Allhier strömet und träufelt das Wasser an allen Orten ergiebig hervor, und sammlet sich auf dem Boden der beschriebenen Hölungen. Da solche unter einem Berge liegen, dessen äusserste Höhe mit den Spitzen der höchsten Kirchtürme von Hannover übereinkommen soll; so war es, wenn gleich das Wasser in seinen tiefsten Quellen aufgesucht vorhanden ist, dennoch wegen der Unthunlichkeit, den Berg so weit abzutragen, nicht möglich, dieses Wasser anders als vermittelst des Stollens zu Tage zu leiten. Durch diesen Stollen, der theils im Felsen gehauen, theils mit Steinen ausgemauert ist, durch thönerne Röhren in einem mit einem Gebäude umgebenen Springbrunnen, und von da mittelst langer eiserner Röhren in die Badehäuser.

Nach den Versuchen, welche der Herr D. **Weber** mit diesem Wasser angestellt hat, enthält es bey der Quelle, außer dem Mineralgeist und Eisenvitriol, eine Kalkerde, ein bitteres Brunnensalz und Kochsalz. In seinem Lauf aber aus der Quelle nach dem Baßin im Brunnenhause geht einige Veränderung damit vor. Die Kalkerde schlägt während dieses Laufs das Eisen aus dem Vitriol nieder, welches als eine Ocher in den thönernen Röhren häufig zurückbleibt, und die Kalkerde geht mit der Vitriolsäure in eine selenitische Verbindung über. Daher ist in dem Wasser aus dem Baßin weder durch Geschmack, noch durch chemische Versuche, kaum einiges Eisen zu verspüren. Beyde Arten von Wasser werde sowol zum Trinken als Baden gebraucht.

Zur Historie in zeitgenössischen Berichten

Die von Zückert genannte Schrift ist folgende:

S c h r e i b e n

des

Herrn Hof-Medicus D. Christoph Weber

zu Walsrode

an einen seiner Freunde

von

der Lage, der Geschichte, dem

Gehalt, dem Gebrauche

und den Würkungen

des

Rehburger

Gesund-Brunnens

u n d   B a d e s

auf dessen Erlaubnis zum Druck befördert.

H a n n o v e r ,

gedruckt bey Hermann Adolph Wekcne 1769.

Hofmedicus WEBER (1769)

Im Folgenden werden aus dieser Schrift der ersten Abschnitte zitiert und daran anschließend jeweils näher erläutert.

Christoph WEBER (Eisleben 1734 – 1787 Bad Rehburg) war Arzt und wirkte nach seinem Studium in Göttingen (Dr. med. 1758) zunächst in Walsrode als Arzt. 1770 wurde er Brunnenarzt in Rehburg – als Nachfolger von J. A. F. Oldenburg. Weber war Hofmedicus und Landphysicus in Walsrode und sorgte als Brunnenarzt auch für den Ausbau des Bades Rehburg – das frühere Brunnenhaus und das Badehaus der heute historischen Anlagen entstanden in seiner Zeit.

Mein Herr!

Sie erwarten von mir eine vollständige Beschreibung des Rehburger Brunnens, weil selbiger seit einigen Jahren die Aufmerksamkeit der Nachbarschaft auf sich gezogen hat, und dennoch so wohl das Publicum, als die Aerzte eine ausführliche Nachricht davon vermissen. Sie haben um so mehr Recht dazu, diese von mir zu verlangen, da mir von Königlicher und Churfürstlicher Cammer zu Hannover die Aufsicht über den Brunnen, und die Versorgung derer selbigen besuchenden Kranken gnädigst angetragen worden ist.

[...]

Um aber wenigstens einen Theil meiner Schuldigkeit bey Ihnen abzutragen, nehme ich mir die Ehre, Ihnen dasjenige mitzutheilen, was ich von der Lage, der Geschichte, und dem Gehalte des Brunnens überhaupt weiß, und was Sie von dem Gebrauch und Nutzen desselben zu lesen wünschen.

Ich mache also mit der Lage des Brunnens den Anfang und beschreibe Ihnen zuerst denjenigen Ort, wo das Wasser entspringt.

Dieser Ort besteht aus zween in einem Berge, welcher der Lockummer Berg heißet, befindlichen, durch die Kunst verfertigten, in bloßem Felsen ausgehauenen Hölungen, zu welchen ein Stollen führet, welcher 900. Fus lang ist. Von diesen Hölungen ist die eine ohngefehr 40. und die andere 20. Fuß lang, und beyde sind bald schmaler bald breiter. Es scheinet, der Felsen daselbst also ausgehauen worden, wie man die Wasser-Adern desselben am besten und reichlichsten eröfnen zu können geglaubet hat. Allhier ströhmet und träufelt das Wasser aller Orten ergiebig hervor, und samlet sich auf dem Boden der beschriebenen Hölungen. Da selbige unter einem Berge liegen, dessen äusserliche Höhe mit den Spitzen der höchsten Kirchthürme von Hannover übereinkommen soll, so ersehen Sie daraus, mein Herr, faß wenn gleich das Wasser in seinen tiefsten Quellen aufgesucht vorhanden ist, es dennoch wegen der Unthunlichkeit, den Berg so weit abzutragen, sehr schwer, ja fast unmöglich ist, es anders, als vermittelst des Stollen zu Tage zu leiten.

Durch diesen Stollen, der theils im Felsen gehauen, theils mit Steinen ausgemauert ist, fließet das Wasser vermittelst thönerner Röhren in einem mit einem bedeckten, aber auf den Seiten ofnen Gebäude umgebenden Springbrunnen und von da 450. Fuß lang mittelst eiserner Röhren in die Badehäuser.

(...) [In den zwei ausgelassenen Absätzen erfolgen Angaben zur Lage des Ortes, d.h. Entfernungen zu anderen Städten und Zuordnung zum Kurfürstentum Braunschweig-Lüneburg.]

Die Gegend um den Brunnen ist so schön, daß sie nicht allein vielen in Teutschland befindlichen angenehmen Gegenden, wo Gesund-Brunnen sind, gleich kommt, sondern daß sie es auch einigen, die deswegen berühmt sind, zuvor thut. Wenigstens hat sie das seltene, daß die Aussichten des Lockumer Berges, welcher der höchste und fast einzige in einem Umkreise von 3 bis 4 Meilen ist, überall in Ebnen gehen, und daß sie folglich freye und durch die Mannigfaltigkeit der Gegenstände reitzende Scenen darstellen. Das Brunnen-Haus und die Gebäude liegen an dem Fuße dieses waldigen Berges, ja gewisser maßen selbst in dem Walde, wo der fruchtbare Erdboden überall Kräuter und Graß hervorbringt. Die Anhöhen werden zu der gemeinen Hut und Weide genutzt, und liefern also einen grünen Teppig, der den Spazierenden angenehm ist, und der bey dem allmähligen Steigen der Anhöhen durch keine Tiefen und Zwischen-Räume unterbrochen wird. Schon die Höhen an dem Fuße des Berges sind hinreichend, um von da der schönsten Aussichten zu genießen. Der Anblick des so genannten Steinhuder Meeres, welches ein See ist, der eine Meile Weges in seiner größten Länge hat, stellt würklich dem Auge ein Bild eines Meer-Busen dar, um und an welchem man eine Anzahl von kleinen Städten, Dörffern und einzelnen Häuser entdecket. Auf diesem See zeigt sich eine von des jetzt regierende Grafen von der Lippe Bückeburg Erlauchten angelegte regulare Festung, der Wilhelmstein genannt, welcher von Kennern bewundert, und von unsern Brunnen-Gästen wegen der Seltenheit der Lage und des Werkes oft mit Vergnügen von Ferne beschauet, auch wegen der Bequemlichkeit einer zweystündigen Reise bis Hagenburg und Veränderung der darauf folgenden einstündigen Wasserfahrt bis zu der Festung, vielfältige besuchet wird. Man siehet auf der einen Seite des Lockummer Berges die Thürme von Hannover, und auf der andern die von Minden, bey gutem Wetter, vor sich liegen. Der dickere Wald auf den Höhen des Berges welche man zu besteigen pfleget, ist durchgehend zum Spazierengehen bequem, und giebet an einigen Holtzleeren Stellen die Aussichten im Gantzen, die man am Fuße des Berges nicht ohne Vermischung von andern Gegenständen, und Verhinderungen des Auges wahrnehmen kann.

Zur FESTUNG WILHELMSTEIN

Auf der künstlichen Insel im Steinhuder Meer wurde von Graf Wilhelm zu Schaumburg-Lippe (1724-1777) zwischen 1761 und 1767 eine Festung errichten, die als uneinnehmbarer Fluchtpunkt im Falle eines Angriffes auf die kleine Grafschaft genutzt werden sollte. Die Insel wurde von 1761 bis 1765 aufgeschüttet. Für die Anlieferung des Schüttmaterials aus Sand, Kies sowie Steinen wurde der 1,2 km lange *Hagenburger Kanal* als Stichkanal vom Schloss Hagenburg zum Steinhuder Meer ausgehoben. Die Festung Wilhelmstein gehört noch heute dem Haus Schaumburg-Lippe und ist ein beliebtes Ausflugsziel. Nach Beendigung der Nutzung (zuletzt als Gefängnis) 1867 wurde sie zunehmend für den damaligen Fremdenverkehr genutzt – u.a. von Kurgästen aus Bad Rehburg, Bad Nenndorf und Bad Eilsen.

Kupferstich von 1787 – von Anton Wilhelm Strack (1758-1829)

Zu den berühmtesten Besuchern des historischen Ausflugszieles *Insel Wilhelmstein* zählen u.a. Johann Gottfried HERDER, Friedrich des La MOTTE-FOUQUE, König JÉRÔME Bonaparte von Westfalen und Kaiser WILHELM I.

REHBURGER BERGE

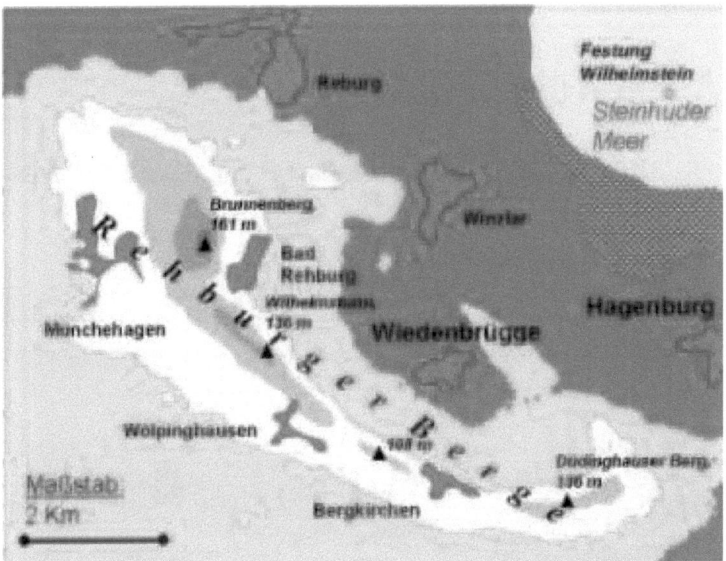

Karte zu den Rehburger Bergen mit Umgebung (n. Falk Oberdorf)

Der als *Rehburger Berge* bezeichnete Höhenzug zwischen Rehburg-Loccum (Nordwesten), Hagenburg (im Osten) und Sachsenhagen (im Süden) besteht aus mehreren Erhebungen – dem Brunnenberg (161,4 m), Wölpingerhauser Berg (136 m), Düdinghauser Berg (121 m), Loccumer Berg (118,7 m) und dem Atgeberg (101 m).
Von dem Höhenzug hat man auch heute noch weite Ausblicke zur Weser, zum Steinhuder Meer, Deister, Bückeberg und Wiehengebirge.

Zu den „*Türmen von Hannover*" –
Kupferstich von Matthäus Merian 1654

Zu den „*Türmen von Minden*" –
Kupferstich von Matthäus Merian 1641

Fortsetzung des Textes von HOF-MEDICUS WEBER:

Ich will Sie, mein Herr, jetzo mit der Beschreibung der gewiß angenehm in die Augen fallenden Lage der Gebäude neben der Brunnen-Allee und an den Anhöhen des Weges, der von hier nach Lockum führet, nicht aufhalten. Das Publicum hat ohnehin zu gewärtgen, daß der Herr Andreae, welcher bereits mehrere Wahrnehmungen über den Gehalt des Wassers und über die Natur-Geschichte der Gegend mit einem gewiß gelehrten Auge angestellet und niedergeschrieben hat, selbige drucken lassen, und mit einem Abrisse von der jetzigen Lage des Ortes zieren wird. Ich schreite also zu der Geschichte desselben, und finde dabey Gelegenheit, Ihnen zugleich von denen vorhandenen Anlagen und Gebäuden beyläuffig einen Begriff zu geben.

Johann Gerhard Reinhard ANDREAE (1724-1793)

Apotheker Andreae
Nach einer Ausbildung zum Apotheker in Hannover in der Apotheke
seines früh verstorbenen Vaters unter dem Provisor Ruge war
Andreae u.a. 1746 in der Hessischen Apotheke zu Frankfurt tätig. Er
studierte in Berlin bei Johann Heinrich Pott (1692-1777) am
Collegium Medico Chirurgicum Chemie, Pharmazie und Geologie,
später auch in Leiden und reiste nach England. 1747 kehrte er nach
Hannover zurück, wo er die Verwaltung der Apotheke seines Vaters
übernahm. Er wurde Hof-Apotheker und unternahm eine
wissenschaftliche Reise in die Schweiz. 1765 erhielt er von der
königlichen Kammer in Hannover den Auftrag, die wichtigsten
Mergel- und Erdarten des Landes zu untersuchen. Andreae wirkte
nicht nur als Apotheker sondern auch als Mineraloge, Chemiker und
Botaniker. Die vom Hof-Medicus Weber angesprochene Schrift bzw.
Veröffentlichung wird im folgenden Absatz angegeben.

Fortsetzung Hof-Medicus WEBER:
Von der ersten Entdeckung der Heilkräfte dieses Wassers
habe ich, ohngeachtet vieler darüber angestellter Nachfragen,

21

bishero noch keine Nachricht erhalten können. Daß es aber schon im letztverwichenen Jahrhunderte als ein mineralisches Trinkwasser gebrauchet und starck besuchet worden sey, solches ist keinem Zweifel unterworfen. Der eben erwähnte gelehrte Naturkundige und Chymicus Hr. Apotheker Andreae zu Hannover hat Gelegenheit gehabt, die wegen des Brunnens bey Königl. Cammer vorhandene Nachrichten einzusehen, und hieraus ist von ihm im 21. Stück des Hannöverschen Magazins vom Jahr 1766. angeführet worden, daß im Jahre 1690. der damahlige Amtmann zu Rehburg Herr Alers an seine Herrn Obern berichtet habe, daß der Zufluß von Kranken bey dem Brunnen sehr groß sey, und er dieserhalben auf die Vorkehrung einiger Anstalten zu ihrem Besten antrüge.

Erläuterung:
Mit diesem Hinweis auf die Veröffentlichung im *Hannöverschen Magazin* (1766, S. 321-326) ist der Autor des anonym erschienenen Artikels – zu Beginn in der Einleitung zitiert – somit der Hofapotheker ANDREAE gewesen.

Fortsetzung Hof-Medicus WEBER:
Bey der Rehburger Kirche befinden sich schriftliche Nachrichten, welche ich Ihnen hiemit in einem Auszuge zu liefern, die Ehre habe. In dem 1692sten und einigen folgenden Jahren hat der Hochseelige Chur-Fürst Ernst August mit mehrern Fürstlichen Personen Seines Hauses sich des Wassers an der Quelle bedienet, und Gezelte dabey aufschlagen lassen.

Erläuterung: Kurfürst ERNST AUGUST (Herzberg 1629-1698 Herrenhausen), seit 1661 Bischof von Osnabrück, übernahm 1679 die Herrschaft von Calenberg, 1692 Kurfürst von Hannover und zugleich Herzog von Braunschweig-Lüneburg.

Die Besuchung des Brunnens ist oftmahls in Begleitung des ganzen Hoff-Staats geschehen. Der dahmalige Rehburgische Prediger Herr Pastor Meyer hat sodann jeden Sonntages unter einem Zelte vor der Gnädigen Herrschaft predigen müßen. Ein ohnweit des Brunnens vorhandener Camp hat von der darauf angelegt gewesenen Küche den Nahmen der Churfürstlichen Küche geführet und über dem Brunnen hat ein kleines Haus gestanden.

[Das Fazit des folgenden Absatzes ist, dass der Brunnen nach dem Tod des Kurfürsten offensichtlich zunächst in Vergessenheit geraten sei, so wie es auch über den Brunnen von Pyrmont berichtet wurde.]

Im Jahr 1722. ist der Rehburger Brunnen von vielen, wiewohl mehrentheils geringen Leuten besucht worden, deren Uebel, und die dagegen gefundene Hülfe durch eine Nachricht des obangeführten Stückes des Hannöverschen Magazins bekannt ist.

Die Nachrichten der Rehburger Kirche melden, daß der vormahlige Nienburgische Arzt, Herr Doctor Cörner den Brunnen aus eigenem Antriebe von 1726. bis 1750. jährlich als Arzt besucht, und sich eines Zaltes zum Auffenthalte bedienet habe. Die Anzahl der Brunnen-Gäste, welche sich unter Hütten von Laub und Sträuchern aufgehalten, ist in den Jahren 1748., 1749., und 1750. auf einige Hundert angewachsen gewesen.

In dem letzgedachten Jahr haben der jetzige Königliche Dänische Leib-Medicus Herr Etats-Rath von Berger, als damahliger Hof-Medicus zu Zelle, und der bereits verstorbene Hof-Medicus Herr A. L. von Hugo auf Königlicher Cammer Befehl die Gegend in Augenschein genommen, und das Wasser untersucht. Weyland Ihro Königliche Majestät, Georg der Zweite, welche in diesem Jahr in Hannover gegenwärtig waren, geruheten von der Sache Kenntniß zu nehmen, und befahlen die Anlegung derer vorhandenen Baracken zu besserer Verpflegung der Armen unter den Brunnen-Gästen. Im folgenden Jahr, in welchem die Anzahl so wohl einheimischer als fremder Gäste sehr groß gewesen ist, sind die Baracken bereits gebrauchet worden.

Erläuterung:
König Georg I. (1660-1727) folgte seinem Vater ERNST AUGUST als Kurfürst von Hannover, gewann das Fürstentum Lüneburg (1705) und die Herzogtümer Bremen (1720) und Verden (1712/1719) hinzu und wurde 1714 König von England.

23

In eben diesem Jahre [1750] haben des Herrn Geheimen Rathes und Groß-Voigts Diede zum Fürstenstein und weyland des Herrn Geheimen Rathes von Schwicheld Excellenzen Land-Gericht zu Rehburg gehalten, und bey dieser Gelegenheit die Gegend des Brunnens, theils wegen des Brunnens selbst, theils wegen derer eine Zeitlang sehr ergiebig gewesenen Stein-Kohlen-Gruben in hohen Augenschein genommen. Dieses hat den angenehmen Erfolg gehabt, daß die in Vorschlag gebrachte Anlegung neuer Stollen, behuef des Stein-Kohlenbrechens, um den Lauf des Wassers nicht zu hindern, unterblieben und dagegen in dem folgenden Jahre, da Seine Königliche Majestät die hiesigen Lande abermahlen mit Dero Höchsten Gegenwart beglückten, die Applanirung des am Ende des Berges steinigten Terreins, die Anlegung eines Brunnen-Hauses, einer Allee, und eines großen Wohnhauses, mit Bade-Gelegenheiten in dessen unterstem Stockwerke, allergnädigst genehmiget worden ist. Mit allen diesen Arbeiten hat man schon im Herbste dieses Jahres den Anfang gemacht, und in dem folgenden Jahre schon von einigen Particuliers, welche dazu durch die von Königlicher Landes-Regierung ertheilte Privilegien aufgemuntert worden, Gebäude aufführen sehen. Ausser einigen kleinern am Berge vorhandenen Häusern sind dazumahl die größern des seligen Herrn Ober-Amtmanns Hugo zu Stolzenau, und des Herrn Amtmanns Ludowig zu Rehburg beyde an der Allee, desgleichen das Haus des Herrn Amtmanns Reineke zu Diepenau auf einem sehr angenehmen Platze errichtet worden. Letzterer erhielte das Privilegium auf die bey dem Brunnen vorfallende Post-Fuhren, und für eine Apotheke wurde durch das dem Herrn Apotheker Behr zu Stolzenau, welcher an der Allee nahe bey dem Brunnen-Hause gebauet hat, ertheilte Privilegium gesorget.

ERLÄUTERUNGEN
In der Geschichte von Stolzenau ist verzeichnet, dass der Burgmannshof in der Bahnhofstraße 13 im Jahre 1742 Eigentum des Oberamtmannes Christoph von HUGO war. Er wird auch im Bericht „Historische Nachrichten vom Rehburger Gesundbrunnen" des Superintenden *Mehliß* zu Oldendorf in „Neues Hannöversches

Magazin" vom 15. März 1805 genannt, aus dem später ebenfalls zitiert wird.

So wohl die Anlage dieser Gebäude, als auch die zum besten der Kranken gemachte Anstalten verursachten daß sich jährlich mehrere Brunnen-Gäste von allerley Stande einfanden. Dieser Erfolg, und die viele glücklich ausschlagende Curen zogen die fernere Aufmerksamkeit Königlicher Regierung und Cammer auf sich, so daß von Zeit zu Zeit Untersuchungen und Verbesserungen angestellt wurden. So wurde im Jahr 1754. die schon vorhin geschehene Prüfung des Gehalts des Wasser von dem berühmten Königlichen Leib-Aerzten, dem Herrn von Hugo, und dem Herrn Werlhof selbst, in Beytritt des Herrn Apothekers Andreä durch eine genaue Untersuchung wiederholet, und im Jahre 1755. von Königlichem Consistorio verfügt, daß der jedesmahlige Prediger zu Rehburg während der Brunnen-Zeit jeden Sonntag eine Predigt, und Dienstag und Freytags eine Bet-Stunde halten sollte. Der auf diese Art angeordnete Gottes-Dienst wird in dem gerade hinter dem Brunnen-Hause errichteten Gebäude abgewartet.

Während des letzten Krieges ist der Brunnen nicht stark gebrauchet worden, nach geschlossenen Frieden aber haben sich die Gäste häufiger als jemahls eingefunden, desfalls auch gleich damahls der Gehalt des Wassers von unserem Herrn Hofmedico D. Müller, und dem Herrn Andreae abermahls untersuchet, auch bey den Bade-Anstalten eine Verbesserung getroffen worden ist.

Die Aerzte, welche seit 1750, die Aufsicht bey den Brunnen geführet, und, die Kranken besorget haben, sind der Herr D. Albrecht, und nach ihm der Anfangs des Jahres 1768. verstorbene Herr D. Oldenburg gewesen.

Beyde haben ihren Sitz zu Neustadt am Rübenberge gehabt, sind aber verpflichtet gewesen, sich während der Brunnen- und Bade-Zeit beym Brunnen auzuhalten.

Weil für den beständigen Zuwachs von Gästen die bisherigen Bäder nicht hinreichend waren, ließ Königliche Cammer im Jahre 1767. in dem Bade-Hause noch einige Bäder, und dabey ein neues Bade-Hauß für Hausleute und Arme anlegen.

Zu besserer Beobachtung der Bade-Stunden und Erhaltung guter Ordnung unter der Menge der andringenden Bade-Gäste wurde eine Glocken-Uhr, welche dem Orte bisher gemangelt hatte, auf dem großen Bade-Hause aufgestellet. Es ist nunmehro auch in jedem Bade-Hause eine Pfanne, worin das Wasser zu den Bädern gekocht wird, befindlich, so daß in beyden Häusern zugleich gebadet werden kann.

Die Dusche schien mir noch ein bey diesem Bade nöthiges Stück zu seyn, deren Anlegung auf meinen unterthänigsten Vorschlag bey Königlicher Cammer ebenfalls bereits bewilligt worden ist.

Jetzt haben auch Seine Königliche Majestät der Armuth zum Besten, die Anlegung eines Gebäudes genehmiget, darin 134 Menschen zu Zwey und Zwey in einer Cammer bequem wohnen können. Durch diese elende Kranke bin ich oft wegen des schlechten Aufenthalts in ihren Hütten und Baracken auf das äußerste gerührt worden. Wie freudig werden dieselbe nunmehro bey ihrer Genesung unter einem gegen Kälte, Wind und Regen sichern Obdache ihr Gebet für die Erhaltung Ihres großten Wohlthäters zu Gott schicken!

Unser Brunnen erhält also immer mehr und mehr Gebäude, welche den Ort verschönern werden. Denn es ist nicht allein der Herr Amtmann Reinecke mit der Verlängerung seines Hauses, zu welchem ihm des Königs Majestät die Materialien des eingehenden Linsburger Jagd-Schlosses geschenket haben, schon seit vorigem Sommer beschäftiget gewesen, sondern man hat auch von ihm die Anlage noch eines größern Hauses zu gewärtigen, mit welchem er die dasige Gegend zieren wird. Auch der Herr Amtmann Hinüber zu Sachsenhagen, war im verwichenen Herbst gewillet, die Materialien zu einem Hause anfahren zu lassen, und das Städtgen Rehburg stand ebenfals im Begrif ein schönes gebäude zwischen dem großen Bade-Hause und der Apothecke zu errichten.

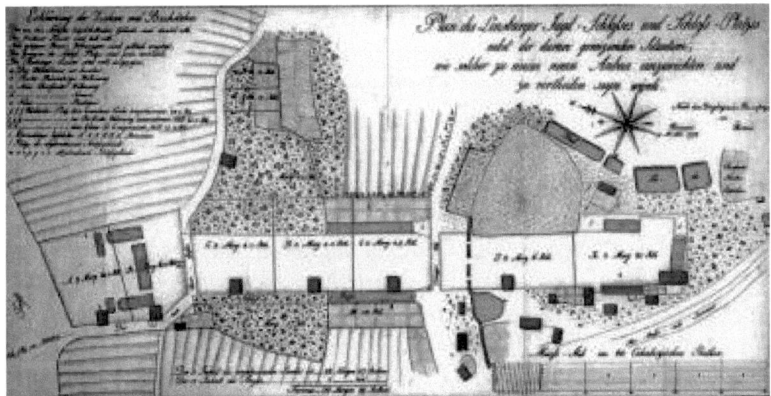

Lageplan des Jagdschlosses Linsburg von 1776 nach einem
Teilabriss

Linsburg ist eine Gemeinde im Landkreis Nienburg/Weser und das
Jagdschloss entstand als Jagdlager im 16. Jahrhundert. Es wurde
zum Ende des 17. Jahrhunderts von den Calenberger Herzögen
erweitert. Ab 1714 war die Anlage kaum noch genutzt worden, 1770
wurde sie abgerissen. Als Überreste erkennt man heute noch einen
kleinen Teich (Rest des Schlossteiches mit Infotafel zur Geschichte
des Jagdschlosses) und ein als Wohnhaus (früheres Haus des
Bäckers) genutztes Gebäude.

Außer der Bequemlichkeit der bereits vorhandenen
Wohnungen finden die Brunnen-Gäste an dem Ort nunmehro alles
dasjenige, was bey andern Gesundbrunnen zur Nothwendigkeit und
Bequemlichkeit des Lebens gerechnet und erfordert wird. Speisen
und Getränke sind in der Art und nach der Zubereitung, wie sie für
Brunnen-Gäste dienlich erachtet, oder auch von gesunden Tisch-
Genossen verlanget werden, im Ueberfluß vorhanden. Man findet
hier ein Billard, Kram-Buden mit Mode- und andern Waaren und
eine sehr gute Music. Spiele, Tänze, Feuer-Werke und Abend-
Erleuchtungen fallen häufig vor. Mehrmalige von Hannover aus

angestellte Lust-Reise geben dem Orte ein lebhaftes Ansehen. Vor allen aber ist des Sontags Nachmittags bey gutem Wetter der Rehburger-Brunnen der Sammel-Platz von einer überaus grossen Anzahl von Menschen, welche sich zu Eagen, zu Pferde und zu Fuß aus der Nachbarschaft einfinden, da so dann das Wett-Rennen junger Bauern und Bäuerinnen zu manchem ergözenden Auftritte Anlaß giebet.

Exempel von Unordnungen, die bey solchen zahlreichen Versammlungen vorgefallen wären, sind mit schlechterdings unbekannt. Ueberhaupt giebt ein munteres aber ruhiges Vergnügen denen Versammlungen um den Rehburger-Brunnen einen überaus glücklichen Ton, der sich mit einer gewissen Gleichheit durch alle Stände von dem höchsten bis zu dem niedrigsten verbreitet. Nach Zehn Uhr Abends herrschet gemeiniglich in der ganzen Gegend eine Stille, welch hier keinen Menschen vermuthen lässet. Das Herkommen, und die allgemeinen Landes-Policey-Gesetze sind bisher vollkommen hinreichend gewesen, um durchgehends Ruhe, Ordnung und Sicherheit unter dem Haufen der sich hier versammelnden mancherley Menschen zu erhalten. Es hat noch keiner besondern Gesetze und Verfügungen für den Brunnen bedurft, und die freywilligen gesellschaftlichen Anordnungen wegen Austheilung der Allmosen an arme Mit-Gäste sind von solcher Beschaffenheit, daß diese gewiß sich über die Mildthätigkeit der reichern zu erfreuen haben, letztere aber von jenen nicht leicht unmittelbar um eine Gabe angesprochen werden.

Ich eile zu der Nachricht von dem Gehalte des Brunnens, bedaure aber, daß ich jetzo noch nicht im Stande bin, Ihnen darüber etwas ausführliches vorzulegen. Sie sollen aber noch alles von meiner Hand zu sehen bekommen, und ich werde sodann vermuthlich das Vergnügen haben, Sie zugleich auf die schon erwähnte fleißige Bemühungen des Herrn Andreae zu verweisen. Jetzo müssen Sie sich gefallen lassen, daß ich nur so viel anführe, daß das Wasser überaus klar und chrystallhell ist, und bey der Quelle am mehresten Kalcherde, denn Koch- und Glauber-Salz, auch Eisen-Vitriol und etwas Mineral-Geist in sich hält. Wann aber das Wasser in einer Entfernung von seiner Quelle aus dem Baßin im Brunnen-Hause geschöpfet wird, so ist sowohl bey dem

Geschmacke, als bey dem chimischen Versuche nur kaum noch einiges Eisen zu verspüren. *Die Kalch-Erde hat das Eisen aus dem Vitriol während des Ablaufs des Wassers zu dem Baßin fast völlig niedergeschlagen. Das Eisen bleibt als eine Ocker in den thönernen Röhren häufig zurück, und die Kalch-Erde geht mit der Vitriol-Säure in eine selenitische Verbindung über. Der Unterschied ist also wichtig. Jenes gehöret unter die erdigt salinische Stahl-Wasser, und dieses unter die erdigt salinischen Wasser, behält aber unter beyderley Modificationen einen sehr angenehmen Geschmack, und seine cyrsatllgleich Klarheit.*

ERLÄUTERUNGEN

Die Angaben zu den Bestandteilen des Mineralwassers lassen sich in die Sprache unserer Zeit wie folgt übertragen:
Kalch-Erde bedeutet Calcium als Hydrogencarbonat gelöst; mit *Koch- und Glauber-Salz* sind Natriumchlorid bzw. Natriumsulfat gemeint; *Eisen-Vitriol* ist Eisen als Sulfat und der *Mineral-Geist* ist die Kohlensäure bzw. das Kohlendioxid. Durch den Einfluss der Luft bzw. des Luftsauerstoffs wird das Eisen oxidiert und bildet *Eisenocker* und auch Kohlendioxid geht aus dem Mineralwasser in der umgebende Atmosphäre über. Damit erklärt sich, dass die Chemiker damals dann das Calcium als Calciumsulfat (*selenitisch* genannt), d.h. als Gips bezeichnen, da man Ionen wie heute noch nicht kannte. Angaben in Form von Ionenkonzentrationen wie sie auf den Etiketten der Mineralwasserflaschen zu lesen sind, wurde erst im Deutscher Bäderbuch von 1907 eingeführt.
Und so wurde auf dem Weg von der Quelle aus dem *salinischen Stahl-Wasser* (eisenhaltiges Natrium-Sulfat-Wasser) das *erdigt salinische Wasser* (Natrium-Calcium-Sulfat-Wasser) – heute als als Calcium-Hydrogencarbonat-Sulfat-Säuerling bezeichnet.

Im folgenden Absatz beginnt WEBER mit Vorschlägen zur Anwendung des Gesundbrunnens:

Ich komme nunmehr auf die Beschreibung des Gebrauchs des Rehburger Wassers, und führe zuerst von dem innerlichen Gebrauch desselben das nöthigste an. Beyde Gattungen von Wasser, welche ich soeben bezeichnet habe, werden kalt, verschlagen oder warm, und so wohl allein, als mit einem Zusatze von Milch oder mit gewissen Mittel-Salzen vermischt getrunken.

Es finden sich auch hier die bey andern Wasser-Curen nöthige Vorbereitungen statt, da oftmals ein Aderlaß oder Purgier-Mittel oder beydes vorangeschicket wird, je nachdem sich Merckmahle einer Vollblütigkeit, oder eine an gehäuften Schleims zeigen. Das letztere Uebel wird gemeiniglich durch gelinde und fortgesetzte Mittel am sichersten gehoben, dahergegen starcke und schleunige Mittel Verstopfungen Verstopfungen nach sich zurück lassen, und, wenn solche beym Brunnen-Trinken angewendet werden, dessen Absonderung hindern. Die Art wie der Rehburger Brunnen, auch wie viel und wie lange er getruncken werden solle, bestimmt der Arzt nach der Leibes-Beschaffenheit, und dem Uebel des Trinckenden, und nach den Würckungen, die sich nach den ersten Tagen des Gebrauches bey ihm äußern. Ueberhaupt aber ist angemercket worden daß das Wasser, welches aus dem Baßin geschöpfet und allein, nach der Weise einer ordentlichen Trinck-Cur, genommen wird, den mehresten leichter durchgeht, wenn es zuvor erwärmet worden ist. Mit dem Wasser von der Quelle hingegen, womit ein jeder alle Morgen, nach der gemachten Einrichtung, hinreichend versehen wird, ist dieses zu dem Zweck eines leichtern Durchgehens nicht nöthig.

Was den äußerlichen Gebrauch des Wassers anbetrift, so wird selbiges zu verschiedenen Arten von Bädern gebraucht, bey welchen eben die Vorbereitung erfordert wird, die ich bey dem innerlichen Gebrauche voraus gesetzet habe. Ich mache mit demjenigen Bade, da der Cörper des Badenden entblößet, und entweder ganz oder nur mit den untern Theilen mit der Maße des Wassers umgeben werden soll, den Anfang.

Jede Bade-Gelegenheit bestehet aus zwo abgesonderten Kammern, in deren einer das Bad, und in der andern das Bett ist, in welcher der Badende nach vollendetem Bade sich zu legen hat. Beyde Kammern sind mit Quater-Steinen gepflastert. Das Bad ist etliche Stufen tief, und so breit und lang, daß der Badende sich mit Gemächlichkeit darin bewegen und ausstrecken kan. Außer diesen für einzelne Personen eingerichteten Bade-Gelegenheiten, befinden sich in dem neuen Bade-Hause auch solche Bäder, in welchen ihrer mehre zugleich bequem baden können. An dem Fuße eines jedweden Bades liegen zwo kupferne Röhren, durch welche so wohl warmes, als kaltes Wasser herein geleitet werden kan. Das Kochen und Bereiten des Bades geschiehet durch die dazu eigentlich bestellte Frauen, welche zugleich für die äußerste Reinlichkeit und Sauberkeit alles desjenigen, was zu demselben gehöret, einstehen müssen. So wie das Wasser zu sieden anfängt, zeiget sich auf dessen Oberfläche in großer Menge ein weißer Schaum, der zwischen den Fingern etwas fettig ist, leicht trocknet, und die obangegebenen Bestandtheile des Wassers den äusern Sinnen so gleich bemercklich macht. Dieser Schaum wird mit dem kochenden Wasser zur größern Kraft des Bades fleißig vermischet, und, wann dasselbe in das Bad gelassen worden, nach des Arztes Gutfinden, auch wohl Ocker in selbiges gegeben, und alles wohl durcheinander getrieben. Die Höhe und Temperatur des Wassers im Bade bestimmt gleichfalls der Arzt, und deutet das nöthige des Bade-Frau an. Das auf diese Weise zubereitet Bad wird mit einem Deckel so weit beleget, daß der Badende an dem dabey befindlichen Geländer entweder gänzlich entkleidet, oder mit einem flonnellen Bade-Hemde bedeckt hineinsteigen, und auf die bequem angebracht Banck sich setzen kan. Einige lassen den Deckel, der darnach ausgeschnitten ist, so weit zuschlagen, daß nur der Kopf über dem Brett zum Vorschein kommt, da dann auch wohl, um die Dämpfe des Wassers vom Gesichte abzuhalten, ein Leinwand oder flonneller Mantel um den Hals geleget wird. Dies verrichtet entweder die Bade-Frau oder eines jeden Bedienter oder Bedientin. Für das Bade-Hemd, und die Bett-Tücher sorget ein jedweder selbst. Ersteres ist auch bey dem Brunnen leicht angeschaft und verfertigt. In dem Bade hält sich der Kranke von einer halben bis zu einer ganzen Stunde auf, bewegt sich, reibet sich oder lässt sich reiben, und lässet in den Zwischen-Zeiten noch so viel Wasser zu geben, als es die Erhaltung der Temperatur und die Anweisung des Arztes erfordert. So wie er aus dem Bade steigt, hüllet er sich in ein etwas gemachtes Hemd von Flonell oder Leinwand, (ersteres ist besser), legt sich ins Bette, bringt darinnen beynahe eine Stunde geruhig zu, kleidet sich nachher an, und begiebet sich alsdann in seine Wohnung, oder geht und fährt bey guten Wetter etwas ins Freye.

So bald der Gebadete im Bett liegt, eilet die Bade-Frau in das von ihm verlassene Bad, löset den in selbigem befindlichen Zapfen zum Ablaufen des Wassers, reinigt alles, und bereitet als denn für den Nachfolger ein neues.

Für sehr kleine Kinder sind Wannen vorhanden, in welche das Wasser getragen, und jene hineingesetzt, nachher denn auf die vorbeschriebene Art behandelt werden. Es finden sich auch Wannen für Erwachsene, die sich etwa des Bades auf ihrer Cammer bedienen wollen. So wohl das warme als auch das kalte Wasser wird als denn dahin gebracht. Weil aber der Kranke nicht so bequem in einer solchen Wanne sitzet, auch der Dampf des Wassers in der Kammer bleibt, so kann ich nicht umhin, diese Art das Bad zu gebrauchen, zu mißbilligen, zumal da diejenigen, welche übel zu Fuße sind, oder die Luft scheuen, sich einer bereits vorhandenen Sänfte bedienen, oder sich sonst tragen und verhüllen lassen können.

In Rehburg wird von dem Morgen bis an den Abend gebadet. Es kann also gemeiniglich, wenn die Zahl der Bade-Gäste nicht gar zu groß ist, ein jedweder seine Bade-Stunde nach Gefallen wählen, wobey es sich aber von selber versteht, daß nach dem Essen einige Stunden ausgesetzt bleiben müßen, weil alsdann die Bäder wegen der Verdauung beschwerlich fallen würden. Andere Curen können gleichfalls eine besondere Bestimmung und Einschränkung nöthig machen. Denn wird entweder unser oder ein anderer Brunnen, woran es alhier zu der Zeit nicht fehlet, getrunken, muß dieser vor dem Gebrauche des Bades mehrentheils abgegangen seyn, weil sonst Beängstigungen und andere Beschwerden zu fürchten sind.

Die mehresten haben täglich, schwächliche bisweilen einen Tag um den andern, starke und sonst keine Curen gebrauchende auch wohl täglich zwey mahl, welches letztere aber nicht oft geschiehet, und bey bemerkter Abmattung nicht geschehen darf.

Die Zahl der Bäder bestimmt die frühere oder spätere Empfindung der Wirkung. Einige haben 12. 15. 20. und noch mehrere nöthig. Andere empfinden den gewünschten heilsamen Nutzen schon bey dem 4ten oder 5ten Bade. Einige gebrauchen dasselbe auch im Frühjahre, und kommen im Herbste wieder. Die besten Monathe sind die vom Junius bis in den September, weil alsdenn die bequemste Witterung ist, und eine Bewegung des Körpers in freyer Luft die Wirkung des Bades befördert. Es mangelt zwar nicht an Caminen und Ofen in den Wohnungen; da aber bey einer solchen Cur der Cörper sehr empfindlich wird, so kann die geringste Verkältung nachtheilig ausfallen.

Ich komme zur zweyten Art der Bäder, der Dusche. Man versteht darunter die Operation, wenn man durch eine Maschine in einer gewissen Eentfernung entweder auf den ganzen Cörper oder nur auf einen Theil desselben Wasser tröpfeln oder rinnen läst. Die Italiäner nennen es Doccia, die Franzosen la Douche, davon vermuthlich das im Obern-Teutschland ganz bekannte Wort Dusche abstammt, und die Engländer the pump. Bey den Griechen war es unter den Nahmen εμβροχη und bey den Römern unter stillicidium, instillatio, irrigation bekannt. Es ist also diese Art der Bäder keine neue Erfindung. Ich wundere mich aber, daß sie an so wenigen Orten, wo mineralische Wasser und Bäder sind, angetroffen werden, indem ja aus der Geschichte der Krankheiten genug bekannt ist, wie viele sonst unheilbare Zufälle hiedurch dennoch endlich bezwungen worden sind. Sie werden, mein Herr, in dem bevorstehenden Sommer eines dergleichen bey unserm Brunnen und zwar in einem der vorher beschriebenen Bäder angebracht finden.

Dieses Bad wird entweder allein, oder Voranschickung des vorher beschriebenen Bades, mit einer innerlichen Cur, oder ohne dieselbe gebrauchet. Soll die Dusche allein gebraucht und nur ein Glied berühret werden, so bedeckt der Krancke die übrigen mit Glanzleinewand, hält jenes gänzlich entblößt unter die Röhre, und läßt es während des Herablaufens des Wassers beständig, entweder mit der blossen Hand, oder auch mit einem flonellenen Lappen reiben. Müssen mehrere Theile berühret werden, so setzt oder legt er sich in ein ordentliches Bad, zu welchem letztern Zwecke alsdenn noch eine besondere Einrichtung nöthig ist. Soll aber die Dusche mit dem Bade verbunden werden, so bringt der Kranke im erstern eine halbe odet ganze Stunde zu, und läßt alsdenn die Röhre von ¼ bis zu einer Stunde über sich im Bade anbringen, und die Theile fleißig reiben. Für die gleiche Unterhaltung der Temperatur des Wassers muß hier hauptsächlich gesorget werden, und der Kranke auch nach diesen Bade in ein etwas erwärmtes Hemd gehüllet, auf die vorgeschriebene Zeit das Bette hüten. Die dabey etwa zu gebrauchende innerliche Cur, die Stunde wann das Bad zu gebrauchen, und wie oft solches geschehen müsse, auch wie viele Tage oder Wochen damit anzuhalten sey, alles dieses wird durch den Erfolg der erstern Bäder und durch das Gutachten des Arztes bestimmet.

Die Reihe trift die **Dampf-Bäder**. Diese werden auf die Art verfertigt, daß glühend gemachte Kiesel-Steine in einen Topf oder Kessel gelegt, und auf dieselben abwechselnd Wsser gegossen wird. Es steigt alsdenn ein Dampf auf, der den leidenden Theil, welcher vorher mit einem Tuch oder auf andere Art bedecket worden ist, berühren muß. Es sind auch Trichter vorhanden, durch welche der Dampf concentrirt auf den leiden Theil gebracht werden kann. Die Zubereitung dieses Bades ist also gar leicht, und kann sowohl Morgens als Abends gebrauchet werden wenn dessen Anwendung nicht auf eine solche Art geschehen muß, daß der ganze Cörper in Schweiß komt. In dem Falle ist ein Dampf-Bad täglich schon hinreichend, und der Schweiß wird alsdenn im Bette auf die obenbeschriebene Art abgewartet. Ueberhaupt hat sich der Kranke gleich nach dem Gebrauche vor der äuseren Luft in acht zu nehmen.

Ob ich nun gleich einem aus Rehburger-Wasser verfertigten Dampf-Bade keine besondere, vorzügliche Kraft zuschreiben kann, indem die fixe Mineralien zurück bleiben, und nur die Wasser-Theile in Dünste aufgelöset werden; so verwerfe ich es jedennoch nicht, wenn jemand sich dessen in den Sommer-Monathen, und während der Gesellschafts-Zeit in Rehburg bedienen will.

Von der äuserlichen Application des Schaums und der Ocker muß ich Ihnen noch etwas sagen. Beyde werden häufig verschicket. Ersterer wird leicht trocken, mit etwas Brunnen-Wasser aber bald wieder befeuchtet, und dienet zur Reinigung und Austrocknung der Geschwüre. Letztere ist ein fürtrefliches Mittel in Glieder-Schmerzen, in Zertheilung kalter Geschwülste, in Heilung alter hartnäckiger Geschwüre und gegen Entzündung der Augen und deren Schwäche. In letztern Fällen wird sie nicht unmittelbar, sondern in Leinwand eingeschlossen auf die Augen gelegt.

34

Endlich kann ich auch das Waschen der Augen mit dem Wasser aus dem Baßin nicht ungemerkt lassen. Es ist ein Rehburgisches Herkommen, daß unsere Bade- und Brunnen-Gäste des Morgens bey der ersten Begrüßung des Wassers die Augen damit benetzen. Weiland Seine Königliche Majestät Georg der Zweyte haben beständig einen Vorrath davon gehabt, um Sich dessen täglich als eines Mittels zur Stärkung der Augen bedienet.

(...)
Walsrode den 2ten März 1769.

Die weiteren, oft sehr ausschweifenden und für uns heute kaum noch in ihrer Wirkung verständlichen Ausführungen werden hier nicht weiter zitiert. Die vorangegangenen Texte beschreiben dagegen sehr anschaulich die Anwendungen des *Rehburger Gesundbrunnens* und vermitteln auch das *chemische Wissen* über die Bestandteile und Zusätze.

Nachrichten
von
der Lage, der Geschichte, dem Gehalte, dem
Gebrauche und den Würkungen
des

Rehburger
Gesund-Brunnens
und Bades,

in
zwey Sendschreiben
des
Herrn Hofmedicus D. Christoph Weber
zu Walsrode
an einen seiner Freunde,
auf dessen Erlaubniß zum Druck befördert.

Hannover,
bey Johann Wilhelm Schmidt 1773.

1773 veröffentlichte der Hofmedicus WEBER eine zweite Fassung dieser Schrift, die ein zweites Sendschreiben mit *„Genesungs-Geschichten"* enthält.

Zunächst jedoch berichtet er einige Details über die Veränderungen am Gesundbrunnen, die deshalb zitiert werden sollen:

(...)

Ehe Sie aber selbige [Genesungs-Geschichten] lesen, erlauben Sie mir, Ihnen mit wenigen eine Nachricht von demjenigen mitzutheilen, was seit dem Frühlinge des Jahres 1769. zum Besten dererjenigen geschehen ist, welche sich der hiesigen Genesungsanstalten bedienen wollen.

In dem jetzt genannten Jahre wurden die Baracke weggeräumet. Sie standen längst an einem schattigen Walde heraus auf einem durch die Kunst geebneten, mit der Hauptallee, die zu den Brunnen führet, parallel verlaufenden Platze. Dieser dienet jetzt zu einem reizenden Aufenthalte für die Brunnengäste, welche von der Allee ab bis zu dieser Anhöhe nur etwa 150. Schritte zu gehen haben.

An dem freyliegenden Ende dieses Platzes wurde der schon beschlossene Bau eines räumlichen Hauses zum Aufenthalt für arme Brunnengäste vollführt, und eine jedwede der 67 Kammern mit dem nöthigen Bettstellen, Tischen und Stühlen versehen.

Die auf solche Art den Ungemächlichkeiten ihres vorherigen Obdaches entrißene Armen wurden noch dazu mit der wohlthätigen Anordnung erfreuet, daß hinfüro die Kosten der Bäder für die Armen aus der Landesherrlichen Brunnencasse bezahlet werden sollen.

Die Dusche wurde fertig. Die dazu gemachte Vorrichtung ist so beschaffen, daß das zu der Dusche bestimmte Wasser durch eine, in die zu den Bädern führende Hauptröhren angebrachte Oefnung in eine dazu bestimmte Pfanne laufen, und darinnen die verlangte Temperatur von Wärme und Kälte alsofort erhalten kann. Aus der Pfanne wird es vermittelst eines Ventils durch eine kupferne Röhre in die Höhe, und durch Auf- und Zuschliessung zweyer Schrauben entweder nach dem fordern oder hintern Badehause getrieben. Ein lederner Schlauch nimt es daselbst auf, dessen Ende mit einer meßingenen Schraube versehen ist. Diese Schraube hält derjenige, der dazu die Anweisung bekomt, auf den Badenden. Damit aber das Wasser, nach Beschaffenheit der Umstände in einem dünnen oder dicken Strahle auf den leidenden Theil des Badenden gerichtet werden könne, so sind Schrauben mit großen und kleinen Oefnungen vorhanden, von welchem, nach der Bestimmung des Arztes, die eine oder die andere an den Schlauch befestigt wird.

Den natürlichen Fall des Wassers aus dem Schlauche bis auf den Badenden habe ich nicht füglich tiefer als auf ohngefehr 15 Fuß bringen können. Mir ist auch kein Beyspiel vorgekommen, bey welchem ich die Anbringung eines tiefern Falles vermisset hätte. Sollten aber die Umstände eines Kranken dergleichen erfordern, so würde die Anwendung des Ventils mit einer ungemeinen Kraft an die Stelle des tiefen Falles treten können. Vielleicht giebt es dennoch Gelegenheit, unsre Anstalten auch in diesem Stücke zu verbessern.

Im Jahr 1770. kam der Hr. Amtmann Reineke mit der Vollendung des großen und vorzüglich in die Augen fallenden Hauses zu stande, zu welchem ihm Materialien eines Gebäudes von dem Lindsburger Jagdschlosse von Sr. Königl. Majestät geschenkt worden sind.

Herr Behre und Herr Schlüter erweiterten ihre Häuser, und der Hr. Amtmann Hinüber von Sachsenhagen wurde, so, wie die Stadt Rehburg mit Erbauung zwey neuer Häuser fertig.

Im Jahre 1771. sezte Herr Wöleking, der jetzige Eigenthümer des vormaligen von Hugoischen Hauses, hinter diesem Hause einen geräumigen Saal, dessen längere Mittellinie über die Diele des Hauses auf die Mitte der Hauptallee auf ebener Erde fortlaufet. Diese Anlage ist unsern Gesellschaften sehr bequem, und giebt, zumahl bey Erleuchtung der Allee und das Saales selbst, einen angenehmen Anblick.

In eben diesem Jahre sind die Spaziergänge des Ortes ungemein verschönert worden. Die Königliche Cammer lies durch

37

den Gartenmeister bey dem Königlichen Garten zu Linden, den Herrn Tatter, eine doppelte Allee von der Hauptallee ab in der Richtung von dem Ludowigischen Hause den Rehburger Weg entlangs, bis an einen dichten Wald ziehen, und auf einer Anhöhe endigen, wo man den Steinhuder See und die um seine Ufer befindlichen Oerter zu Gesichte bekommt. Herr Tarter führte aus diesem neuen Spaziergange schlangenförmige Wege in das Gehölz und auf die Anhöhen. Er wählte dazu die angenehmsten Bahnen, lies pflanzen oder wegräumen, aufhöhen oder abtragen, wo es nöthig war, und nuzte überall die Mannigfaltigkeit der natürlich schönen Scenen, die er vorfand, zu der größten Zufriedenheit unserer Gesellschaften. Auch die Ruheplätze und der darauf angebrachten großen Rasensitze haben, jedes seine besondere Annehmlichkeit, und führen bereits zu ihrer Bezeichnung die Namen einiger Damen, welche seit diesem Jahre Rehburg besuchet haben.

Noch eine Verbesserung dieses Jahres bestand darinnen, daß der Jude Markus Guttmann die Erlaubniß erhielt, eine Küche für die Kranke seiner Nation und andere den Brunnen besuchende Hebräer zu halten.

Weil Fälle vorkommen, welche die schleunige Hülfe eines Wundarztes erfordern, und es bisher dem Brunnen an der beständigen unmittelbaren Gegenwart eines solchen Mannes gefehlet hatte; so ernannte Königliche Cammer den bisherigen Hannöverschen Stadtwundarzt, Herrn Wrisberg, zum ordentlichen Wundarzte bey dem Rehburger Brunnen. Dies geschah im Jahre 1772.

Das Amt Rehburg erhielt zu dieser Zeit an den Herrn Amtsschreiber von Grävemeyer einen neuen Mitaufseher, welcher sich der Policeyanstalten, und des Besten der Brunnengäste auf das rühmlichste annimmt.

Die jährliche Zunahme der Badegäste scheinet jetzo die Anlegung mehrere Bäder nöthig zu machen. Königliche Cammer hat die Sache in Ueberlegung zu nehmen geruhet, und erwartet von mir

Vorschläge wegen deren Einrichtung. Diese sind unter der Feder, und der Königliche Hofbauverwalter, Herr Hase, der mich dabey unterstützet hat, verfertigt anjezt Risse zu Vorrichtungen, mit welchen wir einen hohen Beyfall zu erhalten uns schmeicheln dürfen.
   Ich bin etc.
                           Walsrode den 30ten März 1773.
(...)
[Es folgen die angekündigten Krankengeschichten.]

ERLÄUTERUNGEN:
Mit der häufiger genannten *Königlichen Cammer* ist die noch heute bestehende *Klosterkammer Hannover* bzw. deren Vorgängereinrichtung gemeint. Ihre Wurzeln hat sie in der Zeit der Reformation im Fürstentum Calenberg-Göttingen um 1542. Unter Herzog Julius von Braunschweig-Wolfenbüttel (1528-1589) wurde das Klosterwesen (und Klostervermögen) dann ab 1584 neu geregelt. Ab 1818 wurde sie im Königreich Hannover neu geregelt.

Bei dem *Gartenmeister Tatter* handelt es sich um Johann Jonas Christian TATTER (Schloss Sophienlust bei Meiningen 1729-1812 Schloss Montbrillant) aus der berühmten sächsisch-thüringischen Gärtnerfamilie. Während der Personalunion zwischen Großbritannien und Hannover war er ein königlich Großbritannischer und Kurfürstliche Braun-schweig-Lüneburgischer Gartenmeister sowie Hofmeister in Herrenhausen und Montbrillant vor Hannover. Möglicher-weise handelt es sich auch um seinen Bruder Johann Wilhelm TATTER (Meiningen 1719-1795 Herrenhausen), ebenfalls königlich Großbritannischer und kurfürstlich Braun-schweigisch-Lüneburgischer Gartenmeister und Hofgärtner, der seit 1749 als Meistergeselle in der königlichen Orangerie in Herrenhausen tätig war. Er wurde nach einer zusätzlichen Ausbildung in England und in den Niederlanden von seinem Vater Georg Ernst TATTER (Meiningen 1689-1755 Herren-hausen) 1752 in Herrenhausen als Gartenmeister im Berggarten eingesetzt.

Der Bericht des Superintendenten Mehliß (1805)

Johann Wilhelm Friedrich Mehliß (1756-1834)
(Biographie im Neuen Nekrolog (12. Jg., Weimar 1836, S. 78 – Nr. 26)
Auszug – vor allem Rehburg betreffend:

„Er wurde zu Goslar, wo sein Vater Prediger war, geboren, und besuchte die dasige Schule, bis er nach Göttingen gin, um dort Theologei zu studiren. Nach vollendeten Studien lebte er einige Jahre als Hauslehrer in dem Hause des verstorbenen Ministers von Bremer in Hannover, und wurde dann, kaum 23 Jahre alt, auf Empfehlung des nachmaligen Landschaftsdirectors von Bülow als Pastoradjunkt in Essenrode und Grassel angestellt, wo er 14 Jahre, zuerst als Adjunkt, dann als wirklicher Pastor wirkte. Im J. 1793 ward er nach Rehburg versetzt, wo er theils im größeren Wirkungskreise als Prediger – er hatte zugleich während der Badezeit am Brunnen von Rehburg zu predigen – theils seit 1799 als Superintendentadjunkt des verst. Superintendenten Dr. Grupan in Neustadt sich weiter ausbildete und verdient um Kirche und das Vaterland machte. Doch den ausgedehntesten Wirkungskreis fand er erst in Oldendorf, wohin er 1803 als Pastor der combinirten Pfarreien Oldendorf und Benstorf, und als Superintendent der bedeutenden Inspection Oldendorf vesetzt wurde. Er hat daselbst 31 Jahre in großem Segen gewirkt. Hier feierte er im J. 1828 das Fest seiner 25jährigen Amtsführung, 1829 aber sein 50jähriges Amtsjubiläum, und vorzüglich bei diesem Feste wurden ihm vielfache Beweise der ungetheiltesten Liebe und Verehrung zu Theil. Bei dieser Gelegenheit sandte ihm die Universität Göttingen das Diplom eines Doctors der Theologie…“

Mit *Oldendorf* ist der heutige Ortsteil von Salzhemmendorf, früher eine eigenständige Gemeinde, gemeint. Auch *Benstorf* ist eine Ortsteil von Salzhemmendorf, dieses ein Flecken im Landkreis Hameln-Pyrmont, bis Ende 2010 ein staatlich anerkannter Kurort mit Sole-Kurbetrieb.

Neues
Hannöversches Magazin.
20tes Stück.
Montag, den 11ten März 1805.
Sp. 305-_____

Historische Nachrichten vom Rehburger Gesundbrunnen-
Von Superintenden M e h l i ß zu Oldendorf.

Während der zehn Jahre, da ich als Prediger zu Rehburg auch den Gottesdienst beim dortigen Gesundbrunnen zu besorgen hatte, hörte ich von den anwesenden Curgästen oft die Frage: wie lange die wohlthätige Anstalt schon existirt habe, wie die Gegend vorhin beschaffen sey, und wem der Ort wohl seine Aufnahme besonders verdanke? Diese Fragen interessirten mich selbst, und ich gab mir Mühe, etwas zur Beantwortung derselben aufzufinden. Da indessen sowohl die, vom seligen Hofmedicus Weber über den Brunnen herausgegebenen Briefe als auch eine kleine Schrift des jetzigen Brunnenarztes, Hrn. Hofmedicus Bindermann, sich mehr auf die Heilkraft des Bades, als auf Beschreibung des Ortes beziehen, so konnte ich daraus nur wenig erfahren. *) Die Briefe des verewigten Weber verwiesen aber auf anderweite Nachrichten in der Pfarr-Registratur zu Rehburg, nach denen ich bald mit aller Sorgfalt forschte. Wahrscheinlich hat sicher aber der selige Mann auch davon mehr versprochen, als wirklich aufzufinden ist; denn nur nach mühsamer Vergleichung mancher zerstreuter Nachrichten, und durch weiteres Nachfragen bei alten verständigen Bürgern zu Rehburg, denen die allmählige Ausbildung der Anstalt noch im Gedächtniß war, ist es mir gelungen, über diese älteste vaterländische Anstalt dieser Art einiges zusammen zu tragen, das vielleicht in dieser Blättern aufbewahrt zu werden verdient.
*) *Des verewigten Leibmedicus Lentin Schrift : Nachricht von den Gesundbrunnen und Bädern zu Rehburg, ist erst 1803. bei Hahns in Hannover erschienen.*

Seine jetzige Gestalt hat der Rehburger Brunnen erst seit den jahren 1750. erhalten. Er ist aber schon weit in das 17te

Jahrhundert hinauf bekannt gewesen, und als ein wirkliches Mittel gegen Gicht und andere körperliche Beschwerden von den benachbarten Landleuten häufig gebraucht worden. Am Orte selbst hat sich niemand aufhalten können, theils weil die ganze Gegend aus Anhöhen und Thälern, überall mit Holz und Gebüsch überzogen, bestanden, theils weil die Entfernung von den größern Oertern, Hagenburg gegen Morgen, Loccum gegen Abend, und Rehburg gegen Norden, beinahe eine Stunde beträgt, so daß der Mangel an Lebensmitteln höchst unbequem gewesen seyn muß, und selbst die Wege, in einer unangebauten, bergigten Gegend, nicht die besten gewesen seyn mögen. Kranke von entfernten Orten haben sich daher auf die zunächst liegenden, jedoch immer über eine halbe Stunde entfernten Dörfer begeben, haben das Wasser in Fässern dahin geholt, daselbst getrunken und gebadet, und so durch den Gebrauch desselben neue Gesundheit zu erlangen gesucht. Die Quelle selbst ist mit einem kleinen Häuschen, als Obdach, versehen gewesen, das wahrscheinlich der Amtmann Arens zu Rehburg in den Jahren 1690. hat errichten lassen. Nach und nach hat das mühevolle Verfahren des Wassers mehrere bewogen, sich in der Nähe des Häuschens Hütten zu erbauen, und so die Quelle, von der sie Hülfe erwarten, auf die bestmöglichste Weise zu benutzen.

EXKURS: Die Quelle und ihre Umgebung
Superintendenten Mehliß nennt in dieser Ortbeschreibung die benachbarten Orte *Hagenburg* im Osten, *Loccum* im Westen, *Rehburg* im Norden und näher gelegen Dörfer, die an dieser Stelle kurz mit ihrer Geschichte vorgestellt werden sollen.

HAGENBURG
Die Anfänge des Ortes sind auf die Rodungsphase im 13. Jahrhundert zurückzuführen. 1369/1378 wurde erstmals eine Burg Hagenborch urkundlich erwähnt, in deren Vorwerk sich ein Straßendorf entwickelte. Im Dreißigjährigen Krieg wurde der Ort verwüstet. 1686 entstand an der Stelle der früheren Burg das Schloss Hagenburg der Grafen zu Schaumburg-Lippe. 1765 bis 1767 ließ Graf Wilhelm zu Schaumburg-Lippe vom Schloss einen 1,2 km langen Stichkanal zum Seeufer des Steinhuder Meeres anlegen, wo er die Insel-Festung Wilhelmstein errichten ließ. Schloss Hagenburg hat einen öffentlich zugänglichen Lamdschaftspark.

LOCCUM
Vermutlich wurde um das 8. Jahrhundert von einem slawischen Adelsgeschlecht namens Lucca ein Ansiedlung gegründet. 1163 kamen Mönche des Ziesterziensordens hierher und erbauten ein Kloster, das sich zu einem der bedeutendsten geistlichen Zentren in Norddeutschland entwickelte. Die Klosteranlage gehört zu den am besten erhaltenen nördlich der Alpen. Die ältesten Gebäude – Stiftskirche, Kreuzgang, Dormitorium (Schlafsaal) und

Laienrefektorium stammen aus dem 13. Jahrhundert; das Refektorium von 1599 und das Konventshaus von 1750. Die Rest der frühmittelalterlichen Luccaburg befinden sich 1 km südlich des Klosters. Seit 1600 besteht in den ehemaligen Klostergebäuden ein lutherischer Konvent.

REHBURG

Als Grenzbefestigung wurde der Ort durch die Welfen im 13. Jahrhundert errichtet, der 1648 – unmittelbar nach dem Dreißigjährigen Krieg – die Stadtrechte erhielt. Auf den Fundamenten der alten Burg wurde im 18. Jahrhundert die ehemalige Oberförsterei errichtet – heute Rathaus. Im Ortskern befinden sich noch einige ältere Fachwerkbauten.

Im Süden:
WÖLPINGHAUSEN u.a. Siedlungen
Um den östlichen Ausläufer der Rehburger Berge – im damaligen Dülwald, einem bis gegen Ende des Mittelalters kaum besiedelter Urwald – entstanden im 6. Jahrhundert kleine Siedlungen – u.a. *Bergkirchen* als Berkesen erstmals in einer Urkunde des Bischofs von Minden 1174 erwähnt, und auch *Wölpinghausen* (urkundlich 1246 als Welpinghausen) und *Wiedenbrügge* mit einem Solebrunnen um 1238, ab 1730 zur Salzgewinnung genutzt, der im 19. Jahrhundert auch Sole nach Bad Rehburg lieferte.
Zwischen 1330 und 1500 waren die Herren von Münchhausen Vögte des Bischofs von Minden und seit dem 16. Jahrhundert waren die Bauern von *Wiedenbrügge* und *Schmalenbruch* Hörige derer von Münchhausen zu Remeringhausen.
Diese, offensichtlich vom Superintendenten Mehliß ange-sprochenen Orte wurden im Dreißigjährigen Krieg zum größten Teil verwüstet. Nach der Teilung der Grafschaft Schaumburg 1647 kamen Wölpringhausen, Wiedenbrügge und Bergkirchen zum Amt Hagenburg in der Grafschaft Schaumburg-Lippe.
Nach 1800 entstanden außerhalb von Wölpinghausen weitere Siedlungen – u.a. die „Berghol" und „Spießingshol" genannten Streusiedlungen. Bis 1777 gab es auch das Jagdschlösschen *Bergleben*, wo sich heute der Wilhelmsturm befindet – benannt

nach dem Grafen Wilhelm (Friedrich Ernst) zu Schaumburg-Lippe (1724-1777).

WINZLAR

Dieser Ort bekam eine besondere Rolle durch seine *Schwefelquelle*. Er liegt am Westufer des Steinhuder Meeres. Aus der Geschichte ist wenig bekannt. Besiedelt war er offensichtlich schon in vorchristlicher Zeit. Bei Ausgrabungen (1969) fand man in einem Brandgrab aus der Bronzezeit eine goldene Gewandnadel und ein Bronzebecken. Urkundlich wurde Winzlar erstmals 1196 erwähnt. Über die Schwefelquelle wird in den folgenden Publikationen berichtet.

L. F. B. LENTIN:
Kurze Nachricht über die Bestandtheile und die bisher beobachtete Wirkung der Rehburger Gesundbrunnen und Bäder

(In: L. F. B. Lentin: *Beyträge zur ausübenden Arzneywissen-schaft*, Band 3, Leipzig 1804 – S. 176-184)

Leberecht Friedrich Benjamin LENTIN (Erfurt 1736-1804 Hannover) war *königl. großbritannischer und kurfürstl. braunschweig-lüneburgischer Leibarzt* zu Hannover. Er promovierte an der Universität Göttingen 1756 zum Dr. med., ließ sich Arzt zunächst in Diepholz nieder, wirkte ab 1758 als Landphysicus in Dannenberg und von 1771 bis 1774 als Physicus und Garnisonsmedicus in Ratzeburg sowie danach als Bergmedicus und Stadtphysicus in Clausthal. 1783 erhielt er einen Ruf auf eine Professur nach Göttingen, die er jedoch ablehnte. 1787 wurde er Physikus in Lüneburg und 1796 wurde er zum zweiten Leibmedicus in Hannover ernannt.

Das Bad Rehburg, nunmehr eine bey dem Dorfe W i n s l a r, nahe bey diesen Bädern entdecke Schwefelquelle um so viel wichtiger geworden, liegt an der Westseite des durch die Bückeburgische Festung Wilhelmstein bekannter gewordenen Steinhuder Meeres, vier Meilen von Hannover, zwey Meilen von Nienburg und drey Meilen von Minden, in einem äußerst angenehmen Thale, umgeben mit sanft angehenden, waldigen Anhöhen, die aus Thonschiefer, eisenschüssigem Kalkstein und Steinkohlenflözen bestehen.

Die Quellen, die schon vor 1690 vom Volke häufig als Bad und Gesundbrunnen benutzt waren, wurden 1752 durch den damals berühmten Chemiker Hrn ANDREÄ untersucht, und von den damals lebenden Ärzten von HUGO, WERLHOF u.a. für so wichtig geachtet, dass die königl. Kammer sich durch die erstatteten Berichte bewogen fand, Bäder und Gebäude, und mancherley Anlagen zur Bequemlichkeit und Vergnügen derjenigen vorrichten zu lassen, die sich dieser Wasser zur Herstellung ihrer Gesundheit bedienen wollen.

Es wurde von der Zeit an ein Brunnenarzt, ein Chirurgus angestellt, eine Apotheke angelegt, drey Speisewirthen die Erlaubniss ertheilt, die Gäste nach Wunsch und Bedürfniss mit gesunden Speisen zu versehen; Particuliers vermocht, Gebäude zu Vermehrung der Logis aufzuführen, überhaupt aber alle Vorkehrungen gemacht, die nur zum Nutzen und Vergnügen der Badegäste gereichen können.

Der 1800 neu entdeckte Schwefelbrunnen in der Nähe des Rehburger Bades gab Veranlassung, dass das königl. Oberhofbau- und Gartendirectorium nicht allein d i e s e Q u e l l e, sondern auch das R e h b u r g e r T r i n k- und B a d e w a s s e r, den B a d e - s c h a u m und den P f a n n e n s t e i n, durch unsern berühmten Scheidekünstler, Herrn Bergkommissär WESTRUMB, von neuem chemisch untersuchen liess, davon ich hier nur die Resultate so, wie sie in den Berichten desselben gehörigen Orts angegeben worden, hersetze, und dann das, was die Erfahrung über die Wirkung der Rehburger Wasser gelehrt hat, summarisch, theils aus den abgestatteten Berichten, theils aber auch und vornehmlich aus den

Schriften des Hofmedicus WEBER und BIEDERMANN, der jetzt Brunnenarzt ist, nachfüge.

Die Rehburger T r i n k- und B a d e w a s s e r gehören in die Klasse der K a l k e r d e - k a l i s c h − s a l i n i s c h e n S t a h l- w a s s e r, und enthalten folgende Bestandtheile in diesem Verhältnisse:

[Die folgenden Konzentrationsangaben sind den Angaben aus dem Deutschen Bäderbuch von 1907 entnommen, die sich auf die Analysen von WESTRUMB beziehen und in die Maßeinheiten unserer Zeit umgerechnet wurden – in mg/kg.]

BADEQUELLE:
Natrium 24 – Magnesium 47 – Calcium 244 – Eisen 2 /
Chlorid 28 – Sulfat 394 – Hydrogencarbonat 528 /
Feststoffe insgesamt 1305 /
Kohlendioxid 1120.

TRINKQUELLE:
Natrium 46 – Magnesium 21 – Calcium 239 – Eisen 2 /
Chlorid 27 – Sulfat 492 – Hydrogencarbonat 492 /
Feststoffe insgesamt 1194 /
Kohlendioxid 1299.

Die Zusammensetzungen unterscheiden sich somit nur wenig. Die Trinkquelle wird heute als Calcium-Hydrogencarbonat-Sulfat-Säuerling bezeichnet.

3) Die Bestandtheile des Badeschaums oder der Schaumerde.
[Sie sind in Gran/200 Gran angegeben und wurden in % umgerechnet:]
Luftsaures Eisen [Eisencarbonat] 4 %
Thonerde [Aluminiumoxid] 3,25 %
Luftsaure Kalkerde [Calciumcarbonat] 90,1 %
Kieselerde und Unreinigkeit [Kieselsäure] 1,25 %

4) Die Bestandtheile des Pfannensteins.
Luftsaures Eisen 4,5 %
Thonerde 3 %
Luftsaure Kalkerde 84 %
Selenit [Calciumsulfat] *1,5 %*
Kieselerde und Schmuz 7 %
Kupfer – eine schwache Spur, durch das Kochen des Badewassers in kupfernen Pfannen entstanden. Nun ist noch

5) D i e   O c h e r, oder derjenige Niederschlag bemerkens-werth, der sich hinter den Stausteinen und in den Brunnenröhren findet. Diese besteht aus obgenannten erdigen Theilen, etwas mehr Eisentheilen, als die Schaumerde oder der Pfannenstein hat, und führt natürlich gar kein Kupfer. Diese wird äusserlich vielfältige angewandt, auch wohl den Bädern in besonderer Absicht beygemischt.

Die Bäder sowohl, als auch die Douchen, werden nach Gutbefinden des Brunnenarztes entweder warm, kühle oder kalt administrirt, mit weniger oder mehr Schaumerde vermischt, auch als Dampfbad gegeben.

[Es folgt eine Aufstellung an Krankheiten, bei denen die Bäder wirksam sein sollen:]

Die Erfahrungen von den frühesten Zeiten her, ehe noch Ärzte und Chemiker diese Wasser kannten oder untersucht hatten, und nur aus gerichtlich aufgenommenen Protokollen gesammelt, also noch weit eher, als man irgend ein Interesse von irgend einer möglichen Seite argwohnen könnte, bestätigen sich noch jetzt, dass die B ä d e r
1) In mancherley Fehlern der Haut, gegen widernatürliche Röthe und Ausschlag des Gesichts, und in den Krankheiten, die von entstellter Ausdünstung entspringen, also auch in epileptischen, starrkrampfigen und andern krampfigen Zufällen;
2) In allgemeiner und örtlicher Schwäche, besonders nach der Gicht und Rheumatismus;

3) In örtlichen Geschwülsten nach der Gicht, Podagra, Verrenkungen, Beinbrüchen;
4) In der Rachitis, Drüsenverstopfungen, bösen Kopf;
5) verbunden mit dem innern Gebrauche des Trinkbrunnen, bey Säure im Magen und der gar oft davon abhängenden Migräne, anhaltenden periodischen Diarrhöen, oder Harnbrennen;
6) besonders aber bey mancherley Augenkrankheiten, topisch angewandt, dazu insonderheit d i e O c h e r als kühlendes und stärkendes Mittel, nützlich gefunden wurden.

Des T r i n k-, oder wie man es auch sonst hier nennt, des B a s i n w a s s e r s, bedient man sich als auflösenden, säuredämpfenden, und, entweder etwas erwärmt, oder mit Glauber- oder einem andern Salze geschärft, als Laxirmittels, besonders aber als Vorbereitung zu den eigentlichen Stahlwassern. Bey Augen- krankheiten pflegt man es wohl erst wärmlich, oder auch nur als Dunstbad, nachmals aber kalt, und endlich in Verbindung mit der Ocher zu gebrauchen.

Des B a d e s c h a u m s, der beym Gebrauche der Bäder von so grossem Nutzen ist, bedient man sich, z u s e i n e r Z e i t, als Austrocknungsmittel bey chronischen, nässenden Geschwüren mit Atonie [Erschlaffung] *der Haut.*

Ich komme nun zur n e u e n t d e c k t e n S c h w e f e l q u e l l e, in der Nähe des Rehburger Bades.

Diese gehört, nach der Bestimmung des Herrn Berg- kommissärs WESTRUMB, in die Klasse der S c h w e f e l g a s und l u f t s a u r e n G a s f ü h r e n d e n s a l i n i s c h - k a l i s c h - e r d i g t e n M i n e r a l w a s s e r, nach folgenden quantitativen Verhältnissen:
[Die folgenden Daten stammen aus W. Carlé: Die Mineral- und Thermalwässer von Europa, Stuttgart 1975 in mg/kg:
Natrium 23,4 − Kalium 3,4 − Magnesium 105,5 − Calcium 585,5
Eisen 0,064 − Aluminium 0,15 − Chlorid 22,4 − Sulfat 1589 −

Hydrogencarbonat 311,8 – Sulfid 3/ Schwefelwasserstoff 3,3 – Kohlendioxid 67,3 – s. auch in Dienemann/Fricke – Literatur S. 94)]

Eigentliches Erdharz, in Verbindung mit Schwefelgas, findet sich im Winslarer Wasser eben so wenig, als in der Materie, die sich in dem Ausflussrohre sammeln liess, wodurch dieses Wasser zum innerlichen Gebrauche desto gemeinnütziger wird.

Noch hat diese Quelle das Besondere, dass Wasser aus der Tiefe genommen mehr Schwefelgas, dagegen das Wasser, welches nahe unter dem Spiegel geschöpft wird, in Verhältniss gegen das Schwefeldas mehr luftsaures Gas enthält. Zum innerlichen Gebrauche bleibt es also der Bestimmung des Arztes allemal überlassen, welche Mischung er für die hülfreichste für die Kranken hält.

Was für Wirkungen man von diesem Wasser, als Bad gebraucht, oder als Gesundbrunnen getrunken, zu erwarten habe, lässt sich theils aus eben angeführter Analysis, theils aber auch aus der Erfahrung von den Wirkungen anderer Schwefelbrunnen, die genugsam bekannt sind, abnehmen. Überhaupt aber glaube ich, dass es für diejenigen, die sich dieses Schwefelbades bedienen sollen, überaus vortheilhaft seyn werde, wenn sie vorher durch Anwendung der Rehburger Bäder die Haut vorbereiten, um sie für die Gasarten und Salze der Schwefelbäder desto empfänglicher zu machen.

Als Bad genommen enthält das Schwefelwasser, wenn es nach Rehburg in grossen Tonnen hingefahren worden, in 100 Kubikzollen 23 Kubikzoll Schwefelgas und 30 Kubikzoll luftsaures Gas, und leistet, mit dem Rehburger Badewasser vermischt, auch als Douche angewandt, nach dem Berichte des Hof- und Brunnenarztes Dr. BIEDERMANN, vortreffliche Dienste in fast allen Hautkrankheiten, Lähmungen, Steifigkeit und Geschwülsten der Glieder, und kommt nun in Ansehung der Wirkung den sogenannten Schlammbädern zu St. Amand in Flandern, unweit Valenciennes, über welche Mr. Gossé am besten geschrieben hat, gleich; denn

Niemand wird doch in der Damm- und Thonerde, durch deren Vermischung mit dem dasigen Schwefelwasser der Schlamm entsteht, eine vorzüglichere Wirkung suchen, die man hier im klaren Badewasser auf eine angenehmere Art haben kann.

David Rudolph BIEDERMANN veröffentlichte 1792 eine eigenständige Schrift unter dem Titel *„Ueber die Wirksamkeit des Rehburger Gesundbrunnens".*

Er stammte aus Uelzen, studierte „Arzneykunst", promovierte 1781 zum Dr. med. und wurde am 28. September desselben Jahres zum Brunnen-Arzt zu Rehburg ernannt. Er erhielt später den Titel eines Hof-Medicus und lebte nach den Angaben im „Das gelehrte Hannover oder Lexikon von Schriftstellern und Schriftstellerinnen, gelehrten Geschäftsmännern und Künstlern…" (zusammengetragen von dem Pastor der Domkriche zu Bremen Heinrich Wilhelm Rotermund) 1823 in Uelzen.

Über die Schwefelquellen bei Winzlar

WESTRUMB – Vater und Sohn

Johann Friedrich WESTRUMB (1751-1819; s. auch Kap. 4, S. 283) hatte in der Hofapotheke in Hannover gelernt und pachtete ab 1779 die 1611 gegründete Raths-Apotheke in Hameln, die sich damals noch im Hochzeitshaus befand. Er untersuchte mehrere Mineralwässer und veröffentlichte zahlreiche chemische Schriften.

Sein Sohn August Heinrich Ludwig WESTRUMB (geb. 1798) studierte Medizin im Marburg, promovierte dort zum *Doctor der Medicin und Chirurgie*, wurde 1837 Hofmedicus und Landphysikus im Stiftsgericht Loccum und 1843 Medizinalrat in Wunstorf. Er veröffentlichte auch Untersuchungen seines Vaters posthum über die Quelle in Winzlar:

(Archiv für die gesammte Naturlehre Band 14, S. 31f - 1828)
Physikalisch-chemische Untersuchung der S c h w e f e l q u e l l e n bei Winzlar.
(Aus den hinterlassen Papieren des Berg-Commisär Dr. Joh. Fr. W e s t r u m b zu Hameln.*)
*) Von dem Sohne des Verfassers, dem Herrn Dr. W e s t r u m b zu Hameln, für das Archiv mitgetheilt. K.) [K. = KASTNER]

––––––––––––

Der Zufall liess Herrn Apotheker U s i n g e r zu Rehburg im Jahre 1799, unfern von R e h b u r g, bei dem Dorfe W i n z l a r, eine Schwefelquelle entdecken, die für den Gesundbrunnen zu Rehburg sehr vortheilhaft zu werden versprach, da schon damals das zu Tage quellende und reichlich mit wilden Wassern vermischte Schwefelwasser, den Wünschen und Erwartungen des Brunnenarztes, Herrn Hofmedicus B i e d e r m a n n entsprach. Kurz darauf ward mir der Auftrag diese Quellen auf ihre fixen und gasförmigen Bestandtheile chemisch zu prüfen, ich liess jedoch, bevor ich zur chemischen Analyse schritt, den Brunnenschacht absenken, da mich die Erfahrung gelehrt hatte, dass die schwächern Quellen der Erdkruste am nächsten, die stärkern tiefer, entweder in Schwefelkies führenden Mergel, Tufstein oder Thon entspringen.

Beim Absenken des Brunnenschachtes stiess man auf ziemliche Lage Acker- oder Moorerde (die Quelle kömmt nemlich auf einer sumpfigen Wiese zu Tage), dann auf eine dünne Lage Sand, unter diesem strich Mergel, dann kam grober Sand, hierauf folgte schwarzer Thon und diesem wiederum grober Flusssand, der abwechselnd mit Steinen und schwarzem Thon vermengt war.

Beim Absenken des Schachtes, fand man in einer Tiefe von sechs Fuß drei Quellen, die bei eilf Fuss Tiefe fast schon eine Quelle ausmachten. Das hier quillende Wasser stiess einen sehr starken hepatischen Geruch aus, allein das Absenken des Schachtes musste vor der Hand eingestellt werden, da beim Nachschürfen des Sandes das Einsinken der Zimmerung zu befürchten war. Wir nahmen deshalb jetzt die Erdbohrer zu Hülfe, bohrten sechs Löcher, eins an der Stele, wo die Quellen sprudelten, die übrigen an solchen Stellen, wo kein Wasser quoll. Ueberall drang der Bohrer sechs Fuss in den mehrerwähnten Sand, der nach und nach feiner und thonreicher zu werden schien, und stiess jetzt auf festes Gestein, von schwärzlicher, grauschwarzer, gräulicher Farbe, blättrichem Gefüge, das, wie nachher die Untersuchung zeigte, G y p s*) war.

---

*) Dieses Gestein zerrieben, gab ein grau weisses Pulver, brausete mit Säuren auf, wurde aber von denselben weder in der Kälte, noch in der Wärme ganz aufgenommen, sondern liessen schwarze Flocken und ein weisses Pulver zurück. Die mit Alkohol gemischten Auflösungen enthielten ziemlich vielen Kalk, sehr wenig Thonerde und noch weniger Eisen. Wasser nahm in der Siedehitze einen geringen Theil des Pulvers auf, indessen schossen sowohl aus diesem Absude wie aus den Auflösung in Säuren wahre Selenitkrystalle an, und in dem wässrigen Absude fand sich ebenfalls Kalkerde. Die gypsartige Natur des Gesteins scheint mir daher bewiesen, der hier mit etwas kohlensaurem Kalke, weniger Thonerde und noch weniger Eisen, nebst etwas erharzigen Stoffe verbunden ist.

Ob indessen dieser Gyps zu einen eigenthümlichen Flötzlager gehöre, das unter den Schwefelquellen, wie unter dem ganzen sie umgebenden Wiesen und Aeckern streicht, oder ob es blos ein einzelnes Geschiebe ist, wage ich nicht zu entscheiden.

Es finden sich zwar in der Nähe von Steinkohlenflötzen, Schwefelquellen und Salzbrunnen, stärkere oder schwächere Gypslager, allein so viel ich weiss ist es bis jetzt nur bei den Schwefelquellen zu Eilsen der Fall gewesen, dass man wie hier bei Winzlar Schwefelquellen in oder unter eigentlichem Gyps gefunden hat.

Aus einem jeden der getriebenen Bohrlöcher quoll ein Stral Wasser hervor, die sorgfältig in Flaschen aufgefangen und darauf einer chemischen Prüfung unterworfen wurden, welche dann ergab, dass das anfangs aufgefangene Wasser das reinste sey. Obgleich wilde Wasser unaufhaltsam hinzuströmten und das lockere Gestein *immer mehr nachschob, liess ich dennoch tiefer bohren, wodurch wir auf L e b e r t h o n den wahren Ursprung der Quellen stiessen.*

Indessen gaben mir jene Umstände Veranlassung in einiger Entfernung von diesem Brunnen neue Bohrversuche anstellen zu lassen. Man trieb die Erdbohrer durch Dammerde, Torf, Mergel, Sand und Grand, stiess unter diesem auf eine 20 Fuss mächtige Thonlage, der eine Stein- und Kieslage folgte. Bis jetzt war der Bohrer nur mit wildem Wasser angefüllt, kaum war aber der Kies auf sechs bis acht Zoll durchgesenkt, so sprudelte beim Zurückziehen die Schwefelquelle hervor, und quillt nun ununterbrochen aus dem eingesenkten Rohre in gleicher Menge, Stärke und Güte.

Physikalische Eigenschaften des W i n z l a r e r
S c h w e f e l w a s s e r s.
§. 1.

A) Das Wasser ist klar und krystallhelle, wird aber, wenn langes andauerndes Regenwetter ist, oder stark gepumpt wird, trübe.

B) Seine Temperatur schwnakt zwischen +9 und + 11°R.

C) Es brodelt im Brunnen nicht, wirft auch keine Luftblasen.

D) Der Geruch ist schwefelleberartig; der Geschmak schwefelartig, hintennach bitterlich und salzig.

E) In einem offenen Gefässe an der Luft ausgesetzt, verliert das Wasser seinen Geruch während der ersten zwanzig Stunden, wird trübe, weisslich und setzt weisse Flocken ab. Am Quellorte selbst sind die Gegenstände über welche das Wasser fliesst mit dieser weissen Materie überzogen, die aus S c h w e f e l, S e l e n i t und K a l k e r d e besteht.

[Es folgen ausführliche Beschreibungen der chemischen Analyse – zunächst die *Chemische Untersuchung des Winzlarer Wassers durch Reagentien* (die qualitative Analyse), die *Chemische Untersuchung des Wassers auf seinen Gasgehalt* und schließlich die *Untersuchung des Schwefelwassers auf den Gehalt an Salzen und Erden*. Und zum Abschluss des Beitrages ist zu lesen:]

Vergleichung des Winzlarer Schwefelwassers
mit andern Schwefelquellen.
§. 12.

Die Darstellung des quantitativen Verhältnisses der salz-
und erdharzigen Bestandtheile des Schwefelwassers bei Winzlar,
zeigt, dass es zu den reichsten Mineralwässern seiner Klasse gehöre.
Zum Vergleiche mit mehreren Mineralwässern mag die unten
angegebene Tabelle dienen, auf der ich es mit dem Schwefelwasser
von L i m m e r, N e n n d o r f und M e i n b e r g verglichen habe...
(…)
Anstelle der für uns heute schwer verständlichen Darstellung füge
ich hier die Daten aus W. Carlé (Die Mineral- und Thermalwässer
von Mitteleuropa 1975, s. auch in Dienemann/Fricke S. 94) an:

mg/kg	Winzlar[1]	Limmer[2]	Nenndorf[3]	Meinberg[4]
Natrium 23,4	69,1	48	23	
Kalium	3,4	9,0	-	3
Magnesium	100,5	71,9	55	87
Calcium	585,5	211,9	378	575
Eisen	0,064	4,2	-	-
Chlorid	22,4	148,9	45	13
Sulfat	1589	390,0	814	1405
Hydrogencarb.	311,8	464,0	447	317
Hydrogensulfid 3,0	1,86	4	-	
Schwefelwasserst. 3,3	12,93	9,2	-	

[1] 1958; [2] 1957; [3] Badquelle 1932; [4] Altbrunnen 1959
(-: keine Angaben)

Vergleicht man anhand dieser Angaben (nach zu
berücksichtigenden Veränderungen durch neue Bohrungen) die
Aussagen von WESTRUMB, so gelten auch noch nach diesen Daten
folgende folgende Aussagen – bzw. sind von historischem Interesse:

Aus dieser Vergleichung, die von der Reichhaltigkeit der
Winzlarer Schwefelquelle das beste Zeugniss abgiebt, geht überdem

hervor, dass dieses Wasser mit dem Limmer, Nenndorfer und Meinberger Schwefelwässern in einer Klasse und zwar in die der salinischen Schwefelwasser. Die vorwaltenden Bestandtheile dieser Mineralwässer sind die Gasarten, die in Verbindung mit den Salzen und Erden, die heilsamen Wirkungen hervorbringen, die man von den Schwefelwässern erwartet, und bei der grossen Reichhaltigkeit an dieser Bestandtheilen kann es nicht fehlen, dass das Winzlarer Wasser bald mit seinen nachbarlichen Schwestern zu Limmer, Nenndorf und Eilsen rivalisiren, ja erstens bestimmt zu heilsamer Wirkung übertreffen wird.*)

---

*) Die erste Nachricht von vorstehender Analyse findet man in L e n t i n's Nachr. von den Gesundbrunnen und Bädern in Rehburg etc. H a n n o v e r 1803. 8. S. 58. Hieraus entlehnte H o f f m a n n die ja in seiner Uebersicht etc. S. 187. vorkommende Mittheilung. Nichts desto weniger scheint W i n z l a r's Schwefelquelle bei neuern Aerzten ganz in Vergessenheit gerathen zu seyn; denn sie gedenken derselben nicht, obgleich den Bestandtheilen nach W i n z l a r's Quelle jenen zu N e n n d o r f, L i m m e r und M e i n b e r g zur Seite gestellt werden ka.. – Wünschenswerth wäre eine mineralogisch-chemische Untersuchung der von W e s t r u m b mit der Bezeichnung L e b e r t h o n bezeichneten Erdschicht (...).

K a s t n e r.

ERLÄUTERUNGEN

Karl Wilhelm Gottlob KASTNER (1783-1837) hatte in Swinemünde den Beruf des Apothekers erlernt, danach in Jena studiert und 1805 zum Dr. phil. promoviert. Als Hochschullehrer für Chemie wirkte er in Heidelberg (1805), Halle (1812), Bonn (1818) und schließlich ab 1821 in Erlangen als o. Professor der Physik und Chemie. Sein bekanntester Schüler war Justus Liebig.

Carl August HOFFMANN (1756-1833) wurde von 1771 bis 1776 in der Römer-Apotheke zu Erfurt ausgebildet, wirkte zehn Jahre als Gehilfe in Kassel und zog 1786 nach Weimar, wo er in die Hof-Apotheke eintrat, die er 1798 übernahm. 1789 gab er eine „Erweiterte Tabelle über etliche 40 Mineralwässer und Gesundbrunnen" heraus und 1815 erschien seine „Systematische

Übersicht der Resultate von 242 chemischen Untersuchungen von Mineralwässern..."

Der von LENTIN hier zitierte Bericht aus dessen Lehrbuch erschien zuerst 1803 als eigenständiges Werk und wurde zusammenfassend und ausführlich in den „Medicinisch-chirurgischen Zeitung" (hrsg. von Johann Jacob Hartenkeil) (7. Ergänzungsband 1801-1810, S. 195-200) rezensiert:

Hannover, bey den Gebrüdern Hahn: Nachricht von den Gesundbrunnen und Bädern zu Rehburg, besonders von der neuen Schwefelquelle bey Winslar. Von Dr. Lebrecht Friedrich Benjamin Lentin, Königl. Churfürstl. Leibarzte zu Hannover, der Röm. Kaiserl. Akad. der Naturforscher, und der Königl. Churfürstl. Societät der Wissenschaften zu Göttingen Mitgliede. Nebst einem Situations-Plan. 1803. 61 Seit. in gr. 8[vo.]

„Seit dem Ableben des Hofmedicus Weber" schreibt der Hr. Verf. in der Vorrede, „und der chemischen Untersuchung, die der Hofapotheker Andreä 1752 anstellen mußte, sind am Bade zu Rehburg so mancherley Verbesserungen, Verschönerungen, und neue, den Gebrauch dieser Bäder bezweckende Veränderungen vorgenommen, und in der Chemie ist, durch die Bemühungen der neuern Scheidekünstler, ein so helles Licht in die bisherige Dämmerung gebracht worden, daß sich auf der einen Seite das Bad, und auf der andern der Befund der Bestandtheile des Gesundbrunnens gar nicht mehr gleich sehen. Und überdieß beschenkte der Zufall, die Nähe des Rehburger Bades, mit einer sehr ergiebigen, kräftigen Schwefelquelle zu Winslar. Nun schien es mir doch ein Mahl nothwenig zu seyn, dem Publikum von Neuem bekannt zu machen, was für Quellen und Geneßmittel hier sind, und wem es die Verbesserungen zu verdanken habe, durch welche den Brunnen- und Badegästen ein so augenfälliger Zuwachs an Annehmlichkeit der Gegend, Bequemlichkeit des Aufenthalts, und Nutzen zubereitet worden; den Aerzten aber, nach sorgfältigster, wiederhohlter, chemischer Untersuchung dieses Wassers, durch unseren vortrefflichen Scheidekünstler, den Hn. Bergkommissär

Westrumb, vollendet, nun zu sagen: was diese Gesundbrunnen für Bestandtheile haben, und in welchem quantitativen Verhältniß sie darin enthalten sind, damit sie an der andern Seite mit weit mehr Präcision berechnen können, was für Krankheiten und Gebrechen durch den Gebrauch dieser Brunnen geheilet, und welche dadurch nicht geheilett werden können. "

Bericht des Bremer Senators DENEKEN (1796)

Deutsche Monatsschrift (3. Band 1796, S. 195-206):
IV. Bemerkungen bey dem Rehburger Gesundbrunnen im Jahre 1796.
(Autor: Arnold Gerhard Deneken)
Herausgeber: Gottlob Nathan Fischer und Friedrich von Gentz

Dr. iur. A. G. DENEKEN (1759-1836) war ab 1785 Senator der Stadt Bremen und Autor zahlreicher historischer Schriften – u.a. „Bruchstücke aus der Geschichte der Stadt Bremen" (Göttingen 1796).

Die Zeitschrift erschien zwischen 1790 und 1803 in Leipzig mit dem Untertitel *„Freymüthig und bescheiden, zur Veredlung der Kenntnisse, zu Bildung des Geschmacks und zu froher Unterhaltung"*.

Gottlob Nathan FISCHER (1748-1800) war ab 1775 Rektor an der Martin'schen Schule in Halberstadt) und Friedrich von GENTZ (1764-1832) war ein deutsch-österreichischer Schriftsteller, Staatsdenker und Politiker sowie Berater von Fürst Metternich.

Der Bremer Senator DENEKEN schildert sehr anschaulich das Kurleben in Rehburg vor 1800, die Geselligkeit (*wie in einer Familie*), wobei nicht das Rehburger Wasser sondern Pyrmonter oder Driburger Mineralwasser getrunken werden.

Bey dem letzten Stoße in dem schlecht gepflasterten Flecken Rehburg verschwindet jede üble Laune; denn man fährt nun äußerst bequem durch eine angenehme breite Allee zwischen lieblichen Kornfeldern und schönen Eichenwäldern, über einige Hügel ins Thal zu der niedlichen Gruppe von Gebäuden hinab, die in einer überaus romantischen Gegend zwischen dem Lockumer – dem Bergkircher – und dem Rehburger Berge, die ankommenden Brunnen-Gäste freundlich einzuladen scheint.

Die ländliche Einsamkeit und die rund umher herrschende Stille werden, wenn man in diesen kleinen versteckten Ort einfährt, durch das geschäftige Gewühl und das bunte Gemisch von Leuten aus allen Ständen auf eine überraschende Weise unterbrochen und die Sinne wieder geweckt, welche auf den öden Haiden zwischen Nieburg und hier eingeschläfert waren. – Die Sehnsucht nach guter Bewirthung wird vollkommen befriedigt: Fast in allen Häusern findet man zur Aufnahme der Fremden eingerichtete Zimmer und bey Meklenburg – Wöhlking und dem Hausvogt speist man an den Wirthstafeln meistens in zahlreicher Gesellschaft gut und zu billigen Preisen. Ist das Wetter heiter, so wird auf dem einige Stuffen erhöhten Platze, der sonst das Kanapee hies, jetzt aber der Salon genannt wird, und neben der Heerstraße zwischen den Wöhlekingischen und Mecklen-burgischen Häusern liegt, unter dem grünen schattigen Gewölbe der hohen Buchen gespeist. Nach der Mahlzeit, die selten länger, als eine Stunde dauert, läßt man sich dann den Kaffee dort hinbringen, welcher vielleicht nirgends mit größerem Wohlbehagen, wie hier genossen werden kann, wo man Sorgenlos unter geselligen Freunden von einer schönen Natur umgeben, sich so ganz ruhig und frey fühlt. Der Blüthenduft von den nahen Linden durchströmt mit süßem Wohlgeruch die Luft, in welcher ein sanfter Zephir [milder Südwestwind] zwischen den Aesten der Buchen spielt, durch deren frisches Grün die glänzende Bläue des Himmels heiter schimmert. Um den mit verschiedenartigen Kaffee-Geschirr besetzten Tisch haben die

Damen sich im Kreise gelagert: Hier sieht man die Schönen mit den jungen Herren munter scherzen und ein Paar gute Mütter so traulich miteinander schwatzen, als ob sie lange sich schon kennten: Dort sind Männer in ernsten Gesprächen vertieft: indessen jener bey seiner Pfeife, sich seinem Gedankenspiel überläßt. Keiner thut sich Zwang an: Wer Lust zu sprechen hat, spricht: Wer lieber schweigt, strengt seine Sprach-Organe nicht an: Jeder zeigt sich, wie er ist und thut, was ihm gefällt.

Die Tage hier bey einer glücklichen Muße nur zu schnell vorüber. Früh gegen sieben Uhr, wenn die Brunnen-Gäste in der Allee beym Trinken des Pirmonter oder Driburger-Wassers auf und niederwandeln, beginnt eine angenehme Musik mit Blasinstrumenten: Ein geistliches Morgenlief macht den Anfang; dann folgen weltliche Stücke. Nach einer Stunde zerstreut sich die Gesellschaft zu selbst gewählten Geschäften oder Vergnügungen, bis um Ein Uhr zu Tische geblasen wird. Wenn die Mahlzeit und gleich darauf das Kaffeetrinken geendigt sind, so wird in Karten gespielt, getanzt oder bey günstigem Wetter spatzieren gegangen – geritten oder gefahren. Um acht Uhr giebt der Trompeter das Signal zum Abendessen, welches mäßig – der Brunnenküche angemessen ist. Dann genießt man noch eines schönen Abends im Freien und begiebt sich früh, meistens um zehn Uhr zu Bette. – Dies ist die einfache Tages-Ordnung, die in der Beschreibung freilich sehr trocken klingt, aber im wirklichen Genusse reich an ächten Freuden ist.

Der Rehburger Brunnen wird göstentheils nur von Personen aus den benachbarten Gegenden besucht, die vorher sich schon als Landsleute kennen oder sich bald und leicht kennen lernen. Es herrscht daher hier ein gleichgestimmter-geselliger Ton, der durch keine auffallende Verschiedenheit in der Lebensweise – durch keine kalte Höflichkeit oder mistrauische Entfernung von einander, wie an Brunnen-Oertern, wo Leute aus weitentlegenen Ländern zusammentreffen, gestöhrt wird. Hier lebt man, wie in einer Familie, in welche jeder Ankommende, der kein Sonderling seyn will, ohne Umstände eingeführt wird. Obgleich die Brunnen-Gesellschaft in verschiedenen Häusern wohnt, so sieht sie sich doch täglich von des Morgens früh bis des Abends spät auf den Spaziergängen – bey den wechselseitigen Besuchen an den Wirthstafeln oder bey den Spiel- und Tanzparthien, die bald in dem Meklenburgischen, bald in dem Wöhlekingschen Saale gehalten werden.

Jeder will hier seine Geschäfte vergessen und den Geist erheitern. Alle, welche sonst in ganz verschiedenen Verhältnissen leben, haben sich die Beförderung des wechseitigen Vergnügens hier zum gemeinschaftlichen Berufe gemacht. – Dem Grabe entgegenwankende – Leichenähnliche Kranke sind zu Rehburg seltene Erscheinungen. Viele kommen blos hieher, sich zu ergötzen und die mehresten, welche die Brunnenküche gebrauchen, wollen nun ihre Gesundheit stärken oder sich von leichten Uebeln befreien. Die fröhliche Stimmung wird daher durch den häufigen Anblick von Leidenden nicht gestöhrt und durch gute Policey-Anstalten werden die Bettler aus den Spaziergängen entfernt, wo sie sonst den einsamen Denker in seinen Meditationen und Freund in ihren vertraulichen Gesprächen auf die unangenehmste Weise unterbrechen.

Man bedarf hier keines Theaters. Die geselligen Freuden und die reitzende Natur sichern gegen Langeweile. Schon der Anblick so vieler froher Menschen, deren Hauptbeschäftigung Vergnügen ist, muß ununterbrochene Heiterkeit in einer Gegend erhalten, die mit allem, was dem Sinne für's Schöne schmeichelt, so reichlich ausgestattet ist. Wie ich zum erstenmal von den Friedrichs- und Georgsplätzen auf dem Rehburger Berge die weit ausgebreitete mahlerische Landschaft überblickte, traten die durch die Zeit schon halb verdunkelte Bilder der Schweitzer Aussichten sehr lebhaft bey mir wieder hervor. Ich glaubte in dem lieblichen Gemische der Waldungen – der mit lebendigen Hecken umzäunten Kornfelder – die Städte – Dörfer und einzelnen Bauernhäuser – vorzüglich aber in dem Anblicke des Steinhuder Meeres, dessen Silberglanz aus der grünen Umfassung des gebüschigten Ufers hervorschimmert und in den Bergen, welche in dämmernder Ferne diese reitzende Landschaft umschließen, ein Miniatur-Gemälde irgend einer

Schweitzer Gegend zu sehen; besonders, da grade die untergehende Sonne den mannigfaltigen Farben eine sanfte herrliche Beleuchtung gab, welche die Gegenstände in großer Weite sehr bestimmt unterscheiden lies und den Augen äusserst wohl that. Bequeme – meistens acht Fuß breite Gänge schlängeln sich durch den dunkeln Buchenwald zu der Höhe des Rehburger-Berges zuerst nach dem Friedrichssitze – einem geräumigen – geordneten Platze, wo man Bänke zum Ausruhen und auf einem viereckigten Tische einen Wegweiser in den Gegenden findet, die man hier überschauet. Schwarze aus dem Mittelpunkt eines Cirkels gezogene Linien leiten das Auge nach allen Haupt-Oertern hin, die man von hier aus sehen kann und deren Namen man am Ende jeder Linie ließt. Man braucht sich nicht mühsam und nicht mir Ungewißheit zu orientiren; sondern man folgt nur den Linien, die nach Wilhelmsstein – Neustadt – Steinhude – Hagenburg – der Landwehre – dem Marktthurm zu Hannover u. s. w. hinweisen. Die vorzüglichsten Gegenstände, welche hier in die Augen fallen, sind die Brunnen-Gebäude, die dazwischen laufende Linden-Alleen – der waldigte Bergkircherberg mit den zwey Windmühlen und dem rothgeziegelten Kirchthurm und das Steinhuder Meer, in dessen Mitte Graf Wilhelm zu Bückeburg mit seinem kühnen Unternehmungsgeiste die Festung Wilhelmsstein errichten lies.

Von dem Friedrichsplatze steigt man rechts ein wenig steiler – nicht weit von der Kohlengrube, die seitwärts liegt, zu dem Georgssitze, wo man einige mit Tannen umpflanzte Rasensitze und in der Mitte einen runden steinernen Tisch antrift. Bey hellem Wetter, vorzüglich bey dem gemäßigten Licht der Abendsonne sieht man von hier deutlich die Westphälische Pforte – Stadthagen – Bückeburg – Minden und Nenndorf.

Die Waldungen machen im Vordergrunde eine mahlerische Wirkung, die noch vollkommener seyn würde, wenn mehrere Dörfer und einige Flüsse ein bunteres Colorit und eine grössere Mannigfaltigkeit in die Landschaft brächten. Links erblickt man durch einen Ausschnitt zwischen dem Gehölze einen Strich vom Steinhudermeer. Uebrigens hat diese Gegend schöne Nüancen und

Schattirungen von dem verschiedenen Grüne der Wälder und Wiesen und von den gelben Streifen der Kornfelder; aber es fehlen Flüsse, welche sie durchschlängeln und Dörfer, welche sie beleben.

Den, der einsame Stille liebt, ladet die Grotte zu einem süßen-melancholischen Genusse ein. Zwischen den Wänden des Bergkircher und Lockumer Berges führt ein zwölf Fuß breiter – geebneter Weg im grünen Schatten der Buchen zu dieser Grotte hin, die von Tannen und wildem Gebüsch umgeben – feierlich verborgen im heiligen Dunkel daliegt. Das Quellwasser tröpfelt von einer Muschel in die andere langsam in das Bassin herab, vor welchem man au einem mit Quadersteinen belegten geräumigen Platze Tische und Bänke findet und auch bey der grösten Hitze eine erquickende Kühle genießt; weil kein Sonnenstral durch die dichtverschlossene Gipfel der Buchen dringt. An beiden Seiten führen steinerne Treppen in Terrassen zu den Bergen hinauf.

Neben dem neuen Badehause geht man durch eine Linden-Allee einer kleinen Anhöhe hinauf zu dem Walde, der den Bergkircher Berg bedeckt. Unter den hochstämmigen Buchen krümmen sich zwischen Tannengebüsch schlangenförmige Gänge zu verschiedenen Sitzen hin, unter denen man auf einem erhabenen Platze über die Dächer der Brunnengebäude das Steinhuder Meer ohne viel Vorland fast unmittelbar erblickt und dadurch getäuscht, es für ganz nahe hält, obgleich es beynahe eine Meile entfernt ist. Rechts hat der Freyherr von dem Busch seiner zu Osnabrück verstorbenen Gattin, die ihm acht Kinder gebohren hatte und die er zärtlich liebte, ein Monument mit einer Urne errichten lassen. Es steht etwas verborgen und giebt dem in diesem düstern Gehölze zur Schwermuth gestimmten Gemüthe eine sanfte Rührung. Von hier und von der Wohnung des Hausvogts vereinigen sich die Wege. Unter den Buchen geht man anfangs links am Abhange des Berges, – dann rechts tiefer in den Wald bis zu einer steinernen Brücke, welche die Grenze zwischen dem Hannöverschen und Bückeburgischen scheidet. Nicht weit davon sieht man noch Ueberbleibsel von den Gartenanlagen bey dem vom Grafen Wilhelm dort erbauten Jagdschlosse, Bergleben, welches nach seinem Tode abgebrochen und zum Bau der Apotheke in Nendorf gebraucht wurde. Einige Schritte weiter liegt in der Tiefe ein Steinbruch, aus dem das Gehämmer der stets darin beschäftigten Arbeiter im Holze fern umher tönt. Jetzt führt der Weg auf den Rücken des Berges, wo man die Gegend im Ganzen übersieht, welche man auf den Friedrichs- und Georgs-Plätzen getheilt vor sich hat. Nachdem man im schattigen Gehölze, wie im Bogengange, ohngefehr eine halbe Stunde fortgewandert ist, kömmt man in das im Thale liegende Dorf Wölpinghausen, wo man in einem reinlichen Bauernhause bey einem geälligen Wirthe sich mit Wein und Kaffee erfrischen kann, um hiedruch gestärkt, eine kleine steile Anhöhe zu ersteigen, wo man zwischen zwey Windmühlen eine weitumfassende unbeschreiblich schöne Aussicht genießt, die, als ich sie zuerst an einem herrlichen Sommerabend – bey einer milden Luft und einem leichtbewölkten Himmel erblickte, einen unvergeßlich angenehmen Eindruck auf mich machte. Ein sanftes Gemisch der lieblichsten Farben schwebte über den mannigfaltigen Gegenständen, welche die Natur, wie in einem ausgebreiteten Teppich hineingewebt hat. Vor mir lag der Bergkircher Berg von einigen Häusern umgeben, zwischen Bäumen halb versteckt. Links zieht sich die Strecke der fernen Berge, zwischen denen die Westphälische Pforte eine lichte Aussicht in eine Ebene öffnet, am Horizont in verschieden geformten Gestalten hin. Die Thürme von Minden, Bückeburg und Stadthagen ragten über den Rauch hervor; der die Städte selbst umnebelte. Grüne Wiesen wechselten mit buntgestreiften Kornfeldern, zwischen denen bald große Waldungen – bald einzelne Gruppen von Bäumen zerstreut liegen. Nicht weit entfernt, sah ich in diesem lachenden Thale einen kleinen Hain, gegen dessen dunklen Schatten ein daneben liegendes weißes mit rothen Ziegeln bedecktes Haus sonderbar abstach. Dieser Aussicht fehlt es nicht an Dörfern. Gleich unten am Fuße des Berges wird das Thal durch den Flecken Sachsenhagen belegt. Links zeigte sich mit die trefliche Landschaft, welche besonders durch das Steinhuder Meer charakterisirt wird. Man sieht hier ausgebreiteter und von einer größeren Höhe die nehmliche Gegend, die man vom Friedrichs-Platze sieht. Blickt man rückwärts, so geben der Waldigte Bergkircher Berg und das einem Schlosse ähnliche Mecklenburgische Haus bey dem Rehburger Brunnen einen recht mahlerischen Prospekt.

65

Merianstich von 1654

Das Kloster lockum ist kaum eine halbe Meile vom Brunnen entfernt. Eine Gräfin von Lucca stiftete es im Jahre 1163. Nach ihres Vaters Tode that sie ein Gelübde, ihre sämmtliche – sehr beträchtliche Güter der Stiftung eines Klosters zu widmen. Ein gewisser Graf von Hallermund warb hierauf um ihre Hand. Sie antwortete: Ihre Person wollte sie ihm geben; aber ihre Güter wären der Kirche versprochen. Der Graf nahm seinen Antrag demohnerachtet nicht zurück; sondern vermählte sich mit ihr. Die Schenkung der Güter zum Kloster geschah förmlich vor dem Bischoffe zu Minden und ward vom Pabste bestätigt. Am Ende des 15ten Jahrhunderts nahm dies Kloster die Protestantische Religion an. Der vortreffliche verdienstvolle Herr Consistorialrath Saalfald zu Hannover ist gegenwärtig dort Abt.

Ansicht des Klosteranlage Loccum im 19. Jahrhundert

66

Der Prior, Herr Franzen – ein sanfter liebenswürdiger Mann zeigte mir mit viel Gefälligkeit die weitläuftigen Gebäude, welche ausser der Kirche und einem Kreutzgange meistens modernisirt und zur Wohnung der Conventualen bequem eingerichtet sind. Er führte mich hierauf durch einen Blumen-Garten in ein großes Gehölz, welches er mit einem sehr richtigen Geschmack in Englischer Manier zu einer anmuthigen Landschaft gebildet hat. Auf den durch den Wald sich schlängelnden Wegen öffnen sich überall neue Aussichten auf schöne Wiesen – auf Fischteiche – auf's Kloster und auf Brücken. Vorzüglich gefiel mir die in eine beschattete Vertiefung versteckte Grotte, in welcher frisches Quellwasser sprudelt. Am Ende des Holzes ist auf einer Anhöhe, wo die Gräfin Lucca mit ihrem Vater wohnte und die noch die Burg genannt wird, ein runder steinerner Tisch mit Bänken und hohen Buchen, wie mit Säulen, umgeben. Die Mönche pflegten ehemals hier Schach zu spielen. Der dicke Stein auf dem Tische, worin sie ihr Schachbret eingehauen hatten, ward vor einigen Jahren durch einen Blitzstrahl mitten durchspalten. Inzwischen ist der vorige massive Tisch dennoch wieder aus dieser zerbrochenen Antiquität hergestellt.

Man kann vom Brunnen durch einen Eichenwald oder durch Alleen nach der nicht weit von Rehburg belegenen Wind-Mühle einen angenehmen Spaziergang machen, von deren Gallerieman ein darangrenzendes kleines Gehölz von Eichen, unter denen verschiedene Schafställe neben einander liegen – dann reiche Kornfelder – die mit Kastanienbäumen bepflanzte Heerstraße – den Flecken Rehburg – das Steinhuder Meer und die reitzende Gegend um den Brunnen übersieht.

Herr Amtmann von Grävemeyer zu O(h)sen hat sich, wie er Beamter zu Rehburg war, unsterbliche Verdienste um diesen Brunnen-Ort erworben. Er ist der Schöpfer dieses kleinen Elysiums. Zwar hatten die Landleute schon im vorigen Jahrhundert die Quelle, als ein Mittel gegen die Gicht, hier entdeckt – und bereits im Jahre 1692 hatte der Churfürst Ernst August an dem Platze, welcher jetzt noch die herrschaftliche Kirche genannt wird, sich des Quellwassers *bedient. Allein erst drey Gebäude – das alte Badehaus – das jetzige Wöhlkeningische und das kleinere Mecklenburgische Wirtshaus waren seit der Mitte dieses Jahrhunderts, als der Herr Geheime Rath und Gros-Vogt von Dieden zum Fürstenstein das Rehburger Wasser hatte untersuchen lassen und es bewährt gefunden wurde, hier errichtet. Die mehrsten Brunnen-Gäste Brunnen-Gäste mußten unter Zelten campiren, bis Herr von Grävemeyer kam, dessen erfinderische Phantasie aus dieser wilden Natur alle die reitzenden Alleen und Spatziergänge hervorzauberte, die dem Geiste jene ruhige Heiterkeit geben, welche bey der Brunnen-Kur oft mehr, als Bad und Wasser und die kräftigsten Arzneyen hilft. Dieser vortreffliche Mann, welcher ein feines richtiges Gefühl fürs Schöne und einen gebildeten Geschmack mit einer seltenen Thätigkeit verbindet, ließ in wenigen Jahren alle Gebäude, außer den drey bereits vorhandenen hier aufbauen und machte aus Rehburg das, was es jetzt ist. Er besucht noch jährlich dies Werk seiner Schöpfung und stimmt mit seiner ganz originellen Laune den fröhlichen Ton der Gesellschaft. Sein Nachfolger, Herr Amtmann Jacobi hat den Georgs-Platz und den Springbrunnen neben der Heerstraße anlegen lassen und der gegenwärtige Beamte, Herr Amtschreiber Cleve sorgt nicht nur mit der grösten Gefälligkeit für das Vergnügen der Brunnengäste, sondern wird auch neben dem Salon, den er schon erweitert und verschönert hat, einen geräumigen Saal aufführen lassen, welcher zu Bällen – zum Lesen der Zeitungen und Monathschriften und zu anderb gesellschaftlichen Unterhaltungen bestimmt seyn soll und in welchem dann auch der Gottesdienst gehalten werden wird, den der Herr Prediger Mehliß bis jetzt noch in einem elenden-finstern-niedrigen Gebäude hinter dem Brunnenhause versieht. Er hält hier während der Brunnen-Zeit am Sonntag Morgen um 11 Uhr und am Mittwochen Abend um 5 Uhr kurze, zweckmäßige practische Predigten in einer äußerst populären Sprache und fesselt durch seinen ruhigen sanften Vortrag und durch ächte Beredsamkeit die Aufmerksamkeit seiner Zuhörer.*

[Der so hoch gelobte Amtmann *von Grävemeyer* war Friedrich Eberhard Grävemeyer, 1779 als Amtsschreiber, später als Amtmann in Rehburg und 1787 als Amtmann von Ose = Kirchohsen bei Hameln genannt.]

Nach der Predigt pflegt es hier an den Sonntägen sehr lustig herzugehen. Vor den Kramläden in der Brunnen-Allee wimmelt es von Landleuten aus der benachbarten Gegend und in den vornehmen, wie in den gemeinen Wirthshäusern wird gespielt und getanzt.

Bey stillen heiterm Wetter pflegt noch nach dem Abendessen die Allee illuminirt und in einem feyerlich-langsamen Zuge mit einer angenehmen Musik nach der Grotte gewallfahret zu werden, die opernmäßig und umher mit Lampen beleuchtet ist.

Ich wünsche diese Bemerkungen mit einer Beschreibung von der Beschaffenheit, dem Gebrauche und den Wirkungen dieses Gesundbrunnens beschließen zu können: allein dieß liegt außer der Grenzen meiner Kenntnisse und der verstorbene Brunnenarzt Herr Hofmedicus Weber*) und dessen Nachfolger Herr Hofmedicus Biedermann**) sollen schätzbare Abhandlungen hierüber geschrieben haben.

*) Nachrichten von der Lage, der Geschichte, dem Gehalte, dem Gebrauche und den Wirkungen des Rehburger Gesundbrunnens und Bades. In zwey Sendschreiben des Herrn Hofmedicus D. Cr. Weber an einen seiner Freunde. Hannover 1773
**) Ueber die Wirksamkeit des Rehburger Brunnens von Herrn Hofmedicus Biedermann, Hannover 1792.

Das Ideal einer glücklichen Muße und einer ruhigen ungetrübten Heiterkeit ward mir hier realisirt. Wie das Bild einer Geliebten will ich es auf den fernern Weg meines Lebens mitnehmen und es sorgsam bewahren, daß nie ein Sturm es verwehe.

Der Brunnenarzt und Hofmedicus BIEDERMANN veröffent-lichte im *Neuen Hannoverschen Magazin* ab 1796 bis 1805 mehrere Beiträge *Ueber das Rehburger Bad und den Brunnen*. David Rudolph BIEDERMANN wurde als Nachfolger von WEBER 1788 Brunnenarzt in Rehburg. Er hatte 1781 in Göttingen zum Dr. med. promoviert.

Als Hofmedicus (außerhalb von Hannover), nämlich zu Uelzen wird er 1818 und 1821 im „Hannoverscher und Churfürstlich-Braunschweigisch-Lüneburgischer Staatkalender" aufgeführt.

1803 ist im Staatskalender zu lesen:
„Bediente bey den Gesund-Brunnen.
a. zu Rehburg.
Herr Friedrich Wilhelm Georg Arnold Lueder, Brunnen-Commisair, auch Amtschreiber Sup. zu Calenberg
: Hofmedicus, Dr. David Rudolph Biedermann,
Brunnen-Arzt
: Georg Christian Preuß, Brunnen-Chirurgus
: Johann Anton Christoph Riemenschneider, Brunnen-
Und Bademeister
Johann Ludewig Nöldecke, Polizey-Knecht."

Im „Archiv der praktischen Arzneykunst für Ärzte, Wundärzte und Apotheker" (Band 1, S. 275 – 1785) ist unter „Pharmaceutischen Abhandlungen" Biedermanns Aufsatz „...von einigen Betrügereyen und Irrthümern der Apotheker, und den Mitteln, beydes zu entdecken" abgedruckt.
(Die Lebensdaten konnten nicht ermittelt werden.)

Bericht des Arztes J. A. ALBERS aus Stolzenau (1801)

> Neues Hannöversches Magazin, 49tes Stück, Freitag, den 19ten Junius 1801: Etwas über den Gesundbrunnen zu Rehburg von Dr. Albers zu Stolzenau. (Sp. 786-800).

Das *Hannoversche Magazin* war ein von 1783 bis 1850 in Hannover herausgegebene Zeitschrift, die als Sprachrohr der höheren Beamtenschaft zu den meistgelesenen hannoverschen Magazine gerechnet wird. Sie war eine Beilage der *Hannoverischen Anzeigen* und wurde wie diese von Heinrich Ernst Christoph SCHLÜTER in der *Landschaftlichen Buchdruckerey* gedruckt. Verlegt wurde sie von dem Landsyndikus Albrecht Christoph von WÜLLEN in dessen 1750 gegründetem *Intelligenz-Comptoir*.

Aus dem genannten Beitrag werden hier nur die Beschreibungen des Gesundbrunnens und nicht die einzelnen Ausführungen zu Heilerfolgen zitiert:

Seit ich vor drei Jahren in diesen Blättern einige Beobachtungen über die heilsame Kraft des Rehburger Bades dem Publikum mitgetheilt habe, ist mir theils das Vergnügen zu Theil worden, dort Manche anzutreffen, welche dadurch in ihrer Bestimmung für Rehburg wenigstens bestätigt worden sind, theils aber meine eigenen Ueberzeugungen über diese Heilquelle noch mehr Umfang und Sicherheit zu verschaffen. Aus diesen Hinsichten fühle ich mich abermals bewogen, Aerzte und Patienten auf ein Bad aufmerksam zu machen, welches sich nach einer siebenjährigen Erfahrung von mir, durch seine gute Wirksamkeit im Stillen besonders auszeichnet...
(...)
Es verursacht mir jährlich dieselbe, und doch auch die verschiedenartigste Freude, ein Bad von solchen heilsamen Kräften für meine Kranken in der Nähe zu haben, um durch eigene Leitung und Beobachtung der Kur, mit möglicher Genauigkeit bestimmen zu können, wie viel reinen Antheil das Bad an der Heilung hat.

71

(...)

Zum Trinken habe ich zwar das Rehburger Wasser noch gar nicht verordnet, indeß glaube ich doch, daß es öfters ein Surrogat eines andern Mineralwasser abgeben könne.

Die gewöhnlichen Hausleute, welche schaarenweise nach den Brunnen ziehen, und dort gegen alle nur möglichen Uebel Hülfe suchen, trinken das Wasser in großer Menge, und machen viel Rühmens davon.

Die Dusch- und Dampfbäder sind in vorzüglich gutem Stande und auch vor sehr guter Einrichtung. Mehreres werde ich darüber nicht hinzufügen dürfen, da es bei beiden gar nicht auf den innern Gehalt des Wassers selbst ankömmt. Die erstern wirken ja nur durch ihren Druck und Reitz, und da bei letztern die fixen Mineralien zurück bleiben, und nur die Wassertheile in Dünsten aufsteigen, so kann dieses nicht mehr erweichen, als jedes andere gemeine Wasser.

Bei dem rheumatischen halbseitigen Kopfweh und steifen Gliedmaaßen ist indeß dieses Dampfbad ein vozüglich gutes und sehr zu empfehlendes Heilmittel.

Auch muß ich noch des Ockers erwähnen, dessen äußere Anwendung nach den Erfahrungen und Versicherungen des Herrn Brunnenchirurgus Preuß ein vortreffliches Mittel in eingeklemmten Brüchen und Heilung alter Geschwüre seyn soll. Des Schaums bedient man sich oft zum Austrocknen, Reinigen und Heilen alter nässender Schaden, Fisteln und Geschwüren.

Für die Reinlichkeit wird in den Bett- und Badezimmern jedesmal so besonders gut gesorgt, daß diese nicht der geringste Tadel treffen kann. Dagegen hat man aber manchmal nicht ungerechte Klagen über Mangel an heißem Wasser sowohl, als auch an Wasser überhaupt hören müssen. Der hinreichende Grund hievon lag mehrentheils in verstopften Röhren und nicht genug geöffneten Quellen. Beides ist aber jetzt schon mit vieler Sorgfalt abgeändert, und da noch zwei Quellen entdeckt und bereits gut aufgegraben sind, so wird hinführo gewiß jeder Badende sein Bad wohl zubereitet finden. Es mag dabei immer auch für den Badegast eine angenehme Gewißheit seyn, die er sich geben kann, daß sein Bad von ganz unrechtlichen armen Kranken nicht besucht wird.

Es sind für solche eigene Bäder bestimmt, so wie sie theils früher, theils später als die gewöhnliche Brunnenzeit fällt, dort verpflegt werden. In dieser Pflege aber, welche einer doppelt unglücklichen Classe von Kranken gewidmet wird, zeichnet sich das Bad zu Rehburg rühmlich aus. Es wird durch die Milde hoher Königl. Cammer unbemittelten Hausleuten gar nicht schwer gemacht, zu der freien Badekur zu gelangen. Es ward auch aus der Armencasse unter der Verwaltung des würdigen Herrn Superintendenten Mehliß zu Rehburg reichlich zur Unterhaltung der Armen beigetragen; und in dieser Hinsicht mag immer das strenge, seit einigen Jahren fortlaufende Gesetz, daß jedes Hutabnehmen mit 3 mgr. Für die Armen gebüßt, seinen Fortgang behalten, und die geschäftige Muße immerhin über ähnliche Gegenstände ausdehnen. Aus dieser Quelle sind mehrere hundert Thaler in den Armenfond geflossen. Wie wohl es aber den Armen durch die besondere Fürsorge für sie von Seiten des Hrn. Hofmedicus Biedermann, als Brunnenarzt ergeht, darüber ist nur eine Stimme.

[Es folgt nun eine ausführliche Beschreibung der *romantisch schönen Lage Rehburgs,* die uns bereits der Bremer Senator DENEKEN vorgestellt und angepriesen hat!]

Im „Vaterländisches Archiv für Hannoverisch-Braunschweigische Geschichte" (1833, S. 169-) veröffentlichte der ebenfalls über Rehburg pulbizierende Horrat und Oberbergcommissair Dr. du Ménil zu Wunstorf eine „Biographische Skizze des Dr. Heinrich Philipp Franz Albers, Hofmedicus und Brunnenarzt zu Rehburg".

Daraus sind die wichtigsten biographischen Details entnommen:

Albers wurde am 9. August 1768 in Hemeln bei Hannoversch Münden geboren, ab 1789 studierte er in Göttingen zunächst Theologie, von 1791 bis 1793 Medizin und promovierte in Marburg. Er ließ sich in Stolzenau als Arzt nieder, wurde 1805 Brunnenarzt in Rehburg, 1810 Land- und Stadtphysikus in Wunstorf. 1815 erhielt er auch den Titel eines „königlich hannövrischen Hofmedicus". Er starb am 9. August 1830.

Albers veröffentlichte eine Reihe von Berichten über das Bad zu Rehburg:

1. Etwas über das Bad zu Rehburg, im Hannöv. Magazin 1798. 47. Stck., S. 761-768.
2. Etwas über den Gesundbrunnen zu Rehburg. Ebend. Jahrg. 1801. Stck. 49. S. 785-800.
3. Ueber den Rehburger Gesundbrunnen. Ebend. 1807. St. 31. S. 482-492.
4. Ueber den Rehburger Gesundbrunnen in Hufelabds Journal der practischen Heilkunde. B. 25. St. 4. (1807.)
5. Fortsetzung der Nachricht über den Rehburger Gesundbrunnen. Im Hannöv. Magaz. 1808. St. 30. S. 465-480. St. 31. S. 481-486.
6. Ueber die Bäder zu Rehburg. Hannön. Magaz. 1810. 44. St. S. 689-704. Und 1812. St. 17. S. 257-260.
7. Fortsetzung der Nachrichten über die Wirksamkeit der Bäder zu Rehburg. Ebend. 1817. St. 34. S. 529-536.

Über die Molken-Anstalt

1862 erschien von Engelbert SAEGELKEN (geb. 1819; Promotion 1856 Göttingen) das Buch „**Bad Rehburg**, Kloster Loccum, das Steinhuder Meer und der Wilhelmstein in ihrer Vergangenheit und Gegenwart kurz geschildert".

Darin ist im Anschluss an die Würdigung des ersten Brunnenarztes (und auch des Amtsschreibers – hier *Grevemeyer* geschrieben – s. bei DENEKEN) zu lesen:

Indeß kamen seit dem Jahre 1780 Klagen über Wassermangel vor, die sich auch bald als nicht unbegründet herausstellten und das Fortbestehen des Bades auf die Dauer als sehr zweifelhaft erscheinen ließen. Da wurde eine neue Quelle gefunden, ein zweiten Stollen wurde erbaut, und bald war die Besorgniß über eine zu geringe Wassermenge vollständig beseitigt, zumal da bald der alte Stollen auch wieder seinen früheren Reichthum entfaltete. So konnte man auch die Erbauung des jetzigen, sogenannten neuen

74

Badehauses beginnen und damit die Anzahl der Bäder um ein Namhaftes vermehren. Die Zahl der Curgäste stieg wieder und erreichte im Jahre 1825 die namhafte Höhe von 829 Personen, denen über 11,000 Bäder ertheilt wurden.

Die Hoffnungen, die man auf die Auffindung einer Schwefelquelle in der Nähe des eine halbe Stunde von Rehburg gelegenen Dorfes Winzlar (i. J. 1800) gesetzt hatte, haben sich bis jetzt noch nicht realisirt. Ein bedeutenderer Kostenaufwand für größere Bohrversuche schien bei der Nähe der großen Schwefelbäder in dem benachbarten Nenndorf und Eilsen sehr gewagt und unterblieb daher, und keine wichtigere Resultate brachte eine Quelle, die mit einem starken Gehalte von Kochsalz nicht weit davon auf bückeburgischem Gebiete dicht an der hannoverschen Gränze entdeckt wurde.

Die Quellstollen des Rehburger Gesundbrunnens
(links: der alte Wasserstoffeln von 1834;
rechts: der erste gemauerte Quellstollen hinter der Teefabrik Hiller)

Dagegen trat für Rehburg eine neue Periode mit der Einrichtung seiner Molkenanstalt ein, die hier im Jahre 1841 begründet wurde. Der überaus günstige Bericht, den der von der Regierung nach Kreuth zur Kenntnißnahme der dortigen sehr blühenden Molkenanstalt entsandte Hofchirurgus Dr. K o h l r a u s c h abstattete, besiegte alle Zweifel, die noch über die Zweckmäßigkeit der Errichtung eines ähnlichen Etablissements für Rehburg bestanden hatten, und bald zeigten auch sehr günstige Erfolge, die durch dasselbe erreicht wurden, wie unbegründet die Bedenken gewesen waren, die man dagegen gehegt hatte.

EXKURS: MOLKENANSTALT

Mit *Molke* bezeichnet man den Rückstand bei der Herstellung von Käse aus Milch, welcher hauptsächlich aus Wasser, Milchzucker (Lactose) und den wasserlöslichen Eiweißstoffen besteht.

Die Bedeutung von Molke im 19. Jahrhundert wird aus dem Text im „Bilder-Conversations-Lexikon für das deutsche Volk. Ein Handbuch zur Verbreitung gemeinnütziger Kenntnisse und Zur Unterhaltung" (1839) aus dem Brockhaus-Verlag in Leipzig deutlich:

„...Als ein schwach nährendes, gelind auflösendes, Auswurf beförderndes, verdünnendes und eröffnendes Mittel finden die Molken vielfache Anwendung in den Medicin, namentlich bei allerhand Krankheitszuständen der Lungen, öfterm Blutspucken, bei Säfteanhäufungen und Stockungen in den Unterleibseingeweiden, fehlerhafter Gallenabsonderung, Hämorrhoidalbescherden, langwierigen Hautausschlägen u.s.w. Sie werden entweder nur für sich oder als Unterstützungsmittel für andere Arzneien angewendet. Im erstern Falle bedient man sich fast ausschließlich der süßen Molken, die man bei uns gewöhnlich in den Monaten Mai, Juni und Juli, des Morgens nüchtern, in steigenden Gaben, anfangs zu einem Schoppen, nach und nach mehr, während eines Spaziergangs im Freien trinken läßt, wobei natürlich eine dem Heilzwecke und dem verordneten Mittel entsprechende Diät beolgt werden muß. Dies sind die sogenannten M o l k e n c u r e n, welche wenigstens vier Wochen, häufiger aber länger, zwei oder drei Monate lang, gebraucht werden. Zur Erleichterung des Gebrauchs solcher Curen hat man in der Schweiz, z. B. auf dem Rigi, zu Appenzell, Unterlachen, Maieringen und an vielen Orten Deutschlands, wie zu Obersalzbrunnen in Schlesien, in Wien und Berlin u.s.w. M o l k e n c u r a n s t a l t e n errichtet, in denen man die Molken theils für sich allein, theils mit Mineralwasser oder mit heilkräftigen Kräutern vermischt trinkt…"

In Bad Rehburg wurde die Molke bis in den Ersten Weltkrieg aus Ziegenmilch gewonnen. Dafür unterhielt das Bad eine eigene Ziegenherde. Daran erinnert noch heute der Weg *Ziegendamm* hinter dem *Drei-Teiche-Park*.

In der Zeitschrift „Hannoversche Annalen für die gesammte Heilkunde" (Neue Folg. Band 1 – 1841, S. 377-378) ist unter „Micellen" zu lesen:
„Über die Molken-Anstalt in Bad Rehburg.

Die Königliche Landdrostei zu Hannover hat in Bad Rehburg mit der diesjährigen Saison eine Ziegen-Molken-Anstalt eröffnet, nachdem sie zuvor den Hrn. Hofchirurgus Dr. Kohlrausch nach Kreuth in Baiern Ende März gesendet hatte, um dort diejenigen Erfahrungen zu sammeln, welche zur Anlage einer Molken-Anstalt, wie solche auch in der Schweiz zu Gais, Weissbad, Appenzell u. s. w. bestehen. Wir erfahren aus dem veröffentlichten Reiseberichte des Hr. Hofchirurgus Dr. Kohlrausch, dass es ihm sehr zu Statten gekommen sei, in so früher Jahreszeit, wo die Anstalt an Ort und Stelle noch nicht eröffnet war (bekanntlich deckt in der Jahreszeit die Gegend von Kreuth in der Regel noch Schnee), seine Nachforschungen angestellt zu haben, weil die Herren Landphysicus Dr. Krämer und Brunnen-Administrator Faistel mehr Zeit gehabt hätten, ihm mündlich die kleinsten Details anzugeben. In gedachtem Reiseberichte entwickelt nun Herr Hofchir. Dr. Kohlrausch näher die Gründe, warum Rehburg sich für eine Molken-Anstalt eigne, die sich besonders auf die vier reduciren lassen, dass in Rehburg sich die Molken-Anstalt mit einer Heilquelle vereine, die in ihrer Wirksamkeit gegen dieselben Krankheiten correspondire, dass Rehburg durch seine Lage aber diejenigen Hülfsmittel darbiete, welche eine grössere Cur unterstützen können, dass es Ziegen- und nicht Kuhmolken sein, und die Milch von Thieren genommen werde, die im Freien eine ausgesuchte Nahrung bekommen, und endlich, dass die Molke auf eine eigenthümliche Weise bereitet und so frisch und warm getrunken werde, wie man sie nie in Städten und im

Kleinen bereitet, erhalten könne. Dem Vernehmen nach ist die Zahl der Kranken, welche schon in diesem Jahre die gedachte Cur gebrauchen, so erheblich, dass man kaum Ziegen genug anschaffen können, und steht zu erwarten, dass diese Anstalt dem durch das Zusammentreffen mancher Umstände in dem letzten Jahrzehnt sehr gesunkenen Rehburg wesentlich aufhelfen werde, wie das in den Absichten einer vorsorglichen höhern Administrations-Behörde bei dieser Übermachung gelegen haben mag.

D. H." (Dr. G. P. Holscher, königl. Leibchirurgus., ersten Arzte am neuen Krankenhause, …, zu Hannover – Herausgeber der genannten Zeitschrift)

1842 veröffentlichte Johann Carl Adolph BIERMANN, Königlich Hannoverscher Hof-Medicus, Land- und Stadt-Physicus zu Peine, in Braunschweig eine eigenständige Schrift mit dem Titel:
„Über die Molkenstalt zu Rehburg überhaupt und besonders in ihrem heilkräftigen Verhältnisse zu den dortigen Mineral-Bädern".

REHBURG
1841
in
Physikalisch-medicinische Darstellung der bekannten H e i l –
q u e l l e n
der vorzüglichsten Länder Europa's.

Emil OSANN ist der Autor dieses Buches über Gesundbrunnen und Heilquellen, womit zeitlich das Jahr erreicht ist, in dem die zuvor beschriebene Molken-Curanstalt eingerichtet wurde. Dieser Beitrag wurde ausgewählt, weil er noch einige bisher nicht genannte Details zur Geschichte des Gesundbrunnens enthält und einer der letzten so umfangreichen Darstellungen in der *balneolgischen* Literatur dieser Zeit darstellt – und weil er auch fast am Ende der Glanzzeit von 1750 bis 1850 – als *Madeira des Nordens* bezeichnet – veröffentlicht wurde.

78

Im Kapitel über die „Heilquellen des Königreichs Hannover" (ab S. 1013) ist zu lesen:

(...)

Die Mehrzahl der M.quellen Hannovers sind Kochsalz- und Schwefelquellen. Die bekanntesten und besuchtesten sind die Eisenquellen zu R e h b u r g, deren Besuch durch die nahe gelegenen Schwefelquellen von W i n z l a r erhöht wird.

(...)

D i e M.q u e l l e n zu R e h b u r g und W i n z l a r im Fürstenthum Calenberg, - die ersteren gehören zu der Klasse der erdig-salinischen Eisenquellen, die zweite zu der der kalten erdig-salinischen Schwefelwasser; - das Bad Rehburg liegt in einer freundlichen und gegen alle Winde, ausser gegen Nordwind, geschützten Gegend, mit der herrlichsten Ausschicht einerseits auf das Steinhuder Meer, einen Landsee, und andererseits weit über die Ebene hinab bis zur Porta Westphalica, - von der Stadt Rehburg nur eine halbe Stunde, von dem Kloster Loccum eine Stunde, von Hannover sieben Meilen entfernt.

Die Urkunden über den Gebrauch der M.quellen von Rehburg reichen bis zum Jahre 1690, in welchem von A h r e n s die ausgezeichneten Wirkungen dieses Brunnens in einem officiellen Bericht gerühmt werden. Gleichwohl wurden dieselben erst seit der Mitte des vorigen Jahrhunderts nach Verdienst gewürdigt und für die nöthigen Einrichtungen gesorgt.

Eröffnet wird das Bad Anfang Juni. Dem jetzt verstorbenen Dr. A l b e r s ist Hr. Dr. S c h ö n j a h r als Brunnenarzt gefolgt. Mit Bestellungen wendet man sich an das Königl. Hannöv. Brunnen-Kommissariat, Herren W i e s e n und A. H a u f s.

Rehburg erfreut sich gegenwärtig gut eingerichteter Logirhäuser und eines zwar kleinen, aber überaus gut eingerichteten Badehauses, und jährlich eines zahlreichen Zuspruchs von Kurgästen. Nach A l b e r s betrug im Jahr 1820 die Zahl der Badegäste 708, im Jahr 1821: 1012, im Jahr 1822: 1205; nach D u M é n i l im Jahre 1828: 829. In neueren Zeiten scheint indess die Frequenz abgenommen zu haben: im Jahre 1838 waren nur gerade 100 Kurgäste da, wovon 20-30 die Kur auch im Winter fortbrauchten.

Um die zweckmässige Benutzung der M.quellen zu Rehburg haben sich besondere Verdienste L e n t i n und A l b e r s erworben, um die Analyse derselben W e s t r u m b und D u M é n i l.

Man unterscheidet in Rehburg mehrere, jedoch nicht wesentlich von einander verschiedene M.quellen, erst im J. 1825 war man so glücklich, eine neue aufzufinden.

Das Wasser ist klar, von erfrischendem, etwas zusammenziehendem Geschmacke, perlt stark, und bildet längere Zeit der Luft ausgesetzt einen bräunlichen, ockerartigen Niederschlag. Der beim Kochen gebildete sogenannte „Badeschaum" ist äusserlich benutzt worden. (...)

[Es folgenden die Analysenergebnisse von WESTRUMB in den damals üblichen Angaben in Gran je sechszehn Unzen, die im Deutschen Bäderbuch von 1907 umgerechnet verzeichnet sind. Danach wird eine weitere Analyse von Du Ménil angegeben:]

Nach D u M é n i l's Analyse enthalten sechszehn Unzen [etwa 476,8 g nach dem Nürnberger Apothekengewicht; 1 Gran ca. 60 mg] *Wasser:*

Schwefelsaures Natron [Natriumsulfat]	*1,110 Gr.*
Schwefelsaure Kalkerde [Calciumsulfat]	*3,700 –*
Schwefelsaure Talkerde [Magnesiumsulfat] *1,406*	*–*
Chlorcalcium [Calciumchlorid]	*0,516 –*
Kohlensaure Kalkerde [Calcium(hydrogen-) carbonat]	*0,050 –*
Kohlensaures Eisenoxydul [Eisen(II)hydrogen- carbonat]	*0,036 –*
Kieselerde [Kieselsäure]	*0,012 –*
Thonerde [Aluminiumoxid]	*0,025 –*
Extraktiv- und Harzstoff	*0,025 –*
	_____
	6,880 Gr.
Kohlensaures Gas	*13,172 Kub.Z.*

Die M.quellen von R. wirken belebend, stärkend, – getrunken die Verdauung verbessernd, säuretilgend, zusammenziehend, anhaltend, diuretisch, – als Bad benutzt belebend, stärkend, zusammenziehend.

Man lässt täglich vier bis acht Becher trinken, allein oder mit Milch oder einem Zusatz von eröffenden Salzen. Sehr hilfreich erweisen sie sich in Form von Wannenbädern; man lässt die Kranken eine Viertel- bis ganze Stunde in dem Bade verweilen, und bedient sich, nach A l b e r s, in allen Fällen, wo zugleich das Hautorgan mehr gereizt und bethätiget werden soll, eines Zusatzes von einigen Pfund Kochsalz zu jedem Bade mit dem besten Erfolg. – Ausser guten Einrichtungen zu Wasserbädern finden sich zu Rehburg Vorrichtungen zu Douche-, Regen-, Tropf-, Qualm- und Dampfbädern.

Oertlich hat man sich des M.wassers zu Waschungen und Bähungen [mit erweichenden Umschlägen], und des Niederschlags und Badeschlamms als Umschlag oder Einreibung bei Lokalaffectionen von Schwäche, mit glücklichem Erfolg bedient.

Innerlich und äusserlich hat man die M.quellen vorzugsweise empfohlen: bei Verschleimungen und Schleimflüssen, Schwäche des Magens und Darmkanals, Durchfall, Blasenkatarrhen, Biennorrhöen [Absonderung von Eiter] der Brustorgane, – chronische Nervenkrankheiten durch reine Schwäche bedingt, Zittern der Glieder, Krämpfen, Veitstanz, nervöser Migraine, vorzüglich Lähmungen (besonders hilfreich, nach A l b e r s, in Form von Wasserbädern), – rheumatischen und gichtischen Leiden, gichtischen Geschwüren und Cotracturen (in Form von Wasserbädern und der örtlichen Application des Badeschaums gerühmt von A l b e r s), – chronischen Hautausschlägen, nässenden Flechten, veralteten Geschwüren, Contracturen nach Verwundungen, – Drüsengeschwülsten und Verhärtun-gen. – Sehr empfohlen hat man endlich noch die örtliche Anwendung des M.wassers bei Schwäche der Augen als Stärkungsmittel. Nach A l b e r s bediente sich täglich Georg II., König von England, desselben als stärkendes Augenwasser. –

Erhöht wird der Nutzen des Bades zu Rehburg durch die im Dorfe W i n s l a r ganze nahe bei Rehburg im Jahre 1799 von dem

Apotheker U s i n g e r entdeckte kalte Schwefelquelle, deren Wasser sehr zweckmässig in Verbindung mit den M.quellen zu Rehburg gebraucht wird.

Das M.wasser ist krystallhell, von einem starken Schwefelgeruch und Geschmack, seine Temperatru beträgt 9 bis 11° R., sein spec. Gewicht 1,0005, und enthält nach W e s t r u m b in sechszehn Unzen:

Chlornatrium [Natriumchlorid]	0,500 Gr.
Chlortalcium [Magnesiumchlorid]	0,350 –
Chlorcalcium [Calciumchlorid]	0,525 –
Schwefelsaures Natron [Natriumsulfat]	2,750 –
Schwefelsaure Talkerde [Magnesiumsulfat]	5,125 –
Schwefelsaure Kalkerde [Calciumsulfat]	17,166 –
Kohlensaure Kalkerde [Calcium(hydrogen- carbonat]	1,950 –
Thonerde [Aluminiumoxid]	0,100 –
Kieselerde [Kieselsäure]	0,150 –

	28,616 Gr.
Kohlensaures Gas	10,0 Kub.Z.
Schwefelwasserstoffgas	15,0 –

In seinen Wirkungen den kräftigsten kalten erdig-salinischen Schwefelquellen zu vergleichen, wird dasselbe in den bereits bei den M.quellen Rehburg's aufgezählten Krankheitsklassen, besonders bei gichtischen, rheumatischen Leiden, chronischen Hautausschlägen und Schleimflüssen benutzt.

Noch ist zu erwähnen, dass in der Nähe von Rehburg auch eine Salzquelle mit Saline im Schaumburg-Lippischen sich befindet, deren Wasser viel nach R. geführt und zu Bädern benutzt wird, obgleich dort auch eine Badeanstalt ist.

[Es folgt noch eine umfangreiche Auflistung an Veröffentlichungen über Rehburg – von Ch. Weber 1769 bis A. Du Ménil „Der Rehburger Brunnen", 1830.]

Du MÈNIL und Bad Rehburg

Im „Encyclopäischen Wörterbuch der medizinischen Wissenschaften" (1842) wird auch über die Analysenergebnisse von Du Ménil berichtet. Sie werden wie folgt angegeben (in Gran bezogen auf sechzehn Unzen) :
Schwefelsaures Natron (Natriumsulfat) 1,110 – Schwefelsaure Kalkerde (Calciumsulfat) 3,700 – Schwefelsaure Talkerde (Magnesiumsulfat) 1,406 – Chlortalcium (Magnesiumchlorid) 0,516 – Kohlensaure Kalkerde (Calcium(hydrogen)carbonat) 0,050 – Kohlensaures Eisenoxydul (Eisen(II)(hydrogen)-carbonat) 0,036 – Kieselerde 0,012 – Thonerde (Aluminium-oxid) 0,025 – Extractiv- und Harzstoff 0,025.
Auch ermittelt er die Gehalte an Kohlendioxid und Schwefelwasserstoff.
In Zeitschriften hat Du Ménil über den Rehburger Gesundbrunnen berichtet, u.a. in:
Hufeland's Journal der prakt Heilkunde Bd. XLII, St. 3, S. 109-116 (1816); im Hannöv. Magazin. 1824. S. 767 und 1826. S. 377.

August Peter Julius Du MÈNIL (1777-1852) stammte aus einer Hugenottenfamlie, wurde 1792 in Celle Apothekenlehrling, promovierte an der Universität Rostock und war ab 1809 Apotheker in Wunstorf, Direktor des Pulver- und Salinenwesens sowie königlich hannoverscher geheimer Ober-Bergcommissär sowie fürstlich schaumburgischer Hofrath. Er veröffentlich zahlreiche Abhandlungen aus den Bereichen der Chemie, Pharmazie und Mineralogie.
Hufeland's Journal der practischen Heilkunde (1816):

Chemische Untersuchung des mineralischen Badewassers
zu Rehburg, vom Doctor der Philosophie D u m e n i l
zu Wunstorf.

V o r e r i n n e r u n g.
Unsere mit jedem Jahre zunehmende Kenntniss in der
Chemie, wie auch die Veränderungen, welche im Laufe der Zeit mit

den Mineralwässern in dem innern Laboratorio anscheinend vorgehen, machen eine Revision derselben von Zeit zu Zeit notwendig. Diese meine Ueberzeugung sowohl, wie auch die lobenswerthe Aufforderung, welche in solcher Beziehung der Herr Staats-Rath Hufeland zu Berlin an die Herren Westrumb und Klaproth hat ergehen lassen, hat mich bewogen, vorerst mit einer der Rehburger Heilquellen, und zwar mit dem dortigen alkalisch-mineralischen Badewasser eine chemische Analyse anzustellen. Zwar weiss ich mich sehr wohl zu bescheiden, dass ich darin jenen großen Chemikern nicht gleich komme, indess habe ich zu leist mich bemühet, was ich zu leisten im Stande war.

Erster Abschnitt.
Physische Eigenschaften des Wassers.
Dasselbe entspringt in einer Tiefe von 150 Fuss des dortigen Berges. In diesen Berg ist ein Stollen eingegraben, welcher 1300 Fuss lang, 4 Fuss breit und 9 Fuss hoch ist, und in welchem die Röhren sich befinden, mittelst welchen die Wasser von der Quelle zu den 3 dortigen Badehäusern und in das Pfannen- oder Siedehaus geleitet werden. Das Wasser ist vollkommen krystallhell, der Luft ausgesetzt, trübt es sich aber etwas. Sein spezifisches Gewicht ist von dem des destillirten Wassers nur etwas unterschieden. Die Temperatur des hervorquellenden Wassers war 8° Reaum. Es hat einen erqickenden Geschmack. Während des Kochens setzt es den sogenannten Pfannenstein und Badeschaum ab.

[Es folgend die *Prüfung durch Reagentien* = qualitative Analyse, die Bestimmungen des *Gasbestandtheile*, die Untersuchung der *von der Behandlung mit Weingeist gebliebene Rückstand*, welche zu den genannten Ergebnissen führen.]

Vor der Abhandlung von Du Ménil ist die *Fortsetzung der Nachrichten über die Wirksamkeit des Bades zu Rehburg. Vom dasigen Brunnenarzt, Hofmedicus   A l b e r s   zu Wunstorf bei Hannover* mit folgender Fußnote von HUFELAND abgedruckt:

Ich wiederhole hier, wie ich schon in meiner Schrift über die vorzüglichen Heilquellen Teutschlands gesagt habe, dass ich den Gesundbrunnen zu Rehburg sowohl wegen seiner, in manchen Krankheiten sehr heilsamen Kräfte, wovon obiger Aufsatz neue Belege giebt, als wegen seiner ganz eigenthümlichen romantischen Lage sehr schätze, und überzeugt bin, dass er, ausser den rheumatischen Krankheiten, ganz besonders für Hautkrankheiten, scrofulöse Uebel, und solche Nerven- und Gemüthskrankheiten, welche mit einer äusserst erhöhten Empfindlichkeit verbunden sind, ganz geeignet sind. Hufeland

Christoph Wilhelm HUFELAND ( ) veröffentlichte 1815 die 1. Auflage seines Werkes *Praktische Uebersicht der vorzüglichsten Heilquellen Teutschlands nach eigenen Erfahrungen"*, in der REHBURG jedoch nur kurz erwähnt wird.

Übersicht zu den wichtigsten Ereignissen
in der Geschichte des Gesundbrunnens von Rehburg

1690	Erste historische Nachricht über den Gesundbrunnen durch den Amtmann Georg Wilhelm ARENS (5. Juli) Anordnung für den Amts- und Gerichtsdiener zur Kontrolle des Badebetriebs (21. Juli)
1692	Kurfürst Ernst August mit Hofstaat am Brunnen (Unterkunft in Zelten)
1722	Amt Rehburg und Kloster Loccum unterhalten das erste hölzerne Badehaus.
1726	Stadt- und Landphysikus Dr. CÖRNER aus Nienburg im Sommer als „Brunnenarzt" in Rehburg (bis 1750)
1752	PROCLAMA durch König Georg II. zur Gründung des *Königlichen Bades*
1765	Johann Christian KESTNER aus Hannover als Kurgast am Brunnen
1769	Errichtung des Armenkrankenhauses
1769/ 1773	Hofmedicus WEBER veröffentlicht seine „zwey Sendschreiben" über den Rehburger Gesundbrunnen und das Bad
1779	Baubeginn des neues Badehauses
1786	Fertigstellung als „Herrschaftliches Badehaus"
1788	Brunnenarzt wird BIEDERMANN als Nachfolger von Weber
1789	Bericht des Bremer Senators DENEKEN
1792	Veröffentlichung des Hof- und Brunnen-Medicus BIEDERMANN *„Ueber die Wirksamkeit des Rehburger Gesundbrunnens"*
1799	Entdeckung der Schwefelquelle bei Winzlar
1805	Superintendent MEHLISS berichtet über den Rehburger Gesundbrunnen Heinrich Philipp Franz ALBERS (1768-1830) Arzt in Stolzenau, Brunnenarzt zu Rehburg
1824	Inbetriebnahme eines neuen Wasserstollens aus dem Wölpinghauser Berg
1830	Untersuchungen durch DU MÉNIL

1840   Kurmäßige Nutzung der Trinkquelle wird eingestellt
1841   Eröffnung der Molken-Kuranstalt mit eigener
       Ziegenherde
1842   Bau der Friederiken-Kapelle

Förderverein Historische Badeanlagen Bad Rehburg
Herr Dieter Hüsemann
Haarzhorn 1
31547 Rehburg-Loccum
Tel. 05037/3439

Zu den beiden Brunnen berichtete DIENEMANN (1961 – s. S. 94) noch folgende Details:
Der Stollen, der zur Trink- und Badequelle führte, liegt südlich der Straße von Bad Rehburg nach Münchehagen am Ende eines Einschnittes in Fortsetzung der Brunnenallee. Um 1804, als die Schüttung nachgelassen habe, seien bei einer Erweiterung stärker eisenhaltige Wasser angeschlagen worden und 1824/25 sei ein weiterer Stollen von einer einige 100 m südlich gelegenen Schlucht am sog. Augustusplatz aus vorgetrieben worden. Die Wässer wäten in einem Stollen gestaut worden und vo dort 100 bis 200 m weit zm Badehaus geleitet worden.

Auf Spurensuche in BAD REHBURG im 21. Jahrhundert

Unser Rundgang auf den Spuren des *Madeira des Nordens* zwischen 1750 und 1850 als Kurort für die Hannoversche Aristokratie bezeichneten Bades beginnt an den *Historischen Kuranlagen*, dem Gebäude- und Park-Ensemble bestehend aus:
dem fühklassizistischen *Neuen Badehaus* (erbaut 1778-1786),
der *Wandelhalle* von 1843/44 mit der teilweise verglasten Veranda und dem Café-Restaurant „Carpe Diem" sowie
der *Friederiken-Kapelle* von 1841/42.
Im *Neuen Badehaus* besuchen wir die Ausstellung *Kurleben der Romantik*. Auf einem Rundgang durch zwölf ehemalige Badekabinette wird ein informativer und anschaulicher Einblick in das gesellschaftliche Leben im 18. und 19. Jahrhundert und den Kuralltag vermittelt – musikalisch untermalt und audio-visuell dokumentiert. Als Beispiele seien die Themen „Sehnsucht nach der Natur" (1. Kabinett), „Heilkraft des Wassers" (3. Kabinett) mit einem nachgebauten *chemischen Probierkabinett* als tragbarem Analysenlabor für Untersuchungen direkt an der Quelle um 1800, zur „Badeprozedur" (6. Kabinett). Zum Abschluss des Rundgang wird die „Königinnen-Zelle" besucht, eine Badekammer, gefliest mit Großkacheln, auf denen spätbarocke und frühklassizistische Motive und blau bemalte Ornamente zu sehen sind. Sie wurden 1978 hinter Tapeten versteckt wiederentdeckt und stammen vermutlich aus der Fayencen-Manufaktur Wrisbergholzen bei Hildesheim, wo sie um 1780 hergestellt wurden.
Nach dem Besuch der *historischen Kuranlagen*, der mit einer Besichtigung der *Friederiken-Kapelle* abschließt, beginnen wir einen etwa 3 km langen Rundgang auf *historischen Promenaden*.

Plan aus dem Flyer „Historisch Promenaden – Romantik Bad
Rehburg" der Stadt Rehburg-Loccum
zum *Promenade „Rundweg Bad Rehburg"*

Vor Beginn des Rundwegs lesen man noch einmal den Bericht des
Bremer Senators DENEKEN über die Kuranlagen Im Jahre 1789.
Aus dem zum Plan genannten Flyer erfahren wir, dass nach der
Tätigkeit des Gartenmeister TATTER ab 1770 siebzig Jahre später
der Gestalter des Georgengartens in Hannover, Franz Christian
SCHAUMBURG (1788-1868), auch in Rehburg gewirkt hat. Er baute
das Wegenetz in den Rehburger Bergen bis auf eine Länge von 34
km aus: „Geschwungene Pfade begleitet von plätschernden
Wasserläufen oder hochgebirgig anmutenden Gesteinsbrocken
vermittelten unterschiedliche Landschaftserlebnisse. Von jedem

Aussichtsplatz konnte man die Festung Wilhelmstein im Steinhuder Meer oder den Kirchturm von Bergkirchen sehen."
Wie die Situation heute ist, das wird uns der Rundgang vermitteln, für den „festes Schuhwerk empfohlen" wird.

Von der *Friedrikenkapelle* (2) – gestiftet und benannt nach der Königin Friederike von Hannover (1778-1841), geborene Prinzessin von Mecklenburg-Strelitz, welche die Einweihung in Anwesenheit von König Ernst August I. von Hannover (1771-1851) nicht mehr erlebte – führt uns der Weg zum *Augustenplatz* (3), benannt nach der Schwiegertochter von König Georg II. (1683-1760), Prinzessin Augusta von Sachsen-Gotha (1719-1772). Er war ursprünglich als Gebirgslandschaft gestalt – mit Felsen, Wasserfällen um den kleinen Teich, der heute *Feuerteich* genannt wird. Am Teichrand und am Bach sind nur noch Reste der früheren Anlagen zu sehen.

Wir spazieren weiter zum *Charlottenplatz* (4), der nach der Königin Sophie Charlotte (1744-1818), geb. Prinzessin von Mecklenburg-Strelitz benannt wurde, der Mutter von König Ernst August. Im 19. Jahrhundert waren an diesem Platz Blumenrabatten und Ziersträucher vorhanden – als Kontrast zur Gebirgslandschaft am Augustenplatz.

Wir überqueren die *Alte Poststraße* und gelangen auf den *Prinzeß Wilhelm Platz* (5) – benannt nach der so offiziell benannten Kronprinzessin Auguste Victoria von Schleswig-Holstein-Sonderburg-Augustenburg (1858-1921), der späteren Gemahlin Kaiser Wilhelms II. und damit letzte Kaiserin und Königin von Preußen (1888-1918). Die Wegeführung ist hier symmetrisch angelegt.

Weiter geht es in Richtung auf die Stadt Rehburg zum *Adolphs-Platz* (6) – benannt nach Adolphos Friedrich, Herzog von Cambridge, Vizekönig von hannover (1774-1850), Bruder von König Ernst August. Er war ein häufiger Gast des Bades Rehburg. Hier gab es früher Gemüsebeete und Obstpflanzungen, als Teil der landschafts-gärtnerischen Anlage und auch zur Versorgung der Kurgäste.

Der nächste Platz – der *Friedrichsplatz* (7) und *Friedrichspavillon* nach dem Herzog Friedrich von York (1763-1827, Bruder von Ernst August) – ist ein historischer Platz besonderer Art auf dem *Brunnenberg* (161 m hoch), denn hier befindet sich auch das *ehemalige Brunnenhäuschen* (*Friedrichspavillon*), das hierher nach dem Versiegen des Brunnens verlegt wurde. Und von hier aus bestand in historischer Zeit auch eine Sichtachse in Richtung Wölpinghausen. Einstmals standen hier exotische (mediterrane) Bäume und Pflanzen, eine Grotte mit Wasserfall. Eibengebüsche vermittelten den Eindruck undurchschaubarer Labyrinthe und schufen versteckte Nischen.

Von dort spazieren wir zum *Georgsplatz* (8), den wir vom Adolphs-Platz erreichen können. Er erinnert an Georg II., König von Großbritannien und Irland, Kurfürst von Hannover (1683-1760), auf dessen *Proclama* von 1752 die Entwicklung des Wildbades zu einem romantischen und königlichen Kurbad zurückzuführen ist. Dieser Platz wurde in früheren Zeiten als der schönste aller Plätze beschrieben.

Weiter geht es noch zum *Marienplatz* (9) – gewidmet Marie Wilhelmine (1818-1907) aus dem Hause Sachsen-Altenburg, Gemahlin des letzten Königs von Hannover, Georg V. (1819-1878), der nach dem Sieg des Königreiches Preußen über das Königreich Hannover 1866 in österreichische Exil ging. Sie bekam 1857 das Schloss Marienburg in Pattensen von ihrem Gemahl geschenkt.

Es folgt der *Friederikenplatz* (10), gewidmet der bereits genannten König Friederike, die sich besonders für die Gestaltung des Kurbades zu Beginn des 19. Jahrhunderts einsetzte.
Die Erläuterungen zu den Namen der besuchten Plätze haben nochmals deutlich gemacht, dass wir auch durch die Geschichte des Königshauses Hannover promeniert sind.
Zurückgekehrt zu den historischen Gebäuden des königlichen Kurbades besuchen wir noch die gegenüberliegende Parkanlage der ehemaligen Lungenheilstätte (bis 1974) und des heutigen Maßregelvollzugszentrums (für Menschen, die unter Alkoholeinfluss

Straftaten begangen haben). In diesem Park mit drei kleinen Teichen wurden zur Zeit der *Molkenkuranstalt* die Ziegen gehalten.

Weitere Orte einer historischen Spurensuche sind z. B. die *Salzquelle* an der Straße von WINZLAR nach WIEDENBRÜGGE. Dieser alte Salzbrunnen, als *Soltsoot* erstmals 1237 urkundlich erwähnt, lieferte von 1812 bis um 1900 Sole nach Bad Rehburg. Zwischen 1936 und 1939 plante man hier sogar die Anlage eines Brunnenbades.

ANHANG

Veröffentlichungen von 1769 bis 1830

(aus Emil Osann: Physikalisch-medicinische Darstellung der bekannten Heilquellen der vorzüglichsten Länder Europa's, Zweiter Theil. Zweite vermehrte Auflage. Berlin bei Ferdinand Dümmler 1841)

Ch. WEBER's Nachrichten von der Lage, der Geschichte, dem Gehalte, dem Gebrauche und den Wirkungen des Rehburger Gesundbrunnen und Bades. Hannover 1769. (1773)– 1781.
ANDREAE und OLENBURG in: Hannöv. Mag. 1776. St. 21. 24. (21. St. Sp. 321-326; 24. St. Sp. 369-398)
D. R. BIEDERMANN, über die Wirksamkeit des Rehburger Gesundbrunnens. Hannover 1792.
DENEKEN's Bemerkungen über die Brunnenörter Rehburg und Driburg. 1798.
L. F. B: LENTIN's Nachricht von dem Gesundbr. zu Rehburg, besonders von der neuen Schwefelquelle zu Winslar. Hannv. 1803.
HUFELAND's Journal der prakt. Heilk. Bd. LI. St. 6. S. 114.
ALBERS in: HORN's Archiv für med. Erfahrung, 1811. Sept. und Oktober. S. 286.
ALBERS in: Hufeland's Journal der prakt. Heilk. Bd. XVI. St. 4. S. 136. – Bd. XXV. St. 4. S. 138-149. – Bd. XLII. St. 3. S. 105-109. – Bd. LII. St. 4. S. 118-124. – Bd. LIV. St. 4. S. 110. Bd. LV. St. 6. S. 121-124. – Bd. LX. St. 2. S. 103. – Bd. LXII. St. 4. S. 107. – Bd. LXVI. St. 5. S. 97. – Bd. LXVIII. St. 5. S. 125. – Bd. LXIX. Supll. S. 58. – Bd. LXXI. St. 3. S. 96. – St. 5. S. 116.
KASTNER's Archiv. Bd. XIV. S. 33. 46. 50.
BRANDE's Archiv. Bd. XI. S. 311.
BUCHER's Repertorium für die Pharm. Bd. XX. S. 298.
DU MÈNIL in: Hufeland's Journal der prakt. Heilk. Bd. XLII. St. 3. S. 109-116. – in Hannöv. Magazin. 1824. S. 767. – 1826. S. 377.
Chemische Analyse anorganischer Körper von Dr. A. DU MÈNIL. 1823. Erstes Bändchen. S. 87.

Ueber das Bad Rehburg und seine Heilkräfte von dr. ALBERS. Hannover 1830.
Der Rehburger Brunnen (als Cur- und Erholungsort) von Dr. A. DU MÈNIL. Hannov. 1830.

Ergänzungen:
D. R. BIEDERMANN: Einige Bemerkungen über den Rehburger Gesundbrunnen. In: Neues Hannöverisches Magazin 8. St. 61. Sp. 989-992. 1798
L. F. B. LENTIN: Kurze Nachricht über die Bestandtheile und die bisher beobachtete Wirkung der Rehburger Gesundbrunnen und Bäder, in: ders. Beyträge zur ausübenden Arzneywissenchaft. Bd. 3. S. 176-184. Leipzig 1804.
 J. W. F. MEHLISS. Historische Nachrichten vom Rehburger Gesundbrunnen. In: Hannov. Magazin 15. St. 20. Sp. 305-313; St. 21. Sp. 321-332. 1805.

WEITERE LITERATURHINWEISE
Konrad DROSTE: Bad Rehburg 1690-1990 – Herausgeber Stadt Rehburg-Loccum 1990.
Konrad DROSTE: ...der Gesundheyt wegen und des Vergnuehgens halber... Bad Rehburg 1690-2003. Ein Beitrag zur Medizinalgeschichte der Mittelweser-Region, hrsg. Stadt Rehburg-Loccum, 2. Erw. Aufl., Rehburg-Loccum 2003.
Alfred SCHRÖCKER (Hrsg.): Die wahre Brunnenfreiheit. Das Kurtagebuch des Johann Christian Kestner vom 9. Bis 30. Juli 1765 in Bad Rehburg, Hannover-Laatzen 2005.
Wilhelm DIENEMANN und Karl FRICKE: Mineral- und Heilwässer, Peloide und Heilbäder in Niederschsen und seinen Nachbargebieten, Niedsächsisches Institut für Landeskunde an der Universität Göttingen, Göttingen-Hannover 198´61 – S. 291-294/Anal. 144-146.

Teil 2

Der Brunnenmedicus zu Rodenberg
und
Professor der Universität Rinteln
Franz von ZIEGLER

Vorwort und Einführung

In der „Geschichte der Grafschaft Schaumburg und der wichtigsten Orte in derselben" von Franz Carl Theodor PIDERIT (Rinteln 1831) ist zu *Rodenberg* u.a. zu lesen:
Fürst Ernst erhob den Flecken zur Stadt 1615.
Der Gesundbrunnen wurde 1738 bekannt.

1743 veröffentlichte der Professor der Medizin und Physik, Vorsteher des botanischen Gartens der Universität RINTELN und zugleich Vorsteher des Gesundbrunnens in RODENBERG Franz von ZIEGLER, der aus Schaffhausen stammte, seine Schrift über den *Rodenbergischen Gesundbrunnen*.

Anhand der 1912 erschienenen *Chronik der Stadt Rodenberg* und zahlreicher Werke des 18. und 19. Jahrhundert über die Gesundbrunnen und Heilbäder in Deutschland wird die Geschichte des Gesundbrunnens (und auch Soldbades mit der Sole aus Soldorf) bis zum *Kleinebrunnen* heute verfolgt und erläutert – auch im Hinblick auf Entstehung des heutigen Bad Nenndorf.

Aus den zahlreichen Kur- und Heilungsberichten Max von Zieglers werden exemplarisch drei von bedeutenden Persönlichkeiten und weitere von Personen aus dem *Heilgewerbe* ihrer Zeit näher vorgestellt.

Am Ende der Berichte steht eine *Spurensuche* in unserer Zeit – von Bad Nenndorf ausgehend, über die ehemalige Kastanienallee nach Rodenberg zum *Kleinebrunnen*, zur *Maschmühle* am ehemaligen Ort der Saile und schließlich auch nach Soldorf.

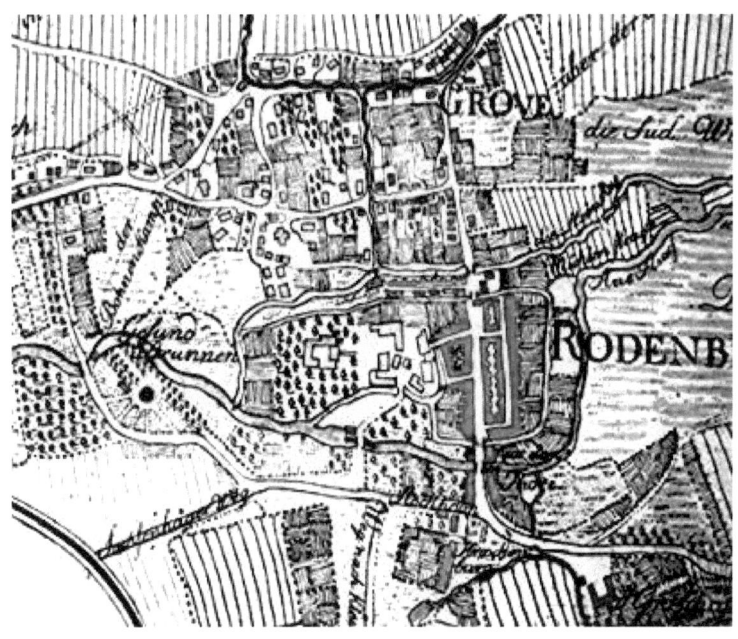

Ausschnitt aus:

Plan von der Lage der beiden mineralischen Quellen zu Nenndorff
und Rodenberg in der Grafschaft Schaumburg
(1790 – vom Landvermesser Friedrich Christian Diedrich SCHELLER)
Links (Kreis): **Gesundbrunnen**

Reproduktion Rodenberg Verlag Rudolf Zerries,
Grover Str. 70B, 31552 Rodenberg

Franz von ZIEGLER

Franz(iskus) von Ziegler wurde am 11. März 1700 als Sohn des Ehegerichts-Sekretärs Johann Ulrich von Ziegler in Schaffhausen geboren. Er studierte Medizin an der Universität Basel, wo er am 21. Dezember 1725 zum Dr. med. promovierte.

Im 17. Band „Grundlage zu einer hessischen Gelehrten- und Schriftsteller-Geschichte" (begründet von Strieder), Marburg 1819, herausgegeben von Karl Wilhelm Justi, sind über F. von Ziegler folgende Details zu erfahren (S. 348ff):

Er habe sich schon ganz früh der Arzneiwissenschaft gewidmet und von dem Doktor der Medizin Balthasar Pfister (1695-1763) mit derselben ziemlich vertraut gemacht worden. Über Pfister wird im „Historischen Lexikon der Schweiz" ausführlich berichtet (Autor: Eric De Pizzol). Er war der Sohn des Stadtarztes, promovierte zum Dr. med. in Tübingen bei Rudolf Jacob Camerius, unternahm eine Bildungsreise über Basel, Bern, Genf, Lyon bis Paris, wo er sich in der Augenheilkunde weiterbildete. 1717 hielt er sich in London sowie Amsterdam auf und kehrte 1718 nach Schaffhausen zurück, wo er als Arzt und Chirurg tätig wurde. Er hatte in seiner Vaterstadt zahlreiche öffentliche Ämter, 1749 bis 1763 als Bürgermeister.

1724 und 1725 studierte Ziegler an der Universität Basel und begab sich 1726 nach Straßburg. 1727 begleitete er einige Schweizerische junge Edelleute als Hofmeister auf die Universität Marburg. Hier knüpfte er auch Kontakte zu den Wissenschaftlern seines Fachgebietes. 1730 kehrte er für kurze Zeit nach Schaffhausen zurück, erhielt aber bereits 1731 den Ruf auf eine ordentliche medizinische Professur an der Universität Rinteln.

Im Sommersemester 1732 nahm Ziegler in Rinteln seine Lehrtätigkeit auf und 1733 wurde ihm auch die ordentliche Professur der Physik übertragen. Und abschließend heißt es in der genannten Biographie:

„Den akademischen botanischen Garten, so wie den Gesundbrunnen zu Rodenberg, beiden als Vorsteher zugleich vorgesetzt, bemühete er sich, auf die möglichste Weise in Aufnahme zu bringen. Mit dem

Ruhme eines christlichen, fleißigen, geschickten und dienstfertigen Mannes segnete er am 25. Mai 1758 das Zeitliche.“

Ziegler wirkte somit über ein Vierteljahrhundert an der Universität Rinteln.
1743 erschien seine Schrift:
Rodenbergischen Gesundbrunnens,
kurtze und vorläufige Beschreibung,
nebst angehängtem Register der merkwürdigsten Kuren von 1739
bis 1742.
Rinteln 1743.

Zu seinen Vorlesungen verwendete Ziegler ein Werk des Helmstedter Professors HEISTER sowie das Lehrbuch von BOERHAAVE.
In „Marburgische Beyträge zur Gelehrsamkeit nebst den Neuigkeiten der Universitäten Marburg und Rinteln...“ Marburg 1749 ist zu lesen (XVII, S. 188/89):
Herr prof. **Franz von Ziegler** *wird nach geendigten botanischer vorlesungen des* **Heisters** *compend. medicinae practicae erläutern und seine observationes clinicas nebst der analysi materiae medicae beifügen, sodann über Boerhavis institutiones medicas vortragen.*

Und unter der Überschrift *Philosophische stunden* ist zu lesen:
Herr profess. **von Ziegler** *trägt die naturlehre vor.*
Diese Angaben vermitteln uns heute ein Bild von dem Umfang und dem Stand der Lehre durch den Professor der Medizin und Physik **Franz von ZIEGLER**, zugleich Vorsteher des Rodenberger Gesundbrunnens und des Botanischen Gartens in Rinteln.

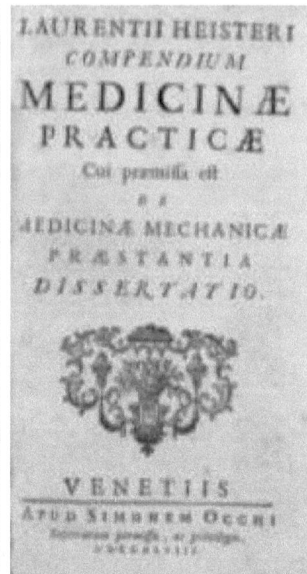

1748

Lorenz HEISTER (1683-1758) war Botaniker und Anatom. Er wurde als Sohn eines Holzhändlers und Wirtes in der Fischergasse zu Frankfurt am Main in der Nähe des Frankfurter Kaiserdoms St. Bartholomäus geboren und besuchte das Gymnasium seiner Heimatstadt. Zu seinem Medizinstudium soll ihn der berühmte Doktor Eisenbarth während der Frankfurter Ostermesse 1701 inspiriert haben, der im Gasthaus „Zur Stadt Darmstadt" seines Vaters mehrere chirurgische Eingriffe durchgeführt habe. Er studierte ab 1702 Medizin in Gießen, Wetzlar sowie in Leiden (u.a. bei Boerhaave) fort, nahm ab 1707 als Hilfsarzt im spanischen Erbfolgekrieg teil und promovierte 1708 zum Dr. med. (entweder in Amsterdam oder in Harderwijk im Gelderland mit einer Universität von 1647 bis 1811). Er besuchte noch England, wo er Isaac Newton kennenlernte, bevor er 1710 als o. Professor der Anatomie, Chirurgie sowie der theoretischen und praktischen Chemie an die Universität Altdorf ging. 1720 folgte er dem Ruf auf die o. Professur der Anatomie und Chirurgie an die Universität Helmstedt, wo er

1730 auch die Professur für Botanik und Leitung des Botanischen Gartens erhielt.

Herman BOERHAAVE (1668-1738) war ein niederländischer Mediziner, Chemiker und Botaniker. Er war der Sohn eines calvinistischen Dorfpfarrers. Er studierte ab 1682 an der Universität Leiden, zunächst Theologie, nach dem Tod seines Vaters (1683) philosophische Wissenschaften mit dem Abschluss als Magister 1690. Danach katalogisierte er im Auftrag des Kuratorsekretärs der Universität Leiden die angekaufte Bibliothek des Altphilologen Isaac Vossius (1618-1689) und studierte danach Medizin, ab 1693 an der Universität Harderwijk, wo er im gleichen Jahr zum Dr. med. promovierte. Danach wirkte er zunächst als praktischer Arzt in Leiden, erhielt 1701 auch einen Lehrauftrag für theoretische Medizin an der medizinischen Fakultät. Erst 1709 wurde er zum Professor für Botanik ernannt; 1714 wurde ihm auch die zweite Professur der praktischen Medizin am Universitätskrankenhaus und 1718 die Professur für Chemie übertragen.

Der Erscheinungsdaten beider von bedeutenden Medizinern und Botanikern ihrer Zeit grundlegenden Lehrbücher – 1747 bzw. 1748 – machen deutlich, dass ZIEGLER in seinen Vorlesungen 1749 auf dem neuesten Stand der Wissenschaft gelehrt hat.

Als *Naturlehre* wurde im 18. Jahrhundert im Allgemeinen die PHYSIK bezeichnet. Bekannte Werke aus der Zeit vor 1749 stammen u.a. von

- William Jacob 'S GRAVESANDE (1688-1742), niederländischer Astronom, Philosoph, Physiker und Mathematiker in Leiden
- Hermann Friedrich TEICHMEYER (1685-1744), ab 1717 Professur für Physik in Jena, später auch für Medizin und Botanik
- Georg Albrecht HAMBERGER (1682-1716), 1694 ao. Professor der Mathematik in Jena, ab 1705 auch für Physik
- Pieter van MUSCHENBROEK (1692-1761), niederländischer Mediziner und Naturwissen-schaftler, 1719-1723 Professor für Mathematik, Philosophie und Medizin an der Universität Duisburg, ab 1723 Universität Utrecht , 1739 Nachfolger seines Lehrers 's Gravesande.

Möglicherweise benutzte ZIEGLER für seine Vorlesung, die damals in der philosophischen Fakultät erfolgte, das Werk von TEICHMEYER (1724):

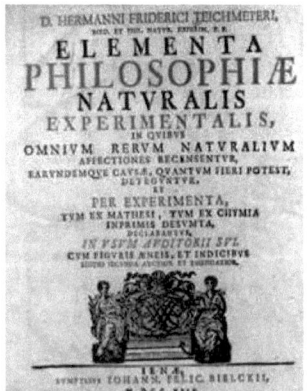

Aus der Geschichte des Gesundbrunnens zu Rodenberg am Deister

1912 erschien von Adolf MITHOFF die *Chronik der Stadt Rodenberg, von den ältesten Zeiten bis auf die Gegenwart* – der Inhalt gliedert sich in sechs Zeiträume.

Die *Wasserburg* wurde durch die Grafen von Holstein und Schaumburg im 13. Jahrhundert zum Schutz ihres nordöstlichen Territorium an einer wichtigen Furt der Aue angelegt. Graf Adolf VII. ließ Burg und Vorburg zwischen 1330 und 1338 erneuern und verstärken. Durch Otto I. entstehen Befestigungsanlagen wie Rundtürme und Stauwehre um 1478. Zwischen 1498 und 1526 regiert in der nun als Schloss bezeichneten Burganlage Graf Anton I., der 1510 auch die Bastei erbauen lässt. Nach wechselvollen Zeiten fallen 1647 Schloss, Amt und Stadt (seit 1615) nach dem Tod des letzten Schaumburger Otto V. an Hessen-Kassel. Und **1662** tritt auch der **Gesundbrunnen** in die Geschichte ein, als Landgraf Wilhelm VI. nach dem Dreißigjährigen Krieg die Schlossgebäude wiederherstellen, ab 1663 die Befestigungsanlagen jedoch abbrechen lässt. Die Vorburg wird zur Domäne. 1859 vernichtete ein großes Feuer einen großen Teil der Stadt – vom Schloss blieb nur das Ständehaus, das frühere Palas erhalten, in dem sich heute das Heimatmuseum befindet. Das Schlossgelände wurde nach umfangreichen Ausgrabungen 2005 in ein Freilichtmuseum umgewandelt. In dem die freigelegten Festungsanlagen zu sehen sind.

Aus der CHRONIK von RODENBERG (1912)

Adolf MITHOFF und seine CHRONIK

Die zitierten Auszüge stammen aus folgenden Kapiteln:
Fünfter Zeitraum
5. Die Verlegung des Salzwerks, Neugestaltung des Rodenberger Gesundbrunnens... S. 382ff
10. Die Umgestaltung des Rodenberger Gesundbrunnens in ein Solbad S. 421 u. 422
Sechster Zeitraum
4. Die Verlegung des Rodenberger Solbades nach Bad Nenndorf S.503-505.

Der Chronist beginnt die Geschichte zum RODENBERGER GESUNDBRUNNEN mit dem **2. August 1662**, als Landgraf Wilhelm VI. in Rodenberg eintraf. Er soll den Ausbau des Gesundbrunnens zu einem Heilbade angeordnet haben, worüber in der Rodenberger Chronik Folgendes zu lesen ist (ab S. 383):

„Nachdem mit dem Jahre 1738 die Salinenbauten vollendet waren, ließ der Landgraf die schon jahrelang geplante Neueinrichtung und Vergrößerung des Rodenberger Heilbades zur Ausführung bringen. Zunächst wurde der alte im Jahre 1662 vom Landgrafen Wilhelm VI. errichtete Badeschuppen abgebrochen und an dessen Stelle ein ansehnliches Badehaus erbaut. Diese Gebäude bestand in einem langgestreckten Mittelbau und zwei Seitenflügeln. Im Mittelbau zog sich von einem Seitenflügel zum anderen ein langer Flurgang hin, an dessen Ostseite sechs Badestuben lagen. An der Westseite desselben befanden sich ebenfalls zwei Badestuben, sowie auch die Räume der Bademeisterwohnung. Jedes Bad enthielt eine in den Erdboden eingelassene Badewanne, die aus Mauersteinen hergestellt und mit Glasursteinen ausgelegt war. Der nördliche Flügel des Badehauses war in seinem ganzen Umfang zu einem Saal eingerichtet, welcher zum geselligen Aufenthalt der Badegäste diente. Im südlichen Flügel befanden sich die Wirtschaftsräume des Brunnenmeisters (Bademeisters), dem die Berechtigung zum Betrieb einer Schenk- und Speisewirtschaft erteilt wurde. Sodann erhielt der ganze Neubau ein gefälliges, mit einer Reihe kleiner Erker versehenes Mansardendach.

Exkurs zu den *Salinenbauten*:

Die *Saline Rodenberg* (vor 1470 bis 1876) befand sich 2 km südwestlich der Stadt. Die Solequellen wurden schon im Mittelalter benutzt. Da es keine Wasserkraft am Ort in *Soldorf* gab, wurde 2 km östlich des Dorfes die Saline neu errichtet. Mit Hilfe eines Kunstrades, vom Wasser der *Rodenberger Aue* angetrieben, wurde die etwa 1,5%ige Sole über ein Gradierwerk von 220 m Länge und 16 m Höhe geleitet. Es entstand ein Siedehaus; vier Siedepfannen wurden in Betrieb genommen und die Saline erhielt den Namen *Saline Masch.*

Saline Masch um 1850 – mit Maschmühle (Bildmitte) mit Wasserrad

Im „Archiv für Bergbau und Hüttenwesen" (Band 5, Berlin 1822, S. 332 ff) wird über die Geschichte bzw. Entstehung der Saline wie folgt berichtet:

„Der Debit des zu Sooldorf producirten Salzes hatte sich um das Jahr 1742, besonders in das nahe gelegene Preußische Fürstenthum

106

Minden, vor Anlegung der Preußischen Saline *Neusalzwerk* [Rehme bei Bad Oeynhausen], so stark vermehrt, daß man von Seiten des Hessischen Gouvernements auf eine Vergrößerung der Saline Sooldorf mit allem Ernste bedacht war. Das zu Sooldorf mit Bergen umschlossene und nach allen Weltgegenden sehr beengten Lokale, so wie die wenigen Aufschlagewasser, die, vorzüglich bei trockener Witterung in den Sommermonaten, wo man sie gerade am nöthigsten bedurfte, oft so klein wurden, daß die Gradirung mehrere Wochen lang unbenutzt bleiben mußte, waren Hindernisse für die Erweiterung des Werks. Man wählte daher auf Veranlassung des Ministers Waitz von Eschen [Jacob Sigismund W. v. E. (1698-1776)], welcher sich nicht nur mehrmals persönlich bei der Saline einfand, sondern auch, wie die leider nur einzeln in der Salzamts-Registratur sich vorgefundenen Briefe zeigen, mit der angestrengtesten Thätigkeit der Erweiterung der Saline sich unterzog, die etwa ¼ Stunde von Sooldorf, die unter dem Namen Masch bekannte freie Ebene. Die Ausführung dieses wohl überlegten Plans wurde dadurch noch mehr begünstigt, daß die zur Masch belegenen zu den Betriebsanlagen eingeräumten Grundstücke der Herrschaft gehörten, also nicht angekauft zu werden brauchten, welches in Sooldorf hätte geschehen müssen, so wie auch daß der Ausfluß die zum Betriebe der Künste erforderlichen Aufschlagwasser hinreichend darbot. Man schritt daher im J. 1742 mit der Anlage der Saline sofort zu Werke, erbauete zu dem Ende ein Gradirhaus, nachdem zuvor zu einer Kunst Kunstgestänge und dem zur Hebung der Soole nöthigen Maschinenwesen die zweckdienlichen Vorrichtungen getroffen worden waren. Der Erfolg entsprach auch ganz den Erwartungen und beide Salinen fabricirten, indem jede derselben als eine für sich bestehende Anstalt angesehen war, ein für den dortigen Debit hinreichendes Salzquantum...."

Dieser ausschnittsweise zitierte Bericht stammt von dem *Ober-Salinen-Insepctor Thiele in Pyrmont*, mit dem Hinweis „*Im Herbst des Jahres 1818 bei meinem Abgange aus dem Kurhessischen Dienste entworfen.*"

Der Titel des Berichtes lautet: „*Beschreibung der vereinigten Salinen Sooldorf und Masch, bei der Stadt Rodenberg in der Graffschaft Schaumburg, Kurhessischen Antheils.*"

Bei einem Feuer 1808 brannte das Siedegebäude zur Masch ab. Es wurde neu erbaut und da die Gradierung der Saline Masch wirksamer als derjenigen in Soldorf war, stellte man den Betrieb in der letzteren 1811 ein.

Fortsetzung *Rodenberger Chronik*:

> *Ueber der seit 1662 aufgemauerten Heilquelle ward das Brunnenhäuschen errichtet, welches noch heute auf dem „Kleinenbrunnen", allerdings in einem verwahrlosten und zerfallenen Zustande die Stahlquelle überdeckt. Dieser sogen. Brunnentempel wurde auf Anordnung des Landgrafen besonders schön gestaltet. Die mit aufgekehlten und geschnitzten Verschalungen bekleideten 8 Tragpfeiler und die Brustwehr erhielten, wie auch die Bogennischen und die kuppelförmige Innendecke eine geschmackvolle Vermalung. Die innere Einrichtung des Brunnentempels stellte sich in der Weise dar, daß man von dem breiten, denselben umziehenden Umgang zu dem schon lange unter Wasser stehenden, schmalen inneren Rundgang hinabstieg. Dieser letztere umgab kreisförmig den mit einer Brustwehr umfriedigten Brunnenschacht.*

> *Da das eisenhaltige Wasser auch zu Trinkkuren viel gebraucht wurde, gelangte an dem nördlichen Tragpfeiler des Brunnentempels eine hölzerne Pumpe zu jedermanns freien Benutzung zur Aufstellung. Zur Speisung der Bäder diente ein unterirdischer Röhrenstrang, der das warm aus der Erde quellende Eisenwasser nach dem Badehauses leitete.*

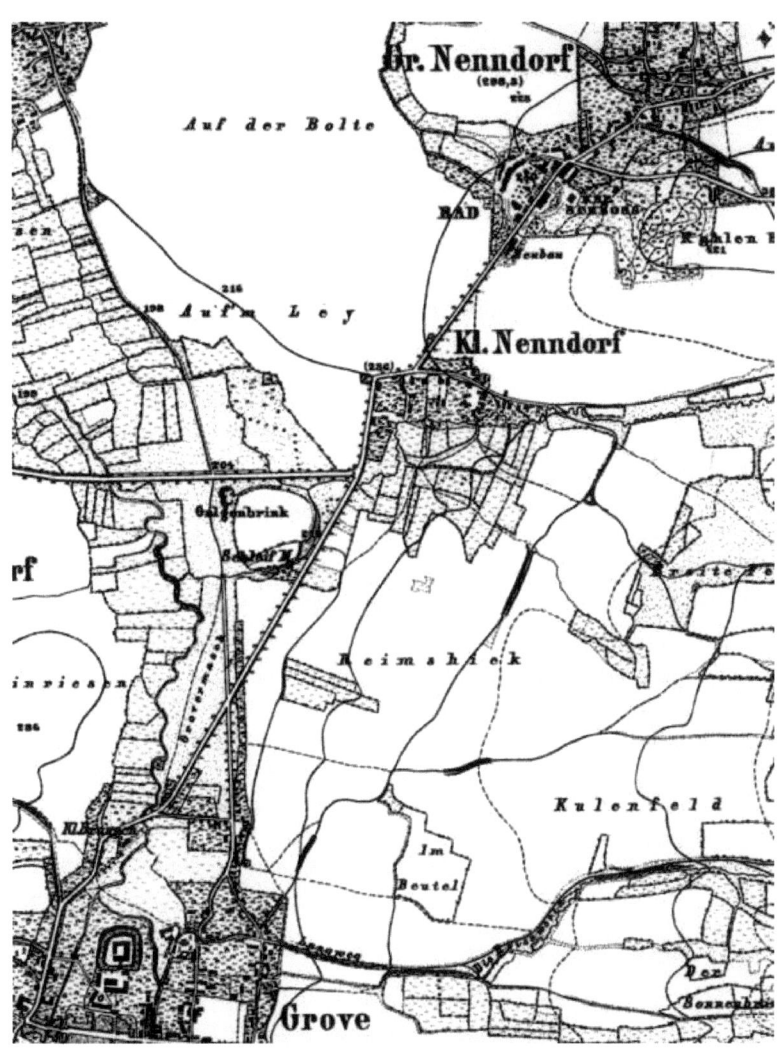

Lage des *Kleinenbrunnens* an der Allee von Nenndorf nach Rodenberg (*Kl.Brunnen* im unteren Abschnitt links)

EXKURS zur Beschaffenheit des Rodenberger Mineralwassers

Im Standardwerk von Walter CARLÉ „Die Mineral- und Thermalwässer von Mitteleuropa" (Stuttgart 1975) wird zu **Rodenberg** wie folgt berichtet:

„Der Ort liegt im Zentrum des geophysikalisch ermittelten Salzstockes unter dem Deister-Sattel.
Analyse: Prof. Dr. Karl Höll, Hameln (1962)
Temperatur: 10,4 °C [zur Temperatur s. auch im folgenden Text aus der Rodenberger Chronik]
Die Daten lauten (mg/kg):
Natrium 87,5 – Magnesium 58.37 – Calcium 629,2
Chlorid 127,97 – Sulfat 1526,8 – Hydrogencarbonat 292,89 –
Hydrogensulfid 4,9
Kohlendioxid 77,55 – Schwefelwasserstoff 1,8
„Wassertyp: schwefelhaltiges Calcium-Sulfat-Mineralwasser.
Am Nordrand von Rodenberg fließt Mineralwasser aus der wenig tiefen Schachtfassung des Kleinen Brunnens.
Gleich den Schwefelwässern von Nenndorf entspringt dieses Wasser dem Münder Mergel."

In diesen Angaben fehlt die Konzentration für *Eisen*. Da jedoch auch die Mineralwässer in Nenndorf aus derselben geologischen Formation stammen, ist von Eisengehalten in der historischen Zeit (vor 1804 – s. Text aus der Chronik von Rodenberg) zwischen 0,1 bis 0,6 mg/kg auszugehen.

Fortsetzung aus der *Rodenberger Chronik*:
Zu einer weiteren freundlichen Ausgestaltung der ganzen Brunnenanlage legte am an der östlichen Seite des Badehauses entlang eine mit zwei Reihen Kastanienbäumen bepflanzte Promenade an, welche nördlich durch eine gedeckte Wandelbahn und südlich durch den Brunnentempel einen hübschen Abschluß erhielt. Auch sonst geschah noch manches, um den Kurgästen einen angenehmen Auenthalt im Freien zu bereiten. Bald war die weite

Angerfläche, die die neuentstandenen Badeanlagen umgab, in einen parkartigen Ziergarten umgewandelt. Schnurgerade und auch gewundene Wege wurden angelegt und diese mit Hainbuchhecken eingefaßt, die sich mit der Zeit zu hohen grünen Kaubwänden auswuchsen. Daneben wechselten Blumenbeete und Ziergebüsch mit Grotten, Lauben und Ruhesitzen ab. Eine Schaukel, ein Irrgarten und eine Kegelbahn sorgten für die weitere Zerstreuung und Unterhaltung der Besucher des Bades.

Das Amt eines Brunnenarztes übertrug man einem Medizinprofessor der Universität Rinteln, welcher alljährlich während der Kurzeit, von Anfang Mai bis Ende September, seinen Wohnsitz in Rodenberg hatte. Sein brunnenärztliches Einkommen bestand in dem Honorar der Badegäste und in einem jährlichen Zuschuß aus der Landeskasse im Betrage von 80 Talern.

Im *Catalogus Professorum Rinteliensium* von Willy Hänsel sind zu den Tätigkeiten in Rodenberg folgende Medizin-Professoren genannt:

Franz v o n Z i e g l e r (1700-1758):
o. Prof. 1731
1733   Vorsteher des Brunnens zu Rodenberg

Ludwig Philipp S c h r ö t e r (1746-1800)
1774   2. o. Prof. Medizin
1787   Brunnenmedikus in Rodenberg
1789   Brunnenmedikus in Bad Nenndorf
(im Personenregister zur Chronik der Stadt Rodenberg, Band 2, 1648-1912, sind für Schröter als Brunnenmedikus der Jahre 1770, 1776 und 1791 genannt)

Christian Wilhelm D a n g e r s (1770-1806)
1792   a.o. Prof. Medizin
1793   2. o. Prof.
1800   Brunnenmedikus Bad Nenndorf (nur bis Oktober)

Paul Heinrich Ludwig D u n c k e r (1754-1830)
1780   prakt. Arzt in Rodenberg
1800   Landpysikus in Rodenberg
2. Brunnenmedikus in (Bad) Nenndorf
2. o. Prof. Medizin, Universität Rinteln, doch
weiterhin in Rodenberg

Fortsetzung aus der *Chronik von Rodenberg:*
Da die Anzahl der bestehenden Heilbäder noch immer sehr gering zu nennen war, auch die nunmehr getroffenen Einrichtungen des Gesundbrunnens den damaligen Ansprüchen vollkommen genügten, so nahm recht bald das hiesige Badewesen einen ungeahnten Umfang an. Infolgedessen war es zu Zeiten nicht möglich, allen kranken täglich ein Bad zu verabreichen, obwohl die Badestuben von morgens früh bis abends spät in fortgestezten Betriebe gehalten wurden. Hauptsächlich waren es Gichtkranke, welche hier eine Heilung oder Linderung ihrer Leiden suchten und auch mit wenigen Ausnahmen fanden. Die völlig Geheilten hingen dann vielmals in dankbarem Gefühl ihrer Genesung ihre nun überflüssig gewordenen Krücken im Innern des Brunnentempels auf.
Welch große Beachtung das Rodenberger Mineralwasser fand, geht u. a. daraus hervor, daß eine von dem berühmten Naturforscher Friedrich Ziegler verfaßte „Beschreibung des Rodenbergischen Gesundbrunnens und dessen merkwürdige Kuren" iin Druck erschien. Auch der Rodenberger Brunnenmedicus Dr. Timmermann veröffentlichte eine Schrift über die wunderbare Heilkraft des Rodenberger warmen, kohlensauren Eisenwassers. Durch die Verbreitung solcher Druckwerke wurde das Bad auch in weiter Ferne bekannt und in der Folge auch bald von hochange-sehenen Standespersonen besucht. Auf deren Wunsch kamen dann gedruckte und allwöchentlich herausgegebene Listen zur Einführung, in denen alle Badegäste nach Namen und Rang, nach Stand und Heimatsort verzeichnet wurden.

Im *Catalogus Professorum Rinteliensium* wird TIMMERMANN nicht als Brunnenmedikus bezeichnet. Im „*Hochfürstl. Hessen-Casselischer Staats- und Adreß-Calender auf das Jahr Christi 1784.*

welches ein Schalt-Jahr ist." ist er dagegen unter den Personenangaben zur **Universität Rinteln** verzeichnet:
Medicinische Facultät.
Professor Primarius, Herr Dr. Theod. Gerhard Timmermann, zugleich Stadt- Land- und Garnisons-Physicus, auch Brunnen-Medicus zu Rodenberg.

Theodor Gerhard TIMMERMANN (1727-1792) wurde in Duisburg als Sohn des Professors der Arzneygelahrtheit Johann Arnold T. geboren, studierte in seiner Heimatstadt, wo er 1750 zum Dr. med. promovierte. Zunächst war er als praktischer Arzt in Elberfeld tätig. 1759 wurde er an der Universität Rinteln zum o. Professor für Medizin ernannt. 1790 ließ er sich emeritieren und zog nach Moers, wo er 1792 starb.
Unter den von STRIEDER in der „Grundlage zu einer Hessischen Gelehrten- und Schriftsteller-Geschichte" (Band XVI, S. 213 ff) aufgeführten Schriften ist eine Veröffentlichung zu den Heilkräften des Rodenberger Eisenwassers nicht zu finden. Bei STRIEDER ist zu lesen:
„Gelehrte Sprachkenntnisse, gründliches Bibelstudium und nicht gewöhnliche medicinische Einsichten zeichneten ihn auf das rühmlichste aus."
Einer seiner Schüler beschäftigte sich mit Mineralwässern: Philipp Otto Cuntz (1734-1801; geb. in Möllenbeck, studierte zunächst Theologie, ab 1758 Medizin, Promotion Rinteln 1763) über den Gesundbrunnen von Geismar/Göttingen, wo er 1780 zum Arzt am Gesundbrunnen ernannt wurde.

Auch Paul Heinrich Ludwig DUNCKER (1754-1830, geb. in Uchte) promovierte bei Timmermann 1780, praktizierte danach in Rodenberg, ging 1784 als Stadt- und Landphysikus (auch Bergarzt) nach Frankenberg und kam 1800 als Landphysikus wieder nach Rodenberg. Er wurde zugleich 2. Brunnen-Medicus zu Nenndorf und 1802 als 2. Professor der Medizin in Rinteln (bis zur Schließung der Universität 1810) mit Beibehaltung des Rodenberger Land-Physikats.

Fortsetzung aus der *Rodenberger Chronik*:

Da die meisten Brunnenbesucher bezüglich Wohnung und Beköstigung auf Rodenberg angewiesen waren, so traf der Bürgermeister Hermann Rather [als Bürgermeister 1740 genannt] *im Interesse der Stadt die zweckmäßige Einrichtung, das Logiervermietungswesen und alles, was damit zusammenhing, durch eine Ratsverordnung zu regeln. Auch wurde auf dessen Veranlassung dem Brunnenmedikus für die Dauer der Kurzeit eine freie Wohnung auf Kosten der Stadt zur Verfügung gestellt. Ebenso erhielt der Brunnenmeister bei Beginn der jedesmaligen Kurzeit ein Extrahonorar von 6 Talern aus der Stadtkasse. Diese Zuwendungen wurden in den Kämmereiregistern mit dem Vermerk „zu guter Beförderung freundlicher meriter" begründet. (...)*

Fünfter Zeitraum
10. Die Umgestaltung des Rodenberger Gesundbrunnens in ein Solbad

Im Jahre 1804 wurde der Rodenberger Gesund-brunnen in ein Solbad umgestaltet. Zu Anfang des Jahres 1804 fand das Badewesen des Rodenberger Heilbades „Kleinebrunnen" eine jähe Unterbrechung, zumal die unter dem Brunnentempel befindliche Heilquelle, die das Wasser zu den Bade- und Trinkkuren spendete, plötzliche versiegte. Da man erhoffte, die Quelle durch eine Tiefbohrung wieder-erschließen zu können, so wurde auf dem Grunde des Brunnenschachtes ein Löffelbohrer angesetzt und alsbald mit der Bohrung begonnen. Als nach mehrtägiger Arbeit das Bohrloch zu einer ansehnlichen Tiefe gediehen war, brach plötzlich aus demselben in hohem Bogen der Strahl einer mächtigen Quelle hervor, der in kurzer Zeit den Brunnenschacht bis zu dem Abzugskanal hinauf mit Wasser füllte. Zunächst war die Freude ob dieses überreichen Wassersegens groß. Dann aber begannen sich bange Befürchtungen zu regen, und zwar aus dem Grunde, weil die angebohrte Quelle nicht die hohe Wärme aufwies, wie sie die versiegte Heilquelle besaß. Auch verursachte der Umstand Bedenken, daß der Hollenborn, eine sehr starke, auf dem

Bodenwinkel (jetzt Gärtnerei Heyne) entspringende Quelle zu gleicher Zeit keinen Tropfen Wasser mehr gab. Gar bald stellte sich dann auch heraus, daß in dem angebohrte Wasser die heilkräftigen, mineralischen Bestandteile nicht in dem Maße vorhanden waren, um erfolgreiche Kuren damit erzielen zu können.

Diese Vorgänge riefen in der Stadt eine große Bestürzung hervor, denn ein gänzliches Eingehen des Bades wäre für Rodenberg in vieler Beziehung von großem Nachteil gewesen. Besonders beunruhigten sich diejenigen Bürgersfamilien, die alljährlich Kurgäste in Wohnung und Verpflegung nahmen. Alle diese Wohnungen standen nunmehr leer, da die schon zahlreich eingetroffenen Kurgäste infolge des Versiegens des Heilbrunnens wiederabgereist waren.

Der Magistrat wandte sich nun in dieser so mißlichen Lage an den Kurfürsten Wilhelm in Kassel mit der dringlichen Bitte, den Rodenberger Gesundbrunnen durch Anlage einer von der Saline abgehenden Soleleitung zu einer Solbadeanstalt einrichten zu lassen, um hierdurch das Badehaus und die übrigen Badeanlagen auch fernerhin ihrer Bestimmung zu erhalten. Infolge des Gesuches ließ der Kurfürst einen Kostenanschlag aufstellen; da nach sorgfältiger Berechnung die Gesamtkosten sich auf kaum 1900 Taler beliefen, so traf recht bald die höchste Genehmigung ein, und mit den nötigen Arbeiten konnte sofort begonnen werden. Als erstes Erfordernis wurde etwa 400 Schritte südwestlich des Badehauses ein 34 Fuß langes, 8 Fuß breites und 6 Fuß hohes unterirdisches Solwasser-Sammelbecken im starken Mauerwerk mit überwölbter Decke gebaut. (Die Lage dieses unterirdischen Gewölbes ist wohl den meisten Rodenbergern nicht bekannt. Es befindet sich auf dem Grundstück des Landwirts Röhler unter der Rodenberger Allee und bildet nunmehr nur noch einen leeren, nicht mehr zugänglichen Raum.) Dann legte man vom großen Gradierwerk der Saline an der jetzigen Domäne ab einen unter der Erde hergehenden Röhrenstrang, bestehend aus hohlgebohrten Weiden-stämmen, an, der die Sole in das Sammelbecken zu leiten hatte. Dieses Behältnis wurde wiederum durch eine unterirdische Rohrleitung mit dem Badehause in Verbindung gebracht. Auch mußte nunmehr am Badehause ein kleiner Anbau mit Feuerungs- und Kesselanlage errichtet werden, um die für die Bäder bestimmte Sole erwärmen zu können. Bisher war eine solche Anlage nicht nötig gewesen, weil das frühere eisenhaltige Wasser eine hohe Eigenwärme besaß. Da das Solbehältnis eine bedeutend höhere Lage einnahm wie das Badehaus, so konnten die Kessel und die Bäder durch den natürlichen Wasserdruck mit Sole andauernd versorgt werden.

Der Ruf des Rodenberger Heilbades hatte durch diese Umgestaltung keine Beeinträchtigung erlitten. Denn da zu damaliger Zeit die hiesige Sole 12 v. H. Salz aufwies, so übten auch diese Bäder eine vorzügliche Wirkung bei verschiedenen Krankheitserscheinungen aus, infolgedessen sich auch jetzt noch der Besuch des Bades mit jedem Jahr hob. Auch von vielen Kranken, die in Bad Nenndorf zur Kur weilten, wurden die Rodenberger Solbäder auf Verordnung des Arztes nebenher gebraucht. Um ihnen dieses zu erleichtern, richtete man zwischen Rodenberg und Bad Nenndorf eine regelmäßige Fahrtverbindung durch einen während der Kurzeit vom 1. Mai bis 30. September täglich mehrere Male verkehrenden Omnibus ein. Das Rodenberger Heilbad wurde nach wie vor von der Nenndorfer Badebehörde mitverwaltet.

Zu Kurfürst Wilhelm in Kassel

Wilhelm I. von Hessen-Kassel (1743-1821) wurde als Sohn des Erbprinzen Friedrich II. (1720-1785) und der Prinzessin Maria (Tochter König Georgs II. von Großbritannien) geboren. Er studierte in Göttingen und auch in Dänemark. Infolge des Übertritts seines Vaters zum römisch-katholischen Glauben legte sein Großvater Landgraf Wilhelm VIII. (1682-1760) in der hessischen Assekurationsakte von 1754 fest, dass u.a. die Grafschaft Hanau-Münzenberg von den hessischen Stammlanden abzutrennen und Prinz Wilhelm als Enkel unter Umgehung seines Vaters als Herrscher einzuführen sei. So wurde Wilhelm bereits 1760 als Wilhelm IX. Graf von Hanau, 1764 dort (nach der Volljährigkeit) Regent und war ab 1785 regierender Landgraf von Hessen-Kassel sowie aufgrund des Reichsdeputationshauptschlusses 1803 dann Kurfürst Wilhelm I. Als architektonisch eindrucksvollstes Zeugnis stammt aus seiner

Regierungszeit die Kuranlage von Wilhelmsbad in Hanau. Als Landesherr blieb der dem Absolutismus verhaftet, verbunden mit seinem umstrittenen Soldatenhandel, der finanziell sehr erfolgreich war. So galt er in seiner Zeit als einer der reichsten deutschen Fürsten.

Sechster Zeitraum
4. Die Verlegung des Rodenberger Solbades nach Bad Nenndorf

In den Jahren um 1840 hatte nach Ausweis der Rodenberger Kurlisten der Badebesuch des hiesigen Solbades die höchste Ziffer erreicht. Infolge dieses starken Besuches erwiesen sich die in dem hiesigen Badehause befindlichen acht Badezellen schon seit längerer Zeit als nicht mehr hinreichend, um alle Ansprüche auf Verabfolgung von Bädern befriedigen zu können. Es wurde daher

117

1841 von der Regierung beschloßen, das alte Badehaus abbrechen zu lassen und an dessen Stelle ein größeres und auch zweckmäßiger eingerichtetes Badehaus zu errichten. Der freudigen Genugtuung, die die Rodenberger über diesen Entschluß empfanden, folgte aber recht bald eine große Enttäuschung ihrerseits nach. Denn kaum war der Bauplan und der Kostenanschlag fertiggestellt, da wurde der Kurprinz und Mitregent, der, wie alljährlich zur Kurzeit mehrere Wochen in Nenndorf residierte, von den Nenndorfer Badeverwaltungs-beamten, sowie von den dortigen Badeärzten, insbesondere von dem Geh. Hofrat Dr. d'Oleire in dringender Weise gebeten, die Rodenberger Solbadeanstalt nach Nenndorf zu verlegen. Es geschah dieses Ansuchen hauptsächlich im Interesse derjenigen zahlreichen Nenndorfer Kurgäste, die außer den Nenndorfer Schwefelbädern auch die Rodenberger Solbäder gebrauchten, umsomehr da manchen der Kranken die dadurch nötigen Fahrten nach hier, als zu beschwerlich und anstrengend erschienen. Zudem wurde von der Nenndorfer Badeverwaltung noch besonders geltend gemacht, daß durch die Verlegung des Solbades nach Nenndorf, eine umso einheitlichere und zweckmäßigere Ausgestaltung des Badebetriebs und der gesamten Badeein-richtungen eintreten, und daß damit das ganze Nenndorfer Badewesen gehoben würde.

Kurfürst Wilhelm II. und Kurprinz Friedrich Wilhelm

Wilhelm II. (Hanau 1777-1847 Frankfurt am Main) aus dem Hause Hessen war von 1821 bis zu seinem Tod Landgraf und Kurfürst von Hessen Kassel.
Kurprinz bzw. auch Mitregent war um 1840 dessen Sohn *Friedrich Wilhelm* (Schloss Philippsruhe bei Hanau 1802-1875 Prag) ab 1831 bis 1847 als Prinzregent. Nach dem Tod seines Vaters war er bis zur Okkupation durch Preußen 1866 der letzte Kurfürst und Landesherr von Hessen-Kassel.

Friedrich Wilhelm I. von Hessen-Kassel

In der „Chronik von Bad Nenndorf" (Autor der dirigierende Brunnenarzt Prof. Dr. Axel Winkler, Ausgabe 1932) ist unter dem Jahr 1830 zu lesen:

„Brunnenarzt Dr. Waitz nimmt seinen Abschied. Seine Stelle erhält **Dr. d'Oleire**, praktischer Arzt aus Bremen, der nebenbei als erster Arzt des Krankenhauses und Irrenhauses in Bremen tätig war. (...) [Am Ende des Abschnittes zum Jahr 1830 ist zu lesen:]

Unruhen in Kassel, Fulda und Hanau. Am 30. September sieht sich der Kurfürst veranlaßt, den Kronprinzen (Friedrich) Wilhelm zum Mitregenten zu ernennen."

Dr. Heinrich Daniel David d'Oleire, geb. um 1780, starb bereits am 22. Februar 1842.

Fortsetzung des Textes aus der CHRONIK von RODENBERG:

Der Kurprinz, dem diese Gründe zwar einleuchteten, konnte sich dennoch schwer dazu entschließen, den Rodenbergern das Solbad und zugleich die damit verknüpften Verdienstgelegenheiten zu nehmen. Da aber die Staatsminister von Hanstein und von Motz sowie auch einige hochgestellte Nenndorfer Kurgäste die Verlegung befürworteten, so gab der Kurprinz schließlich seine Zustimmung. Und so wurde dann im Herbst 1841, sogleich nach Beendigung der Kurzeit, die unterirdische Solwasserleitung, welche bislang die Sole von der Saline dem Kleinenbrunnen zuführte, von hier ab bis nach Bad Nenndorf verlängert. Und nachdem daselbst ein gedeckter Solwasserbehälter erbaut worden war, wurden im Frühjahr 1842 die Anlagen zur Herstellung der Solbäder getroffen, so daß schon mit Beginn der Kurzeit den Nenndorfer Kurgästen die Solbäder an Ort und Stelle verabreicht werden konnten.

Bei den beiden erwähnten Staatsministern handelt es sich um:
1. Carl Philipp Emil Freiherr von HANSTEIN (1772-1861). Er hatte das Gymnasium Casimirianum in Coburg besucht, war zuvor Regierungspräsident in Kassel und von 1837 bis 1841 kurhessischer Staatsminister des Inneren.
2. Gerhard Heinrich von MOTZ (1776-1868) war nach einem Studium der Rechtswissenschaften in Marburg kurhessischer Finanz-, Justiz- und Außenminister ab 1831 bzw. 1834, durch den Kurprinzen und Mitregenten Friedrich Wilhelm ernannt.

Das Badehaus auf dem Kleinenbrunnen richtete man nunmehr zu einer Waschanstalt ein, in welcher bis zur heutigen Zeit die Badewäsche der staatlichen Nenndorfer Badehäuser, sowie die Privatwäsche vieler Logierhäuser und Kurgäste gewaschen, gebleicht und getrocknet wird. Dem derzeitigen Brunnenwärter Zuttermeister, dem die Waschanstalt pachtweise übertragen wurde, ließ man auch die im Badehause befindliche Schank- und Speisewirtschaft weiter ausüben, auch die Kegelbahn blieb bestehen. Doch die Parkanlagen, von welchen das Badehaus umgeben war, wandelte man noch im Laufe des Jahres 1843 in Wiesen und Ackerland um und die mächtigen, schattenspendenden

Kastanien- und Lindenbäume wurden nach und nach bis auf einige Reste gefällt. Leider ward auch der schöne Brunnentempel dem allmählichen Verfall preisgegeben. Und Wind und Wetter, sowie mutwillige Bubenhände habe das Ihrige getan, um eine gänzliche Zerstörung der vermalenen und kunstvoll geschnitzten Holzverschalungen der Brustwehr, Tragpfeiler und der Bogennischen herbeizuführen.

Nicht lange, da brach auch der unterirdische Abzugskanal zusammen, der das Mineralwasser aus dem unter dem Tempel befindlichen Brunnenschacht in die Aue leitete. Das Wasser, das nun keinen Abfluß hatte, überflutete alsbald den inneren und äußeren Umgang des Brunnenhäuschens. Zwar wurde, um eine Ueberschwemmung des umliegenden Geländes zu verhüten, ein neuer Abzugskanal angelegt, aber wegen der zu hohen Lage desselben steht der innere, seiner Brustwehr beraubte Umgang, welcher den Brunnenschacht umzieht, ganz unter Wasser.

Der Vollständigkeit halber mag noch erwähnt werden, daß im Jahre 1893 unweit des alten Badehauses das heutige Wäschereigebäude erbaut und sodann das Badehaus abgebrochen wurde. Nach diesem Abbruch gibt einzig und allein nur der verwahrloste Brunnentempel noch Kunde von dem einstmaligen Rodenberger Gesundbrunnen, der, wie diese Chronik berichtet, vor nunemhr 250 Jahren entstanden, und von 1662 bis 1804 als Stahlbad, und sodann von da ab, bis 1842 als Solbad vielen Tausenden von Kranken Heilung, oder doch Linderung ihrer Leiden brachte.

Zum *Solbad Rodenberg*:

Im DEUTSCHEN BÄDERBUCH von 1907 hat Rodenberg keinen eigenen Eintrag. Zu BAD NENNDORF ist u.a. zu lesen: „Das Bad wurde 1787 von dem Landgrafen Wilhelm IX. von Hessen-Cassel gegründet. (…) Die Sole in Soldorf wurde schon 1620 zur Salzgewinnung benutzt, seit 1812 zur Solbäderbereitung….."
Und zu Beginn des Abschnittes über Bad Nenndorf ist hierzu angegeben:
„Eine natürliche, schwefelhaltige Sole wird aus einem 378 m tiefen, oben mit Holz verrohrtem Borhloch im benachbarten Dorfe Soldorf mittels eines Pumpwerks gehoben und durch eine 6 km lange Rohrleitung nach Bad Nenndorf geleitet."

Anschließend an die Daten der Nenndorfer Quellen stehen die Daten aus der
Analyse der Soldorfer Sole
Analytiker: R. Bunsen 1850
In 1 Kilogramm des Mineralwassers sind enthalten [in g/kg]:
Kationen

Kalium	0,3275	Chlorid	31,58
Natrium	21,00	Sulfat	3,736
Calcium	1,778	Hydrogencarb.	
Magnesium	0,4803	u. CO_2	6,686

Hydrogensulfid und freier Schwefelwasserstoff   0,3568
Feststoffe insgesamt: 61,9 g/kg (= 6,2 %)

Am Ende des Abschnittes über **NENNDORF** ist zu lesen:
„Das Bad untersteht der Königl. Regierung in Cassel, Abteilung für direkte Steuern, Domänen und Forsten. Auskunft durch die Königl. Badeverwaltung."

W. Carlé gibt in seinem Werk „Die Mineral- und Thermalwässer von Mitteleuropa" (Stuttgart 1975) folgende Details an – einleitend u.a.:
„Zum Quellen-Komplex des Bades Nenndorf gehört die Sole von Soldorf, die einst zur Salzbereitung durch mehrere 30 bis 400 m tiefe Bohrungen erschlossen war…"

Die Analysen aus dem Labor von Prof. Dr. Karl Höll, Hameln (1964) ergaben als *Feststoffe* insgesamt 174,631 g/kg (also eine 17,5 %ige Sole) mit Calcium und Magnesium zusammen 1,472 g/kg und 150 mg/kg Schwefelwasserstoff – und einer Temperatur von 22 °C; somit eine *Schwefel-Thermal-Sole.* Der Gesamtgehalt an Mineralstoffen betrug nach der Analysen von Bunsen 1850 dagegen nur 6,2 %.

Zu ROBERT BUNSEN (1811-1899), der die Analyse durchführte:

Der durch die Entwicklung seines *Bunsenbrenners* bekannte Chemiker wirkte von 1839 bis 1851 an der Universität Marburg. Nach einer kurzen Zwischentätigkeit in Breslau kam er 1852 auf den Lehrstuhl für Chemie an die Universität Heidelberg. Er analysierte auch die Badequelle von Nenndorf.

In der von der Staatlichen Badeverwaltung von Bad Nenndorf 1924 (25. Auflage) „im Auftrage von der Regierung zu Cassel" herausgegebenen und von dem damals dirigierenden Brunnenarzt Prof. Dr. med. Axel WINKLER (1852-1934) verfassten kleinen Brunnenschrift ist über die *Sole* zu lesen:
„Die im Nachbardorfe Soldorf einem 378 m tiefen Bohrloche entquellende mittels eines Pumpwerks gehobene und durch eine 6 km lange Rohrleitung dem Bade Nenndorf zugeführte Sole hat das spezifische gewicht 1,0492, eine Temperatur von 9° C, und enthält nach der Analyse von Professor B u n s e n (1850) in 1000 Gramm: Natriumchlorid (NaCl) 53,2840 g, Kaliumchlorid (KCl) 0,6240 g, Calciumchlorid (CaCl$_2$) 0,7516 g, Magnesiumchlorid (MgCl$_2$) 1,8615 g, Calciumsulfat (CaSO$_4$) wasserfrei 4,9708 g, Calciumcarbonat (CaCO$_3$), durch Kohlensäure gelöst 0,1284 g, Calciumhydrosulfid (Ca[HS]$_2$) 0,0119 g, Kieselsäure, Ammoniaksalze, Tonerde und Bitumen (in) Spuren –
Summe der festen Bestandteile: 61,6322.

Gas auf Volumina berechnet, in 1 Liter (1000 ccm) Sole: Schwefelwasserstoff (H_2S) 8,34 ccm, Kohlensäure (H_2CO_3) 171,57 ccm, Stickstoff (N) 107,80, Grubengas (CH_4) 3,90.

Nach dieser Analyse gehört die Sole zu den starken. Durch ihren merkwürdigen Gehalt an Schwefelcalcium und Schwefelwasserstoff, der die Nachbarschaft dieser Solquelle mit den Schwefelquellen Nenndorfs dokumentiert, unterscheidet sie sich von den gewöhnlichen Solen. An ihrer Ursprungsstelle in Soldorf besitzt sie einen so intensiven Schwefelwasserstoffgeruch und läßt so viel Schwefel ausfallen, daß man fast versucht sein könnte, sie den mineralischen Schwefelwässern beizuzählen. Ebensogut kann man sie als Stickstoffsole bezeichnen wegen ihres enormen Gehalts an Stickstoffgas, auch in dieser Hinsicht nimmt sie eine Sonderstellung unter den Solen ein."

Aus der Geschichte der Saline zu SOLDORF

Die Salzgewinnung lässt sich in dem heute zu *Apelern* gehörenden Dorf bis in die Zeit von 1470 zurück verfolgen. Offensichtlich hat auch das Salzvorkommen zu den ersten Ansiedlungen vor mehr als 1000 Jahren geführt. Die jeweiligen Landesherren hatten durch das daraus gewonnene Salz eine lukrative Einnahmequelle. Um 1875 wurde das Gradierwerk nach Bad Münder verkauft. Wie bereits beschrieben, wurde ab 1780 Soldorfer Salz auf der neu errichteten Saline nahe der Rodenberger Maschmühle gewonnen. Die Sole fließt noch heute nach Bad Nenndorf.

An die früheren betrieblichen Einrichtungen in Soldorf am *Salinenplatz* sind noch die alte Schmiede und ein Gebäude an der ursprünglichen Quelle erhalten geblieben.

3,73 m lang sind die Akten im Niedersächsischen Staatsarchiv (Bückeburg) zur „Salinenverwaltung (...), Salzhandel und Salzproduktion, zu denen es einen Text über die *Bestandsgeschichte* gibt:

„Spätestens seit dem Ende des 15. Jahrhunderts wurden die Soldorf-Rodenberger Salzquellen zur Gewinnung von Kochsalz genutzt. Da die Solequellen den Bodenschätzen zugerechnet wurden, hatten die jeweiligen Landesherren, zunächst die Grafen zu Holsten-Schaumburg, seit 1647 die Landgrafen von Hessen-Kassel, daran Regalrechte. In Hessen waren die Salinen, Rodenberg, Allendorf und Karlshafen in die Landesverwaltung eingegliedert. Aufsichtsbehörde war die Rentkammer in Kassel. In westphälischer Zeit unterstand die Saline dem Oberbergmeister der Weserdivision – Arrondissement Obernkirchen, diese wiederum der Berghauptmannschaft der Weserdivision in Karlshafen. Nach der Verwaltungsreform in Kurhessen 1821 unterstanden die Salzämter der Oberberg- und Salzwerkdivision in Kassel.

Die Erfindung der Dorngradierung in der ersten Hälfte des 18. Jahrhunderts veranlaßte Landgraf Wilhelm VIII. auch die Saline in Soldorf mit Gradierwerken zu versehen, so daß in den Jahren 1731-1735 eine grundlegende Erneuerung der Saline vorgenommen wurde. Zu diesem Zeitpunkt (1717) setzt auch die Aktenüberlieferung der Saline ein. (Einige gedruckte Verordnungen reichen jedoch bis 1660 zurück.)

Da für die Gradierung eine starke Wasserkraft erforderlich war, wurde ab 1742 2 km östlich von Soldorf, auf der Masch nahe der Rodenberger Aue ein neues Gradierwerk errichtet und die beiden Anlagen mit einer unterirdischen Röhrenleitung verbunden. Zu den Anlagen auf der Masch gehörte auch ein kleines, zweites Gradierhaus, ein Siedehaus, ein Kunsthaus, ein Darrhaus zur Salztrocknung, eine Faktorei mit Magazin, Beamtenwohnhäuser und weitere Gebäude. Zusammen bildeten die Anlagen in Soldorf und auf der Masch die Saline Rodenberg.

In Folge des Niederbrennens des Siedehauses auf der Masch im jahre 1808 und der darauf folgenden Errichtung eines neuen Siedehauses wurde schließlich 1821 die Siedung in Soldorf aufgegeben, und die dortigen Siedpfannen auf die Masch verlegt. Die Gradierung wurde jedoch auch in Soldorf fortgeführt und daher ein neues Röhrensystem angelegt.

Das Personal der Saline setzte sich aus dem Salzinspektor als Oberbeamten, dem Kontrolleur oder Salzrentmeister als Rechnungsführer, einem Gradiermeister als Aufseher für die Gradierung und Siedung sowie einem Gradiergehilfen oder –aufseher, einem Obergradierer sowie mehreren Gradierern, Salzsiedern, Kunstschreinern, Kunst- und Pfannenschmieden und einigen Tagelöhnern zusammen."

Rodenbergischen
Gesund=
Brunnens
Kurze und vorläuffige
Beschreibung
Nebst angehängtem Register derer
merkwürdigsten Curen, von A. 1739.
bis 1742.
Welche dieser von neuem bekant gewordene
Gesund=Brunnen
an vielen Nohtleidenden kräftiglich
erwiesen :
Zum Gemeinen Besten aber aufge=
zeichnet, und auf Ihro Königl. Maj. von Schweden
allergnädigsten Befehl ans Licht gestellet worden
Von
Dem Brunnen=Medico
D. Franc. de Ziegler, Scaphus.
Acad. Rintel. Prof. Med. & Phil. Natural. Ordin. Facult.
Med. h. t. Decano.

Anno 1743.

Auf der Titelseite dieser *Brunnenschrift* wird *„Ihro Königl. Maj. von Schweden"* genannt, der diesen Bericht *befohlen* habe. Es handelt sich um **Friedrich von Hessen-Kassel** (1676-1751), der von 1720 bis 1751 König von Schweden und ab 1730 als *Friedrich I.* auch Landgraf von Hessen-Kassel war.

Er war der dritte Sohn des Landgrafen Karl von Hessen-Kassel (1654-1730). Die älteren Brüder starben bereits als Kleinkinder, so dass er 1677 Erbprinz von Hessen-Kassel wurde. Friedrich studierte an der Universität Utrecht, unternahm ab 1692 die damals für Adelige üblichen Kavaliertouren (als Bildungs- und Kontaktreise) in die Niederland, 1695 nach Italien und danach auch noch zu einem weiteren Studium nach Genf. Im Spanischen Erbfolgekrieg (1701-

1714) führte er die Hessischen Truppen als Generalleutnant an der Seite der Niederländer und der kaiserlichen Truppen.

1700 heiratete er die Prinzessin (und Markgräfin) Luise Dorothea Sophie von Brandenburg (1680-1706), die einzige Tochter des preußischen Königs I. (1657-1713) aus erster Ehe mit Elisabeth Henriette (1661-1683), Tochter des Landgrafen Wilhelm VI. von Hessen-Kassel (1629-1663). Nach dem Tod Luises führten Heiratsverhandlungen mit der schwedischen Prinzessin Ulrika Eleonore (1688-1741), Tochter König Karl XI. von Schweden aus dem Hause Wittelsbach (1655-1697) zur Hochzeit 1715 in Stockholm. Danach nahm Friedrich als schwedischer Generalissmus 1718 an den Feldzügen Karls XII. (1682-1718) teil, nach dessen Tod bei der Belagerung von Frederikshald (im Südosten Norwegens) Ulrika Eleonore 1718 regierende Königin von Schweden wurde. 1720 dankte sie zu Gunsten Ihres Ehemannes ab.

VORBERICHT

Im **Vorbericht** der Schrift von ZIEGLER von 1743 heißt es:

Es ist zwar schon vorhin denen Benachbahrten der Stadt Rodenberg, in der Grafschaft Schaumburg, bekannt worden, was der daselbst in und an dem so genanten Aufluß entspringenden Brunnen seit vier Jahren her vor gute Würkungen an einer nicht geringen Anzahl Patienten, vornehmen und geringen Standes, erwiesen.

Obgleich dieser Brunnen von dem wilden Wasser des Auflusses noch nicht abgesondert gewesen, sondern vielfältig von demselben überschwemmet worden, ausser dem aber beständig in denselben getreten ist.

*Nachdem nun **Ihro Königl. Majest.** in Schweden, als allerhöchster Landes-Herr, durch die mannigfaltige Curen, welche dieser Brunnen ganz ohnvermuthet schon zu der Zeit gethan, da er von der Mischung des gemeinen Fluß-Wassers noch nicht befreyet ware, bewogen worden, die Aue von diesem Brunnen ableiten und durch starke Dämme das wilde zudringende Wasser absondern zu lassen; Diese neue Fassung, auch zum Vergnügen aller Kenner dieses Brunnens vor zweyen Jahren wohl gerathen zum Stande kommen, und mit einem achteckigen Wall umgeben, und vor die Fluthen geschützet ist: Mithin auch nunmehro noch weit kräftigere Würkungen von demselben erfolgen müssen; als findet man sich schuldig, dieses alles zu jedermans Nachricht bekannt zu machen, und nebst nachfolgender kurzen Beschreibung des Brunnens auch ein Register derer bekannt gewordenen und beym dem Brunnen-*Medico *oder dem Brunnen-Meister angegebenen Curen zu* communiciren: *damit ein jeder destomehr Gelegenheit haben möge zu beurtheilen, wie weit sothaner Gesund-Brunnen seiner eigenen oder bekanter guten Freunden Gesundheits-Umständen zu Hülffe kommen werde.*

Vorbericht.

Es ift zwar ſchon vorhin denen Be⸗
nachbahrten der Stadt Roden⸗
berg, in der Graffchaft Schaum⸗
burg, bekannt worden, was der
daſelbſt in⸗und an dem ſo genanten Au⸗
fluß entſpringende Brunnen ſeit vier
Jahren her vor gute Würkungen an ei⸗
ner nicht geringen Anzahl Patienten,
vornehmen und geringen Standes, er⸗
wieſen.

Obgleich dieſer Brunnen von dem wil⸗
den Waſſer des Aufluſſes noch nicht ab⸗
geſondert geweſen, ſondern vielfältig von
demſelben überſchwemmet worden, auſſer
dem aber beſtändig in denſelben getre⸗
ten iſt.

Nachdem nun Jhro Königl. Majeſt.
in Schweden, als allerhöchſter Landes⸗
Herr, durch die mannigfaltige Curen, wel⸗
che dieſer Brunnen ganz ohnvermuhtet
ſchon zu der Zeit gethan, da er von der

A 2 Mi⸗

131

Kurze Beschreibung des Brunnens.

Der Brunnen entspringet auf einer schönen Ebene, welche mit vielen Weyden besetzet ist, unter welchen die Brunnen-Gäste allbereits angenehme Schatten finden; und scheinet die irregularität *dieser Bäume mehr Annehmlichkeiten zu hegen, als wann die schönsten Alléen daselbst angelegt wären : Nichts destoweniger wird diese gute* Situation *und Gelegenheit die Anlegung anderer Spaziergänge, nach dem darüber schon* formirten *und zur gnädigsten* approbation *eingeschickten Entwurf sehr befordern.*

Der Brunnen selbst hat eine starke mit vielen Luft- oder Mineralischen *Dunst-Blasen beständig aufsteigende Quelle, welche in den Weg ihres Ausfusses häufig* ochram [= Eisenocker] *absetzet, und die darin liegende Steine mit einem rothen* Martialischen Croco *überziehet und* incrustiret.

Die Erd-Lagen, aus welchen dieser in grosser Quantität hervor bricht, sind unter dem Rasen eine leichte bitumineuse oder Torffichte Erde, unter welcher sich Strata Tophacea, *so weit man solches noch in die Tiefe untersuchen können, finden : in der obersten Lage sieht man diesen* Tophum *in grosser Menge Nieren-Weise liegen, welche insgesamt einen* Nucleum *haben, der mit vielen dünnen sich ablösenden Schalen umgeben ist.*

In Ansehung dieser äusserlichen und jedermann in die Augen fallenden Umständen kommt dieser Brunnen mit den mehresten bekannten insbesondere ratione strati Tophacei, *und derer nicht allzuweit entfernter andern Quellen, welche noch beständig eine* Dophstein *generiren, mit dem zu Pyrmont, allwo sich auch dergleichen Quellen, so man daselbst Stein-Quellen nennet, überein.*

Ob nun wohl durch mehrer Experimente *dieses Brunnens* contenta chymice *untersuchet, als aber zufälliger Weise von dem in* bouteillen *über den Winter aufbehaltenen und in seiner Klarheit und e verbliebenen Brunnen selbst anbemerket worden, daß eine stark* saturirte Portion *von* crystallisirtem *harten und recht Magazinischem Salze auf dem Boden und an den Seiten des Glases sich angesetzet; so hat man doch in dieser kurzen Beschreibung deswegen von deren Erzählung noch zur Zeit* abstrahiren *wollen,* weilen es denen wenigsten Patienten, sondern nur **Kunst-Verständigen** dienen kann ; letzteren aber mehr daran gelegen seyn möchte, wenn sie aus denen würklich erfolgten Curen beurtheileten, was er in mancherley Zufällen vor Würkung und gute Curen gethan, mithin bey der alljährlich bis hierhin verstärkten penetration seiner gezeigten Würkung annoch weiters effectuiren vermöchte.

Der Geschmack dieses Brunnens ist angenehm und rein, und wird kein Dinten- oder Mottiger Geschmack, wie bey vielen andern, wahrgenommen.

Ausser dem ist dieser Brunnen in Ansehung der Commoditäten sehr wohl gelegen : die Stadt ist gleich dabey : es fehlet auch nicht an Gelegenheit, daß jederman nach Beschaffenheit seiner Umstände mit wohlbereiteten Speise- und guter Wein-Kost in leydlichem Preiß versorget werden könnte. Es wird auch allergnädigste Herrschaft nach proportion der zunehmenden Aufnahm mehrere Anstalten zu guter Verpflegung inn- und ausländischer Brunnen-Gästen vorkehren lassen.

Zu mehrer Information dienet, daß dieser Brunnen 3. Meilen von Hannover, 3. Meilen von Rinteln, 4. Meilen von Preussisch-Minden, und 14. Meilen von Bremen entlegen sey.

Faksimile der ersten Seite der BRUNNEN-BESCHREIBUNG:

Kurze Beschreibung des Brunnens.

Der Brunnen entspringet auf einer schönen Ebene, welche mit vielen Weyden besetzet ist, unter welchen die Brunnen-Gäste allbereits angenehme Schatten finden; und scheinet die irregularität dieser Bäumen mehr Annehmlichkeiten zu hegen, als wann die schönsten Alléen daselbst angelegt wären: Nichts destoweniger wird diese gute *Situation* und Gelegenheit die Anlegung anderer Spaziergänge, nach dem darüber schon formirten und zur gnädigsten approbation eingeschickten Entwurf sehr befördern.

Der Brunnen selbst hat eine starke mit vielen Luft-oder Mineralischen Dunst-Blasen beständig auffsteigende Quelle, welche in den Weg ihres Ausflusses häuffig ochram absetzet, und die darin liegende Steine mit einem rothen Martialischen Croco überziehet und incrustiret.

Die Erd-Lagen, aus welchen dieser in grosser Quantität hervor bricht, sind unter dem Rasen eine leichte bitumineuse oder Torffichte Erde, unter welcher sich Strata Tophacea, so weit man solches noch in die Tieffe untersuchen können, finden: in der obersten Lage siehet man diesen Tophum in grosser Menge Nieren-Weise liegen, welche insgesamt einen Nucleum haben, der mit vielen dünnen sich ablösenden Schalen umgeben ist.

A 3   In

134

Zu den Kuren in Rodenberg

Von den *merkwürdigsten Curen* (in der damaligen Bedeutung von bemerkenswerten Kuren, heute jedoch oft höchst merkwürdig erscheinend) sollen hier aus historischem Interesse nur diejenigen Personen erwähnten, die eine gewisse gesellschaftliche Stellung einnahmen. Danach werden die Texte zu Kur und deren Erfolg anhand von drei der ausgewählten Personen zitiert (in der Übersicht halbfett hervorgehoben).

24. Hr. Förster Baum zu Hohnhorst
27.. Schmi(e)d Diekhausen aus Rodenberg
28. Krüger Hortzen aus Apelern Ehe-Frau
31. Windmüller Besemann (aus Stemmen mit Brustbeschwerden), *brauchte er den Selter(s) Brunnen ohne die geringste Erleichterung*
33. Hr. Steinhauer Schäfers Frau von Oberkirch(en)
36. Chirurgus Culmann
37. Kaufmann Ebisch
38. Hr. Amts-Verwalter Bornemann, zu Rodenberg
39. Hr. Obrist Hoffmann, zu Rinteln
40. Hr. Rittmeister Schröder
41. Bader Ritterbusch aus Rodenberg
43. Frau Apotheckerin Most zu Rodenberg
44. Gärtner Harbord von Apelern
45. Hr. Regierungs-Assessor Vilmeder aus Cassel
46. Hr. Ober-Prediger Wildstak aus Apelern
(Adelige mit *v.* (von) werden nur mit den Buchstaben ihrer Vor- und Nachnamen genannt!)
62. Kaufmann Meyers Sohn aus Rodenberg
67. Lükemann, Leineweber aus Rodenberg
71. Des Wildpächters modo *Brunnen-Meister Rinnen Sohn aus Rodenberg*
74. Herr Ober-Förster Justenius
77. Maria Emerentia Wöhlers, eines Preussischen Sergeanten Wittib, aus Halberstadt gebürtig
78. Hr. Secret. Wolfen zu Rodenberg Sohn
81. Frau Wachtmeisterin Schlütern aus Rodenberg

85. *Hr. Aschendorf, Wirth von Eberlau*
87. *Timme Constablers zu Rinteln Tochter*
90. *Hr. Hauptmann Walbach bey der Land-Milice zu Rodenberg*
92. *Tuchmachers Lutters Sohn aus Rodenberg*
93. *Corporal Rütemeyer, vom Hannov. Leib-Regiment*
94. *Chirurgi Mandts aus Rodenberg Frau*
96. *Apotheckers Küne aus Rodenberg Sohn*
97. *Forstläufer Meyer aus Cathernhagen* (Kathrinhagen)
100. *Jud Herz Markus von Münder*
104. *Hr. Wachtmeister Schlüter von Rodenberg*
105. Frau Ober-Forst-Meisterin von Wartenleben (und) **Herr Ober-Forst-Meister selbst**
106. Herrn Magnifici Prof. Vietoris, aus Rinteln, Jungfer Tochter, 15. Jahre alt, brauchte ebenfalls den Brunnen und das Bad,... (und) *ihre Frau Mamma... Der Herr Magnificius selbst hat sich bey dessen in- und äusserlichem Gebrauch auch sehr wohl befinden.*

(Nach dem 108. Patienten ist dann zu lesen:)
> *Zum Beschluß erinnert man noch dieses, daß eben so viele und auch mehrere gute Curen in denen 3. Abgewichnen Jahrgängen, da man zur gewöhnlichen Brunnen-Zeit jährlich etliche hunderte Kranken zu registriren bekommen, verzeichnet liegen, welche bis zu anderer Zeit versparet werde, da man zugleich die Anzahl der Brunnen-Gästen, und die mit Fässern und Bouteillen erfolgte grosse Abfuhr inn- und ausser Landes, weil das Wasser wohl verfahren, und sich lange Zeit ohne Abgang des Geschmacks, Annehmlichkeit imd Würkung aufheben lässet, anzeigen will : diese verkündete vorläuffige Curen aber nichts weiter bezwecken, als Lieberhabere theils Krankheit, theils Curiosität halben zu dem Brunnen einzuladen, damit sie selbst sehen und erfahren mögen, was hierin ganz kurz entworffen ist.*

Die Krankheiten und Kurerfolge werden für die unter Nr. 46 bzw. Nr. 105 und Nr. 106 genannten Personen wie folgt beschrieben:

46.

Hr. Ober-Prediger Wildstak zu Apelern, 74. Jahre alt, vermuthete aus den fast unleidbaren Schmerzen und Verstopffung des Urins, es müsse ein Stein in den Blasen generiret [hervorgebracht, entstanden], und durch die von allen Orten her zusammen gesuchte Mittel allbereit verzehret seyn, aber alles dieses ware umsonst; sollte der Urin auch nur Tropffen-weise abfliessen, so entstunden fast jedesmahl ganz neue und unerhörte Schmerzen. Man mochte lindernde Mittel brauchen, von was Art sie immer seyn dörften, so halffe hier alles nicht, wie mir dann der Hannöversche Leib-Medicus, Herr Doctor Werlhoff so wohl, als der Herr Patient selbst umständlich von dieser kläglichen Krankheit erzählet; diesem fast nicht mehr auszustehendem Jammer auf die eine oder andere Weise abzuhelffen, resolviret [resolvieren für be-schließen] er sich auf das erschollene Gerücht dieses in der Nähe liegenden und schon so gut operirenden Mineral-Wassers denselben auch zu trinken; hierauf findet er alsobald einen erleichterten Auslauf des Urins, welcher sich durch Schleim und einer weissen Erden gleichscheinenden Boden-Satz gearbeitet, und fast gar keine Schmerzen dabey erwecket hat, da man sonsten etliche Tropffen mit langer Weile kaum abwarten konnte: Also zeigte sich das Wesentliche der Krankheit, welches Ehrengedachter Herr Leib-Medicus, den der Herr Patient consultiret hatte, mit mir vor einen Krampf der Harn-Blasen hielte, und nach dem bekannten Eigenschaften des Brunnens konnte vertrieben, und die haltbare Stärke des Harnsammlers restituiret werden; überdem bezeuget die Stärke des Leibs insolch hohem Alter noch vieles von dieser recht Wunder-Cur.

Kupferstich des kurfürstlich-hannoverschen Hof-Kupferstechers Johann Philipp GANZ (1746 bs nach 1800) entworfenen und durch den Hofbildhauer Johann Friedrich Blasius ZIENSIS (1715-1787) im April 1783 errichteten Denkmals auf dem (Alten) St. Nikolair Friedhof in Hannover für Paul Gottlieb WELHOF

Leib-Medicus Dr. Werlhoff
Paul Gottlieb WERLHOF (Helmstedt 1699-1767 Hannover) war Arzt und Dichter. Er war der Sohn des Rechtswissenschaftles Johann Werlhof (1660-1711; Professor an der Universität Helmstedt), studierte in Helmstedt Medizin u.a. bei Brandanus Meibom (1695-1740; Pathologe und Botaniker) und Lorenz Heister (1683-1758; Botaniker und Anatom sowie Chirurg). Ab 1721 arbeitete er in Peine als praktischer Arzt; 1723 promovierte er in Helmstedt. 1725 zog er nach Hannover, übernahm die Praxis des verstorbenen Arztes Johann Andreas Pohr und heiratete dessen Tochter Johann Christina (1703-1742).

Paul Gottlieb WERLHOF   Johann Christina WERLHOF,
                              geb. Plohren

In Hannover erhielt er aufgrund seiner Fähigkeiten als Arzt große Anerkennung und zahlreiche Patienten auch aus der höheren Gesellschaft. Er wurde zu einem der bekanntes Ärzte seiner Zeit in Europa. 1729 wurde er zum JHofmedicus und 1742 zum königlichen Leibarzt ernannt. Rufe auf Professuren in Helmstedt und auf Empfehlung von Albrecht von Haller 1736 nach Göttingen lehnte er ab. Nach dem frühen Tod seiner ersten Ehefrau heiratete er 1743 die verwitwete Frau des Professors der Rechte Hartmann (1695-1742) in Kiel, Sarah Elisabeth (1709-1768), geb. Scriver. Aus dieser Ehe stammt spätere hannoversche Jurist Wilhelm Gottfried Werlhof (1744-1832).

Der bedeutende Arzt Werlhof war zugleich auch ein Poet seiner Zeit, der Gedichte und Hymnen schrieb, und mit dem Arzt und Dichter Albrecht von Haller (1708-1777) befreundet war. Nach Werlhof ist auch eine Krankheit, *Morbus Werlhof* (Immunthrombozytopenie: Autoimmunkrankheit – Mangel an Thrombozyten im Blut) benannt.

Ober-Prediger Wildstak zu Apelern
Im Gegensatz zum Arzt Werlhof lässt sich für den von ZIEGLER anhand der Krankengeschichte genannten *Wildstak* offensichtlich

kein Ruhmesblatt aufschlagen. In den „*Nachrichten von allen Hessen-Schaumburgischen Superintendenten, Kirchen und den dabey von der Zeit der Reformation bis jetzo gestandenen und noch stehenden Predigern*" von Johann Conrad Paulus (Pfarrer zu Möllenbek), Rinteln 1786 (*gedruckt bey Anton Heinrich Bösendahl*) handelt es sich um Hermann WILSTACH, dessen Tätigkeit Paulus wie folgt beschreibt:

„Er stand zuvor als Metropolitan zu Frankenberg in Ober-Hessen, von da er 1709. hierher nach Apelern versezt, und den 4ten März introducirt wurde. 1729. erhielt er seinen Sohn Albert zum Adjuncto, welcher als solcher den 23ten Octob. ordinirt, 1744. aber wiederum seines Amts, weil es sich dessen durch ein Vergehen unwürdig gemacht, entsetzet wurde, und sich hierauf in Rheburg, um daselbst Wirtschaft zu treiben, niederlies; (...) Hermann Wilstach starb den 3ten Aug. 1749, nachdem er ein und einhalb Jahr zuvor sich gleiches Fehltritts mit seinem Sohn schuldig gemacht, und daher auch gleiches Schicksal erleben müssen. (...)
(Aus mitgetheilten Kirch. Nachrichten.)"

Nach den Angaben von ZIEGLER gehörte *Wildstak* bzw. WILSTACH zu den zunächst geheilten Patienten im Jahr **1741** – d.h. er lebte nach der Kur noch **8** Jahre!

1742.

105.

Frau Ober-Forst-Meisterin von Wartensleben, 45. Jahre alt, hat schon viele Jahre an der Gicht laboriret*, und allerhand Mineral-Wasser und Bäder gebraucht: dermahlen ist der Gicht-Fluß an dem Brust-Knochen stecken geblieben, welches den Athem sehr beschweret: auf den von mir angerathenen und bey der Quelle selbst gebrauchten Brunnen hat sie sich ziemlich gut befunden, weilen der Fluß wieder in die Bewegung gebracht und temperiret worden, worauf sich die Schmerzen zu verlieren anfangen.*

Der Herr Ober-Forst-Meister selbst brauchte denselben ebenfals mit dem besten Effect, weilen ihm dessen Eigenschaften schon etliche Jahre bekannt gewesen, und durch seine ganz besondere Proben in Stärckung der Nerven zu nicht geringer

Aufnahm des Brunnens bewogen wurde, alle möglich zu contribuiren [unternehmen].

FAKSIMLE des vorstehenden Textes

1742.

105.

Frau Ober-Forst-Meisterin von Wartensleben, 45. Jahr alt, hat schon viele Jahre an der Gicht laboriret, und allerhand Mineral-Wasser und Bäder gebraucht: dermahlen ist der Gicht-Fluß an dem Brust-Knochen stecken geblieben, welches den Athem sehr beschweret: auf den von mir angerathenen und bey der Quelle selbst gebrauchten Brunnen hat sie sich ziemlich gut befunden, weilen der Fluß wieder in die Bewegung gebracht und temperiret worden, worauf sich die Schmerzen zu verlieren angefangen.

Der Herr Ober-Forst-Meister selbst brauchte denselben ebenfals mit dem besten Effect, weilen ihme dessen Eigenschaften schon etliche Jahre bekannt gewesen, und durch seine ganz besondere Proben in Stärkung der Nerven zu nicht geringer Aufnahm des Brunnens bewogen wurde, alles mögliche zu contribuiren.

WARTENSLEBEN ist der Name eines alten preußischen Adelsgeschlechtes. Die Familie gehört zum Uradel im Erzstift Magdeburg. Ursprünglich soll sie aus der Grafschaft Schauenburg (Nordhessen) stammen. Angehörige ließen sich im 13. Jahrhundert in Sachsen und Brandenburg nieder. Die Linie in der Altmark erlosch 1683. Die *Extersche Linie*, aus welcher der genannte Oberforstmeister stammte, ist urkundlich auf Bodo von Wartensleben bis 1471 zurückzuverfolgen. Das heutige Haupthaus des Rittergutes in Exten wurde 1727 durch den Bremer Baumeister Conrad Georg Conradi errichtet.

Als Oberforstmeister der Grafschaft Schaumburg und zugleich königlich schwedischer und fürstlich hessischer Rat wird in der Geschichte der Familie Karl Christian Graf von WARTENSLEBEN (Exten 1689-1760) genannt. Er diente in der preußischen Armee, war als Oberstleutnant und Oberst in herzoglich sachsen-gothaischem Dienste und wurde 1745 in den Grafenstand erhoben.

Er heiratete 1715 Herminia Syvlia von Diepenbroich, die noch im selben Jahr verstarb.

Hochschloss Wickrath vor dem Abriss 1849

Von 1720 bis 1744 war er mit Louise Albertine von Quadt zu Wickradt (1697-1744) verheiratet, die offensichtlich die Patientin (als Kurgast am Brunnen) in Rodenberg war. Sie stammt aus dem niederrheinischen Uradelsgeschlecht der Familie QUADT mit dem Stammhaus Blee bei Monheim. Die Linie zu WICKRADT hatte ihren Sitz auf dem Wasserschloss Wickrath an der Niers am Niederrhein (in der Nähe des Mönchengladbacher Stadtteils Wickrath). Louise Albertine starb jedoch bereits zwei Jahre nach der Kur. 1745 heiratete Karl Christian von Wartensleben in dritter Ehe Amalie Philippine von Halcken (um 1698-1783), die ihn 23 Jahre überlebte.

106.

Herrn Magnifici Prof. Vietoris, aus Rinteln, Jungfer Tochter, 15. Jahr alt, brauchte ebenfals den Brunnen und das Bad, um die schwachen Nerven zu stärken, und der einbrechenden Bleichsucht vorzubauen: ob sie schon zum Laxiren sehr schwer zu bringen war, so hat sich doch der Schleim aus andern Theilen genugsam

142

abgesondert, und in denen verstopften Emunctoriis *ziemlich Luft gemacht.*

Ihre Frau Mamma befindet öfters Kopf-Wehe und Blödigkeit [im Sinne von Empfindlichkeit]*des Gesichts: in den Gliedern entstehet eine besondere Schwere, auch bisweilen eine solche Verkältung, daß sie sich kaum erwärmen kann: nach dem Gebrauch des Bads hat das Geblüt eine ganz andere Gestalt bekommen, und zur Schwangerschaft ist solches auch sehr beförderlich gewesen.*

Der Herr Magnificus selbst hat sich bey dessen in- und äusserlichem Gebrauch auch sehr wohl befunden.

Philipp Otto VIETOR (1692-1775) wurde in Kassel geboren, studierte ab 1711 in Heidelberg (Beredsamkeit, Historie, Theologie), dann auch in Utrecht. Er wurde 1720 Prediger in Elgershausen bei Kassel. 1722 kam er als zweiter reformierter Prediger und o. Professor der hebräischen Sprache an die Universität zu Rinteln. 1725 rückte er in die erste Predigerstelle vor, 1769 wurde er emeritiert.

Sein Vater gleichen Namens war General-Superintendent, Consistorialrat und Oberhofprediger in Kassel.

Vietor war dreimal verheiratet: Zuerst mit Catharina Sybilla, geb. Vilemäder (gest. 1733). Aus dieser Ehe stammt ein Sohn, Carl Aemelius Vietor, später Rat und Oberschultheiß in Kassel, und eine Tochter namens Catharina Christina, spätere Ehefrau des Regierungsrates Gräben. Catharina Christina war offensichtlich die genannte Jungfer.

An Herkunftsorten der Kranken werden neben Rodenberg und Rinteln u.a. folgende Orte genannt:

Grove (Orsteil Rodenberg) – *Stemm*(en) – *Horsten* – *Kl. Munzel* (Barsinghausen) – *Osterwolen* – *Oberkirch*(en) – *Waltringhausen* – *Pohle* – *Apelern* – *Hülsen* – *Rolfshagen* – *Ondorf* – *Munschel* – *Be*(c)*kedorf* – *Hohenboss*(t)*el* – *Cassel* – *Hattendorf* – *Frankfurt am Main* – *Kl. Hegestorf* – *Gr. Heidorn* – *Gimmer* – *Bantorf* – *Seelze*(n) –

Fu(h)len – Cathernhagen (Kathrinhagen) *– Struken* (Strüken) *– Grabo (im Lüneburgischen) – Münder – Gr. Hegestorf – Osterwolen.*

Anonyma: Förster v. H. B. – St. v. H. (Nr. 54) Tochter - M. v. G. (Nr. 58) Tochter – H. v. L. (Nr. 59) – E. v. B. (Nr. 60) – meist mit Menstruationsbeschwerden!

Unter den von ZIEGLER insgesamt 108 vorgestellten, mehr oder weniger erfolgreich mit dem *Rodenberger Heilwasser* behandelten Kranken befinden sich auch einige Personen aus dem Heilgewerbe, deren Geschichte hier ebenfalls zitiert wird:

1739. 36. *Chirurgus Culman* – 41. *Bader Ritterbusch* aus Rodenberg – 43. *Frau Apotheckerin Most* zu Rodenberg – 1740: 94. *Chirurgi Mandts aus Rodenberg Frau* – 96. *Apotheckers Küne aus Rodenberg Sohn*

1739.

36. Chirurgus *Culman, welcher mit der* Hypochondrie *zum öftern beschweret, und ein beständiges Drücken in der Brust, wie auch ein starkes Sausen vor den Ohren, so daß er zu Zeiten fast nichts damit hören können, empfunden, findet sich nach vierzehentägigem Gebrauch des Brunnens ganz curiret : wie er dann des folgenden Jahres mit gleichmässigem guten Effect denselben wieder getrunken, und von zurück geblieben einigen Beschwerden nichts weiters zu klagen hatte.*

1740.

41. Bader *Ritterbusch aus Rodenberg, von 33. Jahren, ist mit Schmerzen beym Uriniren, und zu Zeiten einer Stein-Colic beschweret, davor trinket er den Brunnen mit gar gutem Effect, und verspühret kein Schneiden noch andere Schmerzen mehr in dem Unter-Leib, der Urin gehet auch leicht und häufig bey ihme ab.*

43. Frau Apotheckerin Most zu Rodenberg, vom 40. Jahren, ist lange Zeit mit der Rosen (Rothlauf) beschweret gewesen, dagegen sie auch öfters, aber umsonst [!] *den Pyrmonter Brunnen gebraucht: Als sie noch bey diesen beschwerlichen Umständen einige Scirrhositäten an dem Bein verspühret, trinket sie den Brunnen mit solch grossem*

Nutzen, daß sie, obgleich ein Schneiden des Urins entstanden, vom Grieß, balder aber zweyer Steinen in der Grösse einer Hasel-Nuß, liberiret [befreit], *und solch schmerzende Rosen gänzlich* curiret *worden.*

Erläuterungen: *Rothlauf* = Wundrose; bakterielle Infektion; Scirrhosität: Entzündung des Magens.

Zur *Scirrhosität* ist in der Fachliteratur der damaligen Zeit häufig zu lesen. Nach 1830 heißt es: „Ob die Scirrhosität des Magens stets Folge einer Entzündung ist, bleibt dennoch unentschieden, obgleich ihr zuweilen eine Ueberernährung, ein krankhaft erhöhter Vegetationsprozeß (*Hypertrophie*) zum Grunde zu liegen scheint..." (Anton Friedrich Fischer: Ueber Erkenntniß und Heilung der Krankheiten des Magens mit besonderer Berücksichtigung des Magenkrampfes zur Belehrung für Alle die daran leiden.")
Und im „Museum der Heilkunde. Herausgegeben von der Helvetischen Gesellschaft correspondirender Aerzte und Wundärzte. 2. Band, Zürich 1794) ist u.a. zu lesen:
„In zwey der oben beschriebenen Fälle können rheumatische oder arthritische Materie und anhaltender Kummer als nähere oder entferntere Krankheitsursache in Vorschlag kommen. Ich kann mir es auch von jedem allgemeinen Reitze, von jeder durch den ganzen Körper verbreiteten Schärfe als sehr möglich denken, wie eine allgemeine *Scirrhosität* daraus entstehen kann. Allein wenn unter allen Gelegenheits-ursachen der Krankheiten Gemüthseindrücke die gröste und ausgedehnteste Wirksamkeit haben, wenn denen von der niederschlagenden Klasse Stockungen der Säfte und mannigfaltige Störungen ihres Umlaufes als gewöhnliche Folgen allgemein zugeschrieben werden..."

Heute würde man diese Symptome als *psychosomatisch* beschreiben – und sie waren sicher auch häufig der Auslöser für die von ZIEGLER beschrieben, durch eine *Wasserkur* im weitesten Sinne gut zu behandelnden Krankheitserscheinungen.

94. Chirurgi *Mandts aus Rodenberg Frau von 50. Jahren, hat vor 8. Jahren einen schlagflüssigen Zufall erlitten, der ihr die Glieder an Kräften ziemlich geschwächet, daß sie fast nichts damit beschicken können, findet sich durch inner- und äusserlichen Gebrauch merklich gebessert.*

Hier wird erstmals auch das Baden mit dem Wasser des Gesundbrunnens angesprochen – wie auch in der folgenden Krankheitsgeschichte:

96. *Apotheckers Küne aus Rodenberg Sohn von 18. Jahren, bekommt von einem Fall eine Lähmung der rechten Seiten: von Jugend auf ist er dem Schwindel und Kopf-Wehe sehr stark unterworfen : Man kann auch allenthalben die Schwachheit der Nerven an seinem Cöprer wahrnehmen: braucht das Bad nach vorher gegangener Trink-Cur mit grosser Würkung, daß, wie er zuvor sich an einem Stock steuren muste, er nun ganz frey gehen, und den Fuß nach Belieben bewegen kann: Man sahe an seinem ganzen Wesen eine fast veränderte und andere Gestalt, so diese neue Kräfte ihme verschafften : das folgende Jahr hernach brauchte er die Trink- und Bade-Cur wiederum mit dem grösten Nutzen, und nahme an Stärke der Gliedern augenscheinlich zu.*

Und am Schluss der Schrift ist zu lesen:

Zum Beschluß erinnert man dieses, daß eben so viele und auch mehrere gute Curen zu denen 3. abgewichnen Jahrgängen, da man zur gewöhnlichen Brunnen-Zeit jährlich etliche hundert Kranken zu registriren bekommen, verzeichnet liegen, welche bis zu anderer Zeit versparet werden, da man zugleich die Anzahl der Brunnen-Gäste, und die mit Fässern und Bouteillen erfolgte große Abfuhr inn- und ausser Landes, weil das Wasser wohl verfahren, und sich lange Zeit ohne Abgang des Geschmacks, Annehmlichkeit und Würkung aufheben lässet, anzeigen will : diese verkündete vorläffige Curen aber nichts weiter abzwecken, als Liebhabere theils Krankheit, theils Curiosität halben zu dem Brunnen einzuladen, damit sie selbst sehen und erfahren mögen, was hierin ganz kurz entworffen ist.

Der Gesundbrunnen RODENBERG
in den Werken über Heilwässer
des 18./19. Jahrhunderts

Mineralquellen wurden bis in das 16. Jahrhundert überwiegend zum Baden genutzt – am bekanntesten und verbreitetsten durch die Römer. Im 17. Jahrhundert wurden sie im Zusammenhang mit gesellschaftlichen Veränderungen zunehmend auch zu Trinkkuren verwendet. Bedeutende Mediziner und Naturforscher beschäftigten sich bereits in ihren Werken mit den Wirkungen zahlreicher, bisher nur von der Bevölkerung im näheren Umkreis genutzten Quellen – so Leonhard von THURNEISSER (1531-1596) in seinem Werk *Pison* (1572 u. 1612), ein Anhänger des Paracelsus, Johann GÜNTHER von Andernach (1505-1574) in seiner Schrift „Commentarius de balneis et aquis medcatis" (1565) und der Botaniker, Mediziner TABERNAEMONTANUS (eigentlich Jacob Theodor aus Bergzaber, 1522-1590) in seinem „New Wasserschatz".

In dem weiter unten zitierten Werk, von Georg Friedrich Christian FUCHS (1760-1813, Medizinprofessor in Jena) 1798 herausgegeben, über Gesundbrunnen und Bäder in Deutschland sind einleitend die vielen Autoren genannt, von denen aus diesem auch für Rodenberg wichtigen Jahrhundert Bücher als „systematische Beschreibungen" veröffentlicht wurden. In den Büchern dieser Autoren wurden zur Quellen in Rodenberg auch recherchiert. Der Text der Herausgeber, der zugleich einen Überblick über die gesamte Literatur des 18. Jahrhunderts vermittelt, wird deshalb hier in Auszügen zitiert und lautet (Erläuterungen zu den gesperrt gedruckten Autoren folgen im Anschluss an diesen Text.):

„Indem wir diese Beschreibung aller bisher bekannten Bäder und Gesundbrunnen Deutschlands dem Publikum übergeben, halten wir es für unsere Pflicht, bevor wir unsern Plan darlegen, einige Einwürfe zu beantworten, welche man uns vielleicht machen dürfte. Man hat nämlich bereits ein ähnliches Werk von Z ü c k e r t, eines von K ü h n, eine brauchbare Schrift von S c h e i d e m a n t e l, von Z w i e r l e i n, und unterhaltende Taschenbücher von H o f f -

m a n n und K ü h n, man wird also diese Schrift für überflüssig erklären, wir hoffen aber, wenn unpartheiische Kenner diese Schrift ihrer Aufmerksamkeit werth halten, daß dieser Einwurf sich von selbst heben wird. Z ü c k e r t war zu der Zeit, wo seine Schrift erschien, in Bezug auf diese Materie ein Hauptschriftsteller, wie sehr hat sich aber nicht seit jener Zeit die Chemie geändert, wie weit sind wir nicht seitdem gekommen, wenn wir auch nur bloß auf die genauere Kenntniß der Gasarten Rücksicht nehmen, welche Z ü c k e r t bloß mit dem Namen Brunnengeist bezeichnete, wie weit hat sich nicht die Art und Weise, die Mineralbrunnen zu untersuchen, vervollkommnet, welche bereits Friedrich H o f f - m a n n und Rudolph Augustin V o g e l fehlerhaft fanden, von einem B e r g m a n n, W e s t r u m b und S t r u v e aber den möglichst höchsten Grad von Vollkommenheit erhielt, (obgleich jetzt, manche Vorschriften theils von diesen Chemikern selbst, theils von andern, Einschränkungen erlitten haben), wobei besonders die neue Gestalt, welche Lavoisier der Chemie zu geben suchte, vieles aufklärte. Wie mancherlei sind nicht die verschiedenen Abstufungen, z. E. der alkalischen, der eisenhaltigen Mineral-wasser und der Schwefelbrunnen, welche man bei der genauern Untersuchung der Mineralbrunnen kennen gelernt hat, so, daß Z ü c k e r t s Classifikation ganz mangelhaft erscheint; wie viele treffliche Mineralbrunnen hat man endlich zu unsern Zeiten entdeckt, welche dem Z ü c k e r t ganz unbekannt seyn mußten. Eben dies gilt von dem Werke eines K ü h n s, welcher im ganzen nichts gethan hat, als daß er den Zückert vermehrt herausgab; S c h e i d e m a n t e l liefert bloß Regeln, wie man bei dem Gebrauche der Mineralbrunnen verfahren soll; eben so Z w i e r - l e i n; H o f f m a n n s und K ü h n s Taschenbücher geben bloß allgemeine Uebersichten der bis jetzt genauer untersuchten Mineralbrunnen. Bei Betrachtung alles dessen, was wir bisher angeführt haben, glaubten wir, daß ein Werk nicht überflüssig wäre, wo eine bestmögliche vollkommene Classifaktion zu Grunde gelegt würde, 8wo wir keine schicklichere fanden, als die vom Herrn H o f f m a n n in Weimar) ein Werk, welches die bis jetzt bekannte Mineralbrunnen Deutschlands enthielte, immer mit gehöriger Rücksicht auf die zum Grunde gelegte Classifikation, und wo bei jedem Brunnen die gehörige Litteratur bis auf unsere Zeiten beigebracht wäre...

Jena den 31 Juli 1797."

ZÜCKERT, Johann Friedrich (1737-1778), Apotheker und Mediziner, Promotion 1760 an den Brandenburgischen Universität Frankfurt/Oder; Medizin-Schriftsteller in Berlin.

KÜHN, Johann Gottlieb (?), Kreis- und Stadtpyhsikus von Bunzlau, veröffentliche 1789 „Systematische Beschreibung der Gesundbrunnen und Bäder Deutschlands" (ohne Nennung von Rodenberg bzw. Nenndorf, aber u.a. von Rehburg)

KÜHN, Karl Gottlob (1754-1840), Mediziner und Medizinhistoriker, Ordinarius für Physiologie und Pathologie der Universität Leipzig – veröffentlichte zusammen mit ZWIERLEIN „Taschenbuch für Brunnen- und Badegaeste (1794).

SCHEIDEMANTEL, Friedrich Christian Gottlieb (1735-1796), fürstl. Fuldaischer Hofmedicus; veröffentlichte „Anleitung zum venünftigen Gebrauch aller Gesundbrunnen und Bäder Teutschland's deren Bestandtheile bekannt sind. Für Aerzte und Nichtärzte aufgesetzt. Gotha 1792."
(mit Rehburg – jedoch nicht Rodenberg oder Nenndorf)

ZWIERLEIN, Conrad Anton (1755-1825), Mediziner, Professor in Heidelberg, 1782 Brunnenarzt im Staatsbad Brückenau, ab 1810 Hofrat und Direktor des Sanitäts- und Medizinalcollegiums im Großherzogthum Frankfurt.

HOFFMANN, Carl August (1756-1833), ab 1798 Hofapotheker zu Weimar.

VOGEL, Rudolph Augustin (1724-1774), Arzt, Promotion in Medizin in Erfurt 1747, bis 1753 Privatdozent an der Universität Erfurt, danach Professor für Medizin und Chemie an der Universität Göttingen.

BERGMAN(N), Torbern Olaf (1735-1784), schwedischer Chemiker, ab 1762 Professor für Chemie an der Universität Uppsala – gilt als der größte Analytiker seines Jahrhunderts.

WESTRUMB, Johann Friedrich (1751-1819), Apotheker, Ratsapotheker in Hameln, analysierte zahlreiche Mineralwässer seiner Zeit.

STRUVE – aus dem Text geht nicht hervor, um welchen Vertreter dieses Namens es sich gehandelt haben. Es kann der Apotheker und Hersteller von künstlichem Mineralwasser Friedrich Adolph August Struve (1781-1840) den Lebensdaten nach nicht gewesen sein – s. dazu S. 250.

1776

Johann Friedrich ZÜCKERT: Systematische Beschreibung aller Gesundbrunnen und Bäder Deutschlands, Königsberg 1776.

„43) Der Rodenbergische Gesundbrunnen.

  In der Grafschaft Schaumburg. Die Beschreibung, welche D. Franc. de Zingler [Ziegler – offensichtlich Druckfehler!] im Jahre 1743. davon herausgegeben, sagt von der Beschaffenheit des Brunnen nichts weiter, als daß er bey der Stadt Rodenberg auf einer Ebene am Auefluß aus einem torfigt tuffsteinigtem Erdlager hervorquillt. Das übrige dieser Beschreibung enthält eine Geschichte merkwürdiger Curen, die vom Jahre 1739. bis 1742. mit diesem Wasser verrichtet worden sind."

Zu *Heilquellen in Nenndorf* ist in diesem Werk noch kein Hinweis enthalten!

Konrad Anton ZWIERLEIN: Allgemeine Brunnenschrift für Brunnengäste und Aerzte.
Nebst kurzer Beschreibung der berühmtesten Bäder und Gesundbrunnen Deutschlands.

1793

„Fünfzehnter Abschnitt.
Nendorf.

Nendorf, so hat der Durchlauchtigste Stifter, Landgraf Wilhelm der Neunte, die gemachten Anlagen genannt, welche bey den Schwefelquellen zwischen den beyden Dörfern Großen- und Kleinen-Endorf, in der Grafschaft Schaumburg Hessen-Casselschen Antheils, im Amte Rodenberg liegen.

Dieses neue Bad im Schaumburgischen ist ¼ Stunde von der Stadt Rodenberg, 5 kleine Stunden von Hannover, 3 Meilen von Rinteln, 5 Meilen von Pyrmont, und 15 Meilen von Cassel entfernt. Die Gegend ist so schön, als man sie nur je von einem Kurort erwarten kann.

(...)

2. Aufl.: 1815

„Neun und zwanzigster Abschnitt.
N e n d o r f.

Nendorf, so hat der Durchlauchigste Stifter, Kurfürst W i l h e l m, die gemachten Anlagen genannt, welchen bei den Schwefelquellen zwischen den beiden Dörfern Großen- und Kleinen-Endorf, in der Grafschaft Schaumburg Hessen-Casselschen Antheils, im Amte Rodenberg liegen.

Dieses neue Bad im Schaumburgischen ist drei Viertelstunden von der Stadt Rodenberg, fünf kleine Stunden von Hannover, und fünfzehn Meilen von Cassel entfernt. Die Gegend ist sehr schön.

Die Quellen sind schon 1546 bekannt gewesen. Von je her hat man den Ort, wo dieser Brunnen entspringt, seines sich weit verbreitenden starken Geruchs wegen, auf dem Teufelsdreck geheißen. Im Jahre 1777 wurden die Quellen auf herrschaftlichen Befehl von Bergleuten aufgeräumt, untersucht und eingefaßt.

Die ersten Badeanstalten wurden im Jahre 1787 gemacht, und waren noch gering. Seit dieser Zeit ist daselbst nun auch Alles, was zur Bequemlichkeit und Verschönerung eines Kurorts gereichen, und die geschwinde Aufnahme desselben befördern kann, ohne die mindeste Schonung der Kosten, auf Befehl seiner Kurfürstlichen Durchlaucht, angewendet worden…"

Rodenberg mit einer eigenen Heilquelle wird in diesem Werk nicht mehr erwähnt – jedoch die *Stadt Rodenberg*, denn Nenndorf sollte je erst aus *Kleinen-Endorf* und *Großen-Endorf* entstehen! Dieser Text lässt auch den Schluss zu, dass nun die Quellen zu Nenndorf besonders gefördert wurden.

1798

Georg Friedrich Christian FUCHS (s.o.):
Systematische Beschreibung aller Gesundbrunnen und Bäder der bekannten Länder vorzüglich Deutschlands, sowohl nach ihrer physisch-chemischen Beschaffenheit als auch ihrem medicinischen Gebrauch. Für Aerzte und jeden, der eine Uebersicht und Beschreibung aller bis jetzt existirenden Bäder und Gesundbrunnen verlangt, von einigen Aerzten und Chemisten herausgegeben. Jena und Leipzig, bei Christian Gabler, 1798. (S. 228):

„24) G a s b r u n n   z u   R o d e n b e r g (Schaumburg)
Entspringt nahe bei dem Städtchen Rodenberg, welches in dem an Hessencassel gehörigen Antheil der Grafschaft Schaumburg liegt. Er hat viel Aehnliches mit dem Rehburger, wird theils getrunken, theils zum Baden gebraucht, beides aber nur selten. Dieses Wasser ist kristallhelle und so durchsichtig, daß man, ob die Wassersäule gleich 6' beträgt, doch bis auf den Grund sehen kann. Es hat eine starke mit Luftblasen beständig aufsteigende Quelle. Es enthält Kochsalz, Bitterkochsalz, Glaubersalz, luftsaure Kalch- und Bittererde. Es hat viel Ähnliches mit dem Rehburger. Gleich bei diesem Brunnen, der mit einem viereckichten Brunnenhaus bedeckt ist, in welches man, um zu andern mit Holz eingefaßten Brunnen zu

152

gelangen, sind verschiedene seit 1738. mit großen Rasenstücken durchschnittene, und in gutem Stand erhaltene Linden- und Kastanienalleen angelegt, 1785. war die Frequenz der Kranken so groß, daß die ersten Brunnenlisten in Rinteln gedruckt wurden." Im selben Buch sind NENNDORF unter „Salinische Schwefelwasser" insgesamt 10 Druckseiten gewidmet! (S. 148-159)

1815

Carl August HOFFMANN:
Systematische Uebersicht und Darstellung der Resultate von zwey hundert und zwey und vierzig chemischen Untersuchungen mineralischer Wasser, von Gesundbrunen und Bädern, in den Ländern des deutschen Staatenvereins und deren nächsten Begränzungen. Nebst Anzeige aller über diese Heilwasser erschienenen Schriften. Berlin 1815.

Auf S. 163 befinden sich die Angaben zum „Schwefelwasser zu Nenndorf..., untersucht von Brockmann." RODENBERG wird hier bereits nicht mehr aufgeführt.

Auch von L. Freiherr von ZEDLITZ wird *Rodenberg* in dessen sehr umfangreichem Werk „Balneographisches statistisch-historisches Hand- und Wörterbuch" (Leipzig **1834**) nicht mehr erwähnt. Dagegen berichtet er ausführlich über *Nenndorf*.

Anhand dieser Informationen in den weit verbreiteten, frühen *balneologischen* Werken lässt sich erkennen, dass die Mineralquelle in RODENBERG bereits zu Beginn des 19. Jahrhunderts zugunsten von NENNDORF an Bedeutung verloren hatte. Auch fehlten offensichtlich zu dieser Zeit auch zuverlässige Analysen, wie sie der Universitätsapotheker Brockmann sowie der Medizinprofessor Schlüter der Universität Rinteln für die Nenndorfer Quellen durchgeführt hatten.

Walter Maack in „Die Grafschaft Schaumburg" über den Gesundbrunnen und das Solbad Nenndorf

Walter MAACK (1904-1971), langjähriger Redakteur der *Schaumburger Zeitung*, veröffentlich im Verlag Bösendahl u.a. das Buch „Die Grafschaft Schaumburg. Eine Darstellung ihrer Geschichte" (1964) – nach ihm ist auch eine Straße in Rinteln benannt.

Im zwölften Kapitel seines Buch mit dem Titel „Unter hessischer Herrschaft" ist in einem Absatz über die Geschichte des Gesundbrunnens und des Solbades Folgendes zu lesen:

Die Rodenberger Saline und der Gesundbrunnen – und später Bad Nenndorf – seien großzügig durch die hessischen Landgrafen gefördert worden. Schon seit dem Mittelalter wäre in der Nähe des Rodenberger Schlosses der ‚Warmpool', eine warme, kohlensäure- und eisenhaltige Quelle, bekannt gewesen. In der Bevölkerung der Umgegend sei sie zu Heilbädern benutzt worden und habe eine gewissen Ruf genossen. 1662 habe sich Landgraf Wilhelm VI. während eines Besuches in Rodenberg entschlossen, „die Quelle fassen und ein gesondertes, überdachtes Männer- und Frauenbad einrichten zu lassen. Der Bau wurde sogleich ausgeführt." Danach jedoch sei die weitere, schon geplante Ausgestaltung des Gesundbrunnens jedoch verblieben, weil der Landgraf schon ein Jahr später gestorben sei. Seit 1730 war Landgraf Wilhelm VIII. an Stelle seines Bruders Friedrichs, des Königs in Schweden, Regent in Hessen. Er ließ die Anlagen dann 1738 erweitern, eine Brunnentempel und eine Wandelhalle bauen sowie eine Promenade und einen Garten anlegen. „Der Badebetrieb hob sich in der Folgezeit bedeutende; vor allem Gichtkranke suchten Rodenberg gern auf." – so berichtete W. Maack.

Und weiter schrieb er:

„Als 1804 die alte Quelle versiegte und Bohrungen keinen genügenden Ersatz schaffen konnten, wurde der Gesundbrunnen in ein Soldbad umgewandelt. Die benötigte Sole lieferte durch eine

Rohrleitung die nahe Saline Rodenberg, die 1735 in Nachfolge des alten Soldorfer Salzwerks eingerichtet war."

Maack berichtete daran anschließend auch über die Salzquellen von Soldorf. Sie seien schon seit grauer Vorzeit bekannt und ab 1470 gewerbsmäßig zur Gewinnung von Kochsalz genutzt worden. Um 1730 sei dann auch das In Hessen mit Erfolg erprobte Verfahren der Tröpfelgradierung bei der Errichtung von Gradierwerken angewendet worden – und zwar in der *Rodenberger Marsch an der Aue* (anstelle von Masch) - wie Maack schrieb. Diese neue Saline habe zwei Gradierwerke (60 bzw. 220 m lang) und den „Söltehof" mit Siedehaus, Trockenkammern, Magazin und Faktorei umfasst, 60 Personen beschäftigt (Beamte, Salz- und Handwerker) und in der Mitte des 19. Jahrhunderts bis 1876 etwa 20 000 Zentner Kochsalz jährlich produziert.

Der *Gesundbrunnen Nenndorf*, der ab 1787 entstand, habe seine Entstehung dem Landgrafen Wilhelm IX. zu verdanken. Auch weist Maack daraufhin, dass der Rintelner Professor SCHRÖTER, der zunächst Brunnenarzt in Rodenberg war, schon 1776 die Schwefelquellen in Nenndorf in einem Gutachten beschrieben und empfohlen habe und bereits 1770 seinen Rodenberger Patienten Bäder in Nenndorf verordnet habe. So kam es unter Landgraf Friedrich II. zur Einfassung dieser Quellen und schließlich unter Wilhelm IX., der in Nenndorf auch kurte, zur Gründung des Bades Nenndorf ab 1789-1791.

Auf Spurensuche in Rodenberg und Soldorf
im 21. Jahrhundert

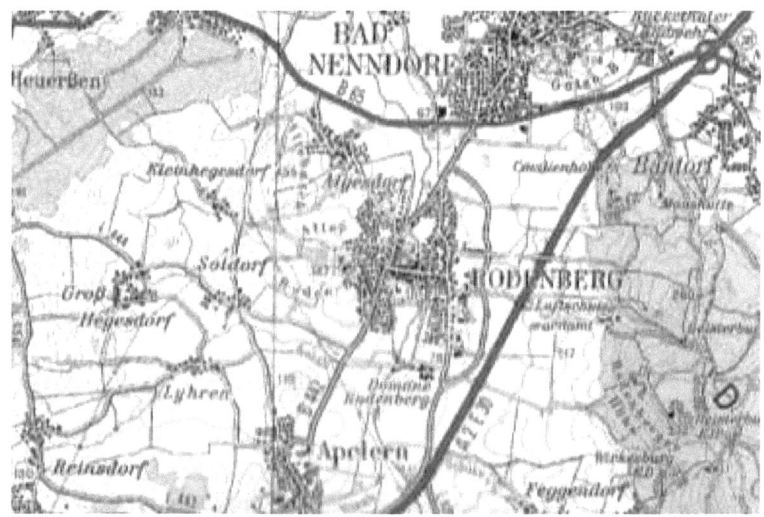

Die Spurensuche im Frühsommer 2017 beginnt in Bad Nenndorf, führt nach Rodenberg und zur Domäne Rodenberg und endet in Soldorf.

Von Bad Nenndorf führt heute die Rodenberger Allee, welche die Stadthagener Straße quert, in Verlängerung als B 442 nach Rodenberg an der *Kleinequelle* (links der Straße – s. Foto S. 95) vorbei. Zu Fuß erreicht man diese Stelle auch vom Parkplatz an der *Kraterquelle* aus (als Rad- und Fußweg bezeichnet). In die Kraterquelle tritt kalkgesättigtes Wasser, wo sich dann am Teichrand Kalk in Form eines Vulkankraters ablagert.

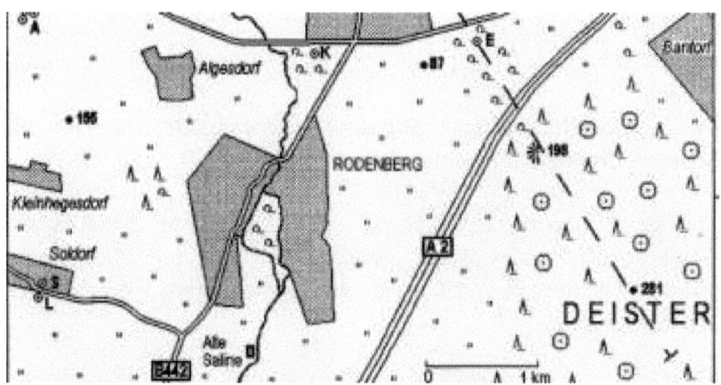

K: Kraterquelle (Ortsausgang von Bad Nenndorf), S: Alte Soldorfer Bohrung, L: Neue Landgrafenquelle
(Ausschnitt aus der Abbildung im *Deutschen Bäderbuch* 2007)

Zu dem mit *Alte Saline* bezeichneten historischen Ort an der Aue siehe S. 107 mit Abbildung „Exkurs zu den Salinenbauten". Heute befindet sich dort (Domäne Rodenberg) das Gästehaus Maschmühle.

In *Soldorf* (zu Apelern) sind an der Straße, die von der B 442 von Rodenberg kommend rechts abbiegt, sowohl die *Alte Soldorfer Bohrung* als auch die *Neue Landgrafenquelle* eingezeichnet (Salinenplatz – s. auch S. 124 – dort auch die *Alte Schule*). Von dort fließt die Sole nach Bad Nenndorf zur Anwendung in der Landgrafentherme. Sie wird aus der Entfernung von etwa 5 km über Rohrleitung nach Bad Nenndorf geführt. Dicht neben der alten Solequele wurde 1965 die Thermal-Schwefel-Sole-Quelle (Neue Landgrafenquelle) erbohrt. Aus 300 m Tiefe gelangt eine 21 °C warme iod- und schwefelhaltige Thermalsole (17 %) an die Oberfläche. Sie zählt zu den stärksten Solen schwefelhaltigen Quellen in Mitteleuropa. In verdünnter Form wird sie zu Wannenbädern eingesetzt.

157

LITERATUR

Das Soldorf-Rodenberger Salzwerk, Heimatblätter, Beilage zur Schaumburger Zeitung, Rinteln, Jg. 17, Nr. 27, 1937.

Krampertz, Hardy: Entwicklung und Ende eines bedeutenden Gewerbebetriebes – Saline Masch, Beiträge zur Rodenberger Sozialgeschichte des 19. und 20. Jahrhunderts, S. 110-118, Rodenberg 1990.

Mithoff, Adolf: Chronik der Stadt Rodenberg von den ältesten Zeiten bis auf die Gegenwart, Rodenberg 1912.

Piderit, Franz Carl Theodor: Geschichte der Grafschaft Schaumburg und der wichtigsten Orte derselben, Rinteln 1831 – S. 190.

Höing, Hubert: *Hortus Medicus* oder *Kraut- und Küchen-garten?* Der Botanische Garten der Universität Rinteln, in: „Träume vom Paradies. Historische Parks und Gärten in Schaumburg, Heft 58 Schaumburger Studien, Hrsg. H. Höing, Melle 1999 – S. 231-255.

Hänsel, Willy: Catalogus Professorum Rinteliensium, Bösendahl, Rinteln 1971.

Maack, Walter: Die Grafschaft Schaumburg, Bösendahl, Rinteln 1964.

Winckler, Axel: Chronik des Bades Nenndorf, 5. Aufl., Industrie- und Handelsverlag Hannover 1937.

Teil 3
Ludwig Philipp Schröter
über die Schwefelquellen zu Nenndorf

Medizin-Professor der Universität zu Rinteln
und erster Brunnenarzt in Nenndorf
in fürstlichen Zeiten

EINLEITUNG

Die Universität Rinteln bestand von 1621 bis 1810. Die Nachfolge-Einrichtung, das heutige Gymnasium Ernestinum, wurde sieben Jahre danach am 31.10.1817 eröffnet. Von dem am Gymnasium tätigen Willy Hänsel wurde 1971 im Verlag C. Bösendahl in Rinteln der *Catalogus Professorum Rinteliensium* veröffentlicht, in dem insgesamt 166 Professoren aufgeführt werden – darunter 30 Mediziner.

Zu ihnen zählte auch Ludwig Philipp *Schröter* (1746-1800). In Rinteln als Sohn des Pfarrers Christian Philipp Schröter geboren, starb er bereits im 54. Lebensjahr in seiner Geburtsstadt.

Der ebenfalls in Rinteln geborene Friedrich Wilhelm *Strieder* (1739-1815), Hof-Bibliothekar in Kassel, Lexikograph und Historiker, wies in seinem Hauptwerk „Grundlage zu einer hessischen Gelehrten- und Schriftsteller-Geschichte, von der Reformationszeit bis 1806" für den Mediziner *Schröter* insgesamt 40 Titel (d.h. Schriften/ Veröffent-lichungen) nach, „darunter zahlreiche über das Heilbad Großen Nenndorf (heute: Bad Nenndorf)" wie Willy Hänsel anmerkte.

Über diese Schriften wird im Folgenden berichtet.
Zitiert werden beide aus dem Jahre 1792 stammenden Druckschriften – die als Brunnenschrift zu bezeichnende, in Leipzig erschienene Monographie *Versuch einer historischen Nachricht von den Anlagen und* Einrichtungen *bey den Schwefelquellen zu Nenndorf* sowie die vom Verlag *Anton Henrich Bösendahl*, Fürstl. Hess. Universitäts-buchdrucker in Rinteln herausgegebene Veröffentlichung *Nendorfs asphaltische Schwefelquellen in der Grafschaft Schaumburg; historisch, physikalisch, chemisch und medicinisch beschrieben von* **D. Ludwig Philipp Schröter**, *Fürstlich-Hessen-Casselschen Hofrath und Professor der Arzneywissenschaft zu Rinteln, Landphysikus der Graffschaft Schaumburg und Brunnenmedikus zu Nendorf* – hier Nenndorf mit nur einem „n" geschrieben! Aus diesem Werk wurden nur die Kapitel zur

physikalischen und chemischen Beschaffenheit der Quellen ausgewählt – der historische Teil ist wesentlich ausführlicher in der Brunnenschrift beschrieben, der medizinische Teil erscheint heute nicht mehr verständlich.

Darüber hinaus wird auch der Teil über die Wasserreinigung in der ebenfalls im Verlag von Anton He(i)nrich Bösendahl (1742-1801) erschienenen Schrift *Anweisung wie man verdorbenes Wasser trinkbar machen, und die verdorbene Luft in überschwemmt gewesenen Wohnungen verbessert werden könne* wiedergegeben und daran anschließend mit den Kenntnissen von heute erläutert – wie auch bei den zuvor genannten Veröffentlichungen. Diese kleine Schrift erschien 1799 – ein Jahr vor Schlüters frühem Tod.

Über *Anton He(i)nrich Bösendahl* erfahren wir aus der bereits genannten *Hessischen Gelehrten- und Schriftsteller-Geschichte* (18. Band – hrsg. von Karl Wilhelm Justi, Marburg 1819) folgende Einzelheiten:
„B ö s e n d a h l (Anton Heinrich). Ist zu Lemgo, jetzigen Fürstenthums Lippe, 1742 den 23. Julius gebohren. Der Vater, Hermann Heinrich, trieb in seinen früheren Jahren das Zeugmacher-gewerbe; die Mutter, Anne Marie, war eine geb. Kegeln. Von sechs Kindern war er das jüngste und einzige noch am Leben; seiner Mutter begegnete es, daß sie zwei Jahre vorher, bei der Geburt eines seiner Brüder, beider Augen beraubt wurde. Seine Neigung zur Buch-druckerei würde der zum Studiren haben nachstehen müssen, wenn er Vermögen oder Unterstützung gehabt hätte; so aber suchte er bei dem verstorbenen so verdienstvollen als rechtschaffenen Rath und Bürger-meister Helwing, als damaligen Prinzipal der Meyerschen Buch-druckerei und Buchhandlung in Lemgo, in die Lehre zu kommen, vom der er auch am 17. Januar 1757 angenommen wurde, welches ihm so viel angenehmer war, weil er Gelegenheit hatte, manches nützliche Buch zu lesen, und in dieser ansehnlichen Buchdruckerei vieles zu lernen. Nach zurückgelegten Lehrjahren blieb er bis 1772 ununter-brochen in diesem Hause. Der damalige Universitäts-Buchdrucker Johann Gottfried Enax in Rinteln hatte seine Buchdruckerei an seinen Sohn,

Friedrich Augustin, im J. 1766 übergeben, mußte es aber erleben, daß derselbe am 29ten Mai 1770 verstarb, und die Wittwe Philippine Johanne Sophie, geb. Infinger aus Meinsen im Bückeburgischen, mit 3 Kindern, nämlich ein Sohn und 2 Töchtern, hinterließ. Das hohe Alter des Joh. Gotfr. Enax versagte demselben, die Besorgung der Buchdruckereigeschäfte wieder zu übernehmen, und er bot die Buchdruckerei nebst Zubehör dem Rathe Helwing zum Verkauf an. Bösendahl erhielt von demselben den Auftrag, die Schätzung über die sämtlichen Sachen und Vorräthe vorzunehmen; weil man aber von dem, was von Seiten des Raths Helwing verlangt wurde, keine Auskunft geben konnte, so blieb die Sache in ihrer vorigen Lage. Indessen hatte jener Auftrag die Folge, daß Bösendahl, auf Anrathen eines ihm geneigten Mannes, sich um die Wittwe des verstorbenen Friedr. Augustin Enax bewarb. Nach einiger Zeit genehmigte sie seinen Antrag, und er ließ sich am 26. Nov. 1772 mit ihr trauen. Schon unter 31. Jul. desselben Jahres bekam er das Rescript eines U n i v e r s i t ä t s-B u c h d r u c k e r s, das ihm von dem neuen Regenten unterm 9. Sept. 1786 bestätigt wurde, nachdem sein Schwiegervater Joh. Gottfr. Enax am 25. Aug. des genannten Jahres sein 90jähriges Leben geendigt hatte. Bei der Uebernahme der Buchdruckerei fand Bösendahl zwei alte Pressen vor; er ließ hierzu noch zwei neue machen, schaffte sich auch die neuesten Schriften, dabei syrische und arabische, an. ..."

20 Jahre nach der Erteilung des o.g. Rescripts erschien die Schrift von Schröter.
Aus Anlass des 225. Jahres (2017) nach dem Erscheinen der Veröffentlichungen Schröters über das heutige Schwefel- und Staatsbad *Bad Nenndorf* und zugleich zum 200. Jahrestag der Eröffnung des Gymnasiums Ernestinum, in dem der Autor sein Abitur machte, ist dieses Buch geschrieben und mit einer kurzen Geschichte der Universität Rinteln sowie einer Biographie des Mediziners Schröter ergänzt worden.

Schröter spricht dem *Landgrafen Wilhelm IX.* im Zusammenhang mit der Gründung des Bades Nenndorf höchstes Lob aus, den

Gepflogenheiten seiner Zeit entsprechend – und auf uns übertrieben und befremdlich wirkend.

Der oben vorgestellte Universitäts-Buchdrucker Bösendahl gab im Jahr der Brunnenschrift von Schröter 1792 auch eine Festschrift mit dem Titel *„Zur diesjährigen Feier des höchsterfreulichen Geburtsfestes unseres Durchlauchtigsten Fürsten und Herrn HERRR* **WILHELM des NEUNTEN** *Regierenden Landgrafen zu Hessen etc. lädt alle Verehrer* **des Besten Fürsten** *ehrerbietigst, gehorsamst und ergebenst ein* **Georg Ernst Hassencamp**, *Professor der Philologie und Pädagogik, auch Rector an der Rathsschule...“*

Rinteln, 1792. gedruckt bey Ant. Henr. Bösendahl, Hochfürstl. Hess. Niv. Buchdrucker.“

Im Folgenden wird das Wirken des Landgrafen Wilhelm IX. kurz vorgestellt.

Landgraf Wilhelm IX, als Kurfürst Wilhelm I. von Hessen

Wilhelm I. von Hessen-Kassel (1743-1821) wurde als Wilhelm IX. ab 1760 Graf von Hanau, 1764 dort Regent und ab 1785 regierender Landgraf von Hessen-Kassel. 1803 erfolgte aufgrund des Reichsdeputationshauptschlusses die Erhebung zum Kurfürsten. Er studierte an der Universität Göttingen vor allem Geschichte, und verbrachte auch Studienjahre in Dänemark. Nach dem Tod des Großvaters Landgraf Wilhelm VIII. (Kassel 1682-1760 Rinteln) erbte er, da sein Vater Friedrich II. (1720-1785) zum römisch-katholischen Glauben übergetreten war, die Grafschaft Hanau – die Herrschaft übte zunächst seine Mutter Landgräfin Maria (1723-1772, eine Tochter Königs Georg II. von Großbritannien) als Vormund aus, bis zu seiner Volljährigkeit 1764.

Er regierte als Landesherr nach dem Prinzipien des Absolutismus - mit Mätressenherrschaft und Soldatenhandel. Er galt als einer der reichsten Fürsten seiner Zeit, der sein Vermögen mit Hilfe des Frankfurter Bankiers Rothschild auch über die Napoleonische Zeit hinüber retten konnte.

Als eindrucksvollstes architektonisches Zeugnis seines Wirkens gilt die *Kuranlage von Wilhelmsbad.* In Kassel stammen die Erweiterungen im Berggarten Wilhelmshöhe – und die Löwenburg, als Wohnsitz für seine Geliebte Karoline von Schlotheim – aus seiner Regierungszeit. Seine Person wird als praktisch, ordnungsliebend, pünktlich geschildert; er schuf auch wohltätige Anstalten und entwickelte nach dem Tod des Vaters ein hohes Maß an Sparsamkeit. Das Fazit einer ausführlichen ersten Würdigung in der Allgemeinen Deutschen Biographie (ADB 1898, S.64-75, von H. v. Petersdorff) lautet: „Das Bild des ersten hessischen Kurfürsten ist überaus unerfreulich. (...) Fast alle die üblen Eigenschaften, die deutsche Fürsten in der Geschichte zur Unehre gereicht haben, finden sich in diesem hessischen Tyrannen wieder."

Über sein Wirken für das Schwefelbad Nenndorf berichtet Schröter in seinen Schriften.

Im Anschluss an die Schriften von Schröter werden zwei Rezensionen zitiert und kommentiert sowie die weitere Entwicklung in den Untersuchungen bis heute kurz dargestellt.

Aus der Geschichte der Universität Rinteln

Der Gründer der Universität Rinteln, die von 1621 bis 1810 bestand, war Graf (Fürst) *Ernst* von Holstein-Schaumburg (geboren am 24. Sept. 1569 in Bückeburg, verheiratet mit Hedwig von Hessen-Kassel, kinderlos gestorben am 17. Januar 1622 in Bückeburg), der am 17. Juli 1601 die Regierung antrat und von Kaiser Ferdinand II. am 16. September 1619 in den Reichsfürstenstand erhoben wurde.

Die Vorgeschichte dieser fast zweihundert Jahre bestehenden Universität mit über diese Zeit insgesamt etwa 5000 Studenten erfahren wir aus einer Datenübersicht von Willy *Hänsel* in dessen „Catalogus Professorum Rinteliensium" (Rinteln 1971).

Bereits 1609 bewilligen die Schaumburger Stände auf einem Landtag (Herrschaftsverträge garantierten ständische Freiheitsrechte sowie die ständische Teilhabe an der Herrschaft) im Kloster Möllenbeck eine sogenannte „halbe Schatzung"

(Bezeichnung für direkte Steuern) für die Errichtung einer Hochschule, eines Gymnasiums Illustre bzw. Gymnasiums Academicum, in Stadthagen. Vier designierte Profes-soren (heute als „Gründungsprofessoren" zu bezeichnen) für Theologie, Jura, Medizin und Philosophie legen am 1. Dezember 1609 einen Lehrplan vor und bereits am 27. April 1610 erfolgt die feierliche Inauguration (Einsetzung in das akademische Amt) in der Stadtkirche zu Stadthagen. Als Rektor wird der Jurist Hermann *Weßling* (um 1570 bis 1633) ernannt. 1617 gehören dem Lehrkörper 11 Professoren in vier Fakultäten an. Unterkunft findet das Gymnasium Academicum mit Rektoratsverfassung, aber noch ohne Promotionsrecht, im ehe-maligen Franziskanerkloster.

1611 stellt Graf Ernst an das Kurfürstenkollegium einen Antrag mit der Bitte um Vermittlung zur Erteilung des Universitätsprivilegs an den Kaiser. Offensichtlich vergeblich, denn auf den 15. Juni 1619 datiert, also schon nach dem Ausbruch des Dreißigjährigen Krieges (als Böhmisch Pfälzischer Krieg ab 1618), ist ein Antrag des Grafen an den Reichsvikar, den Kurfürsten Friedrich V. von der Pfalz (1596-1632, wegen seiner kurzen Regierungszeit „Winterkönig" genannt), auf Erteilung eines Universitätsprivilegs, die von diesem am 19. Juli zugleich mit der Verlegung der Hochschule nach Rinteln auch genehmigt wird. Nachdem Graf Ernst zum Reichsfürsten ernannt worden ist, rät ihm der Kurfürst am 17. September 1619, auch den Kaiser um das Privileg zu ersuchen. Am 30. September bittet der Kaiser den Fürsten Ernst um ein Darlehen von 100 000 Gulden, das er erhält. Am 9. Mai 1620 erteilt ihm der Kaiser das Universitätsprivileg, in dem jedoch eine Theologische Fakultät nicht erwähnt wird.

Nach dieser Vorgeschichte kommt es am 17. Juli 1621 zur feierlichen Eröffnung der *Academia Holsato-Schaumburgica* in der Stadtkirche zu Rinteln. Als erster Rektor (eigentlich Prorektor, denn als Rektor gilt Fürst Ernst) wird der aus Höxter stammende Jurist Prof. Dr. Johannes *Eichrodt* (1582-1638) ernannt, der nach dem Studium in Marburg und Gießen, einer kurzer Tätigkeit am Reichskammergericht in Speyer und der Promotion zum Dr. iur. in

Gießen bereits 1610 Professor in Stadthagen geworden war. 1617 wird er als Rat des Fürsten von Corvey genannt. 1634 verlässt er die Universität wegen der Kriegsunruhen und wird Stadtsyndikus in Hameln. Das Professoren-Kollegium besteht durchschnittlich aus 13 Professoren.

Kupferstich aus: Topographia Germaniae von Matthaeus Merian d. Älteren 1647

Bereits ein Jahr nach der Eröffnung der Universität stirbt Fürst Ernst von Holstein-Schaumburg. Im selben Jahr (1622) kommt der Universitätsdrucker Petrus *Lucius* aus Gießen nach Rinteln, eine Rats- und Universitätsapotheke wird eröffnet. 1623 greifen die Ausein-andersetzungen des Dreißigjährigen Krieges auch auf Rinteln über. Herzog Christian von Braunschweig fällt in Rinteln ein, worauf die meisten der Professoren und Studenten die Stadt verlassen, auf kurze Zeit, aber manche auch für immer. 1630 wird die Universität, d.h. die Gebäude des ehemaligen Benediktinerinnen-Klosters St. Jakobi, von Benediktinermönchen besetzt. Sie berufen sich auf das Restitutions-edikt von 1629, in dem Kaiser Friedrich II. die Rückführung aller von Protestanten beanspruchten Bistümer und Stifte zum katholischen Kultus anordnete. Die Lutherischen sollten zwar den Schutz des Augsburger Religionsfriedens (1555, nach dem Stand von 1552) genießen, die Grafschaft Schaumburg war aber erst nach dem Passauer Vertrag von 1552 (in dem Moritz von Sachsen für Protestanten günstige Bedingungen ausgehandelt hatte) zur evangelisch-lutherischen Konfession übergetreten. Nach der Schlacht bei Oldendorf (28. Juni 1633) ziehen die Mönche wieder ab. 1640 stirbt mit Graf Otto V. das Haus Schaumburg aus. Seine Mutter, Gräfin Elisabeth, geb. Gräfin zur Lippe (gest. 1646) erreicht die Wiederherstellung der schwer verwüsteten Universitätsgebäude. 1647 wird die Grafschaft geteilt, Rinteln kommt unter die Herrschaft des Landgrafen von Hessen-Kassel, die Universität wird von Hessen und der neu entstandenen Grafschaft Schaumburg-Lippe unter Graf Philipp I. zur Lippe (1643-1681) gemeinsam verwaltet und finanziert. 1665 verzichtet Schaumburg-Lippe auf seine Rechte. Die Universität nennt sich nun *Academia Hasso-Schaumburgica*. Am 17. Juli 1721 wird die Jahrhundertfeier mit großem Glanz begangen. Ab 1807 gehört Rinteln im Weserdepartement zum Königreich Westfalen unter König Jérôme, dem Bruder Napoleons. Jérôme (1784-1860) unterzeichnet am 10. Dezember 1809 das Auflösungsdekret. Bereits 1801 ist durch den Prof. Dr. Christian *Wiederhold* (1775-1832) in einem geheimen Gutachten die Vereinigung der *Ernestina* mit der Universität Marburg beantragt worden. Wiederhold wird 1804 Justizrat an der hessischen Regierung in Rinteln und 1831 sogar Minister des Inneren in Kassel. Im April 1810 wird die Universität endgültig geschlossen, Anträge der Landstände der Grafschaft Schaumburg (1814 bis 1816) beim Kurfürsten von Hessen bleiben ohne Erfolg. Zur Entschädigung für den Verlust der Universität wird am 31. Oktober 1817 das Gymnasium Ernestinum (Name durch den Rat: 1956) gegründet.

Die Universität hat 1621 Einzug in die Gebäude des ehemaligen Klosters St. Jakobi gehalten. Die Kirche stand für die Gottesdienste der Universität zur Verfügung. Im 18. Jahrhundert wurde der Komplex durch den Bau eines *Theatrum anatomicum* für die medizinische Fakultät und die Errichtung eines Reithauses, wie es auch von der Universität Göttingen für ihre adeligen Studenten erbaut worden war, erweitert. Die Anatomie lag im schon eingerichteten Botanischen Garten, der sich mit dem Gelände des späteren Turnhofes, der Turnhalle und dem früheren Direktorengarten des Gymnasiums deckte.

Im Zusammenhang mit dem genannten Universitätsbuchdrucker Petrus *Lucius* ist erwähnenswert, dass er 1631 des von Friedrich von *Spee* (von Langenfeld, 1591-1635, Jesuit, bedeutendster religiöser Lyriker des Frühbarock) verfasste Buch „Cautio criminalis seu de Processibus contra Sagas Liber Auctore Incerto Theologo Orthodoxo" (Vorsicht in Kriminalsachen, ein Buch über die

Hexenprozesse, verfasst von einem rechtgläubigen Theologen) anonym herausgab, welches die allmähliche Befreiung Deutschlands gegen den Hexenwahn einleitete. N. Heutger (Schaumburger Heimat Heft 17/18 Rinteln 1990/91, S. 61) bezeichnet das Werk als einen *Angriff auf die Hexenprozesse, in dem der warmherzige Jesuit persönliche Erfahrungen bei der Seelsorge an vermeintlichen Hexen verarbeitet hat. Dieses Buch blieb das wichtigste Werk, das je in der Rintelner Universitätsdruckerei veröffentlicht wurde.*

Die Geschichte der Rintelner Universitätsbuchdruckerei beginnt 1621 mit dem Drucker Ernst Reineking, der zunächst in Stadthagen wirkte (nach dem „Hessischen Buchdruckerbuch" von Dr. Gustav Könnecke, neubearbeitet und ergänzt von Reinhold Börner – in: Schaumburger Zeitung vom 29.11.1937 Nr. 278). *Petrus Lucius* (1591-1656), in Altenstädten in der Wetterau am 14. August 1591 geboren, kam 1605 bei dem Marburger Buchdrucker Paul Egenolff in die Lehre. Auf seiner Wanderschaft durch Deutschland, Dänemark und Schweden kam er auch nach Stockholm, wo er um 1618 auch am Druck der Schwedischen Bibel mitwirkte. Danach gründete er in Gießen eine eigene Druckerei. Börner schreibt: *Auf Anregung verschiedener Rintelner Professoren kam er am 5. Oktober 1621 nach Rinteln, um sich hier wegen Anlegung einer Akademischen Druckerei zu informieren. Bald darauf erhielt er vom Fürsten Ernst zu Holstein-Schaumburg die Bestallung als Akademischer Buchdrucker. Das ihm erteilte Privilegium wurde später – am 2. Februar 1639 vom Grafen Otto zu Holstein-Schaumburg, am 12. Februar 1642 von der Gräfin Elisabeth und (nach der Teilung der Grafschaft Schaumburg) am 19. April 1653 durch den Landgrafen Wilhelm IV. von Hessen-Kassel – erneuert. Am 23. Januar 1622 ließ er seine Buchdruckerei von Gießen nach Kassel abgehen, und am 18. März machte er sich mit seiner Frau selbst auf die Reise nach Rinteln, wo er zwölf Tage später mit Druckerei und Haushalt ankam.* Seine Druckerei richtete Lucius zunächst in Räumen des Jacobsklosters ein, 1640 wurde ihm auch gestattet, das unbenutzte Theatrum anatomicum zu „gebrauchen". Er wohnte mit seiner Familie (sein ältestes Sohn und Nachfolger Petrus Lucius II. wurde 1628 in Rinteln geboren) in einem Haus am Markt, das der

Rat der Stadt für ihn gemietet hatte. 1632 erwarb Lucius Haus und Garten des verstorbenen Professors Josua Stegmann (wahrscheinlich das heutige Grundstück Bäckerstraße 1). Die Geschichte dieser von Lucius begründeten Druckerei ist zugleich die *Geschichte der Rintelner Buchdruckerfamilie Wächter-Enax-Bösendahl* (...), *in deren Besitz die Buchdruckerei – wenn auch die Vererbung nicht immer im Mannesstamm, sondern mehrere Male in der weibliche Linie erfolgte –* bis zur Buchdruckerei C. Bösendahl jun. („Schaumburger Zeitung") Verlag und Druckerei in der Klosterstraße) in unserer Zeit.

Die Universität in Rinteln hat zwar zu den kleinen Universitäten gehört, unbedeutend kann sie jedoch nicht genannt werden. Tüchtige Professoren in der Theologie, der Philosophie, der Jurisprudenz und auch in den Naturwissenschaften ihrer Zeit haben hier gewirkt – zu ihnen zählt auch der Medizinprofessor und erste Brunnenarzt des Schwefelbades Nenndorf Ludwig Philipp *Schröter*. Unter der Überschrift „Monumente der Universität Rinteln" weist N. Heutger (in Schamburger Heimat Heft 17/18, Rinteln 1990/91, S. 59) auf folgende Erinnerungsstätten der ehemaligen Universität hin: die heutige reformierte Kirche St. Jacobi, die als Universitätsgotteshaus diente. („Mehrere Grabsteine von Rintelner Professoren sind im Bereich der alten Universitätskirche erhalten."), Gräber von Professoren auf dem heutigen Reformierten Friedhof vor dem Ostertor), die Nikolaikirche als Stätte der Eröffnungsfeier der Universität („Die Orgel zeigt die Jahreszahl 1621, das Jahr der Eröffnung der Universität."), Bücher der alten Universität in der Bibliothek des heutigen Gymnasiums Ernestinum, „die an ihren Einbänden zu erkennen sind", („Auf diesen ist entweder ein Ringestempel eingebrannt – bei Pappbänden – oder – bei Pergamentbänden – in Gold eingepreßt."), das „Universitätszimmer" im Schaumburgischen Heimatmuseum in der Eulenburg (diente zeitweise der Universität und war auch Wohnung des Theologieprofessors Gesenius, 1621 1. o. Prof. der Theologie und Dekan), die ehemalige Universitätsapotheke am Markt (Engel-apotheke) und die genannte Universitätskommisse, das „studentische Gemeinschaftshaus" in der Weserstraße.

(Kapitel 10 aus dem Buch des Autors „Rinteln an der Weser im Spiegel des Kupferstechers Merian – Reisen in die Geschichte der Stadt" erhältlich im Museum Eulenburg Rinteln)

Am 11. September 1927 hielt der Professor für deutsche Sprache und Literatur an der Universität Göttingen, Edward *Schröder* (1858-1942) in Rinteln anlässlich der Jahresversammlung des Hessischen Geschichtsvereins einen Vortrag über *Die Universität Rinteln*, der vom Verlag C. Bösendahl jun., Inhaber Franz Brock in Rinteln. Aus dieser Schrift werden im Folgenden ergänzend einige Absätze zitiert, welche die Zeit von Professor Schröter betreffen:

„Als Landgraf Wilhelm IX. bald nach seinem Regierungsantritt das Carolinum [in Kassel, d.V.] *auflöste, hat davon wohl Marburg, aber nicht Rinteln profitiert. Nach Rinteln schickte er nur 1789 als Vizekanzler und Primarius der Juristenfakultät den Herrn Johann. Chph. Erich Springer (angeblich von Springer)* [1727-1798]*, der als Staatsmann und Gelehrter ein Scharlatan schlimmster Sorte war, sich aber bei dem mißglückten Handstreich Wilhelms auf Bückeburg durch die niederträchtigste Felonie* [vorsätzlicher Bruch des Treueverhältnisses zwischen Lehnsherr und Lehnsträger; d.V.] *den Landgrafen zu Dank verpflichtet hatte. Er gründete in Rinteln ein totgeborenes staatswissenschaftliches Institut, und er hat das Jahrzehnt der Senilität, das ihm noch beschieden war, reichlich ausgenutzt, um die Kollegen zu ärgern und die Universität nach außen hin zu diskreditieren.*
So kam das Ende des Jahrhunderts heran – die Wellen der französischen Revolution hatten das stille Rinteln unberührt gelassen...“
Über die Bedeutung der einzelnen Fakultäten – und daran anschließend zur medizinischen Fakultät – berichtete Schröder Folgendes:
„Werfen wir nun einen Blick auf die einzelnen Fakultäten, so tritt ihre noch heute in der Reihenfolge gemachte Rangordnung, die freilich längst ihren alten Sinn verloren hat, auch in der Bedeutung

und in den Leistungen der Rintelner Hochschule deutlich zu Tage: den ersten Platz behauptet unbedingt die Theologie, ihr folgt in bescheidener Nähe die Jurisprudenz, wieder in einigem Abstand die Medizin, während die philosophischen Fakultät, die in Leipzig, Halle und besonders in Göttingen – hier von Anfang an – mit Erfolg ihre Gleichberechtigung anstrebte, in Rinteln bis zuletzt ein Mägde-Dasein fristete und für Professoren wie für Studenten nur eben eine Vorbereitung oder Durchgangsstufe zu den drei ‚höheren Fakultäten' darstellte.

[...]

Um die Pflege der Medizin war es von vornherein und blieb es auf die Dauer übel bestellt – wie übrigens an den meisten kleinen Universitäten. Es fehlte an Krankenhäusern und es fehlte an einem Theatrum anatomicum. Von den zwei, höchstens drei Professuren, die obendrein noch (wie anderwärts) die Chemie und Botanik mitzu-vertreten hatten, nicht selten auch, um ein Auskommen zu haben, noch eine philosophische, die historische oder ökonomische Professur nebenbei übernehmen mußten, blieb eine gar nicht selten längere Zeit unbesetzt. Daß Anatomie und Geburtshilfe dauernd in der gleichen Hand waren, erscheint uns heute geradzu widersinnig. Der Mangel an Leichen zum Sezieren blieb ein beständiger Uebelstand – erst gegen 1760 wurde dem abgeholfen: jetzt erscheint im Staatskalender auch ein Prosektor. Als früher einmal dem Professor Johrenius, der bald darauf als Leibarzt nach Detmold ging und von da nach Frankfurt a.O. berufen wurde, durch die Gnade des Landgrafen Karl ein ‚subjectum masculinum' zum Sezieren überwiesen wurde, war das ein Ereignis, das durch einen gedruckten Anschlag (unterm 7. April 1678) feierlich verkündigt ward. Das kleine Gärtchen mit offizinellen Pflanzen wurde erst durch A. von Hallers Landsmann Franz von Ziegler gegen 1750 zu einem botanischen Garten umgestaltet, der dann im Anfang des vorigen Jahrhunderts durch Wenderoths fördernde Pflege erweitert ward, so daß die Erinnerung an ihn noch heute besteht.

War so die gelehrte Arbeit und der wissenschaftliche Unterricht der medizinischen Professoren vielfach gehemmt, so gewinnt man doch im allgemeinen den Eindruck, daß sie wenigstens im 18. Jahrhundert zumeist tüchtige Aerzte waren, bei denen die

173

Studenten schon etwas lernen konnten. Sie waren auch durchaus fortschrittlich gerichtet, wirkten für Aufklärung und öffentliche Gesundheitspflege, förderten die Kuhpockenimpfung und suchten die Heilkraft der Bäder Pyrmont, Rodenberg und zuletzt Nenndorf zu ermitteln und bekanntzumachen, wie sie auch nebenamtlich als Badeärzte auftraten."

Die Aussagen dieses letzten Absatzes treffen besonders auch auf den Mediziner *Schröter* zu.

In den Schriften Schröters wird dem *Landgrafen Wilhelm IX.* (1743-1821), ab 1785 regierender Landgraf von Hessen-Kassel (zuvor ab 1764 Regent), 1803 zum Kurfürsten erhoben, der damaligen Zeit entsprechend in höchsten, uns heute fremden Tönen gehuldigt. In dem im Vorwort genannten Verlag des Universitätsbuchdruckers *Bösendahl* sind auch von Schröter einige Veröffentlichungen erschienen.

Über Ludwig Philipp Schröters Lebensweg

Ludwig Philipp *Schröter* wurde am 14. Juni 1746 in Rinteln an der Weser geboren. Sein Vater war Pastor primarius Christian Philipp Schröter (1697-1757). 1763 begann er sein Studium der Medizin an der Universität Rinteln. Zu seinen akademischen Lehrern zählten Theodor Gerhard *Timmermann* (Duisburg 1727-1792 Moers) und Hermann Heinrich Christian *Schrader* (Osterode 1733-1773 Rinteln).

Bei *Timmermann* hörte Schröter Physiologie und Pathologie. In Duisburg studierte Timmermann Medizin und promovierte dort 1750 zum Dr. med. Er betrieb eine Praxis in Elberfeld, bevor er 1759 als o. Professor für Medizin an die Universität Rinteln berufen wurde und dort auch Stadt- und Garnisons-Physikus wurde. 1790 wurde er emeritiert und nahm seinen Wohnsitz in Moers.

Bei *Schrader* hörte Schröter Botanik, Anatomie, Pharmazie und gerichtliche Medizin. Schrader hatte ab 1751 in Göttingen Medizin studiert, dort 1755 zum Dr. med. promoviert und war zunächst als Arzt in Salzgitter tätig. 1759 kam er als Professor der Hebammenkunst an das Collegium Carolinum in Braunschweig, wurde im Siebenjährigen Krieg (1756-1763) 1761 Feldmedikus in hessischen Diensten und wurde danach 1763 als o. Professor für Medizin an die Universität Rinteln berufen. Von seinen Veröffentlichungen (14 Titel bei Strieder) ist u.a. seine Arbeit über *„Arzeney-Kräfte des Bilsen-Krautes"*, Rinteln 1769, zu nennen. Im selben Jahr wurde er Garnison- und Landphysikus sowie Brunnenmedicus zu Rodenberg.

Schröter setzte 1767 sein Studium in Göttingen fort. Dort waren die Professoren *Vogel, Schröder, Murray, Wrisberg* und *Richter d. J.* seine Lehrer.
Rudolf Augustin *Vogel* (Erfurt 1724-1774 Göttingen) studierte Medizin an den Universitäten Erfurt, Leipzig und in Berlin. 1747 promovierte er in Erfurt zum Dr. med., war dort bis 1753 Privatdozent für Medizin und wirkte dann als Professor für Medizin und Chemie an der Universität Göttingen – zunächst als ao. Prof., ab

1760 als o. Prof. für Medizin und 1764 bis 1774 als o. Prof. für Chirurgie – ab 1773 erster Professor der Medizinischen Fakultät. Im Rahmen dieser Professuren hielt Vogel Vorlesungen nicht nur in Chirurgie, Pathologie, Therapie, Arzneimittellehre sondern auch in Chemie und Mineralogie. 1764 wurde er Leibarzt König Georg III., 1760 bis 1801 König von Großbritannien und Irland, danach des Vereinigten Königreichs Großbritannien und Irland, zugleich Kurfürst von Braunschweig-Lüneburg und ab 1804 König von Hannover.

Philipp Georg *Schröder* (Marburg 1729-1772 Göttingen) studierte ab 1743 Naturwissenschaften und Mathematik, ab 1747 auch Medizin in Marburg, Jena und Halle (Studienreisen nach Berlin, Wittenberg, Leipzig und Kassel) und wurde an der Universität Marburg 1752 zum Dr. med. promoviert. 1754 wurde er dritter o. Professor der Anatomie und Chirurgie an der Universität Rinteln und zugleich Garnisonsmedicus und Stadtpysikus. 1756 bzw. 1759 wurde er zweiter bzw. erster o. Professor in Rinteln. 1763 wechselte er als erster o. Professor der Universität Marburg und ab 1764 schließlich in gleicher Funktion an der Universität Göttingen. Dort wurde er auch Präses des chirurgischen Collegiums und ab 1765 kurfürstl. Leibarzt. Seine Arbeitsgebiete umfassten Anatomie, Chirurgie, Physiologie, gerichtliche Medizin, Diätetik und Pathologie. Schröders Vater war der evangelische Theologe, Philologe und Bibliothekar Johann Joachim Schröder (1680-1756), der an der Universität Marburg wirkte.

Johann Murray　　　　　　　　Heinrich August
Wrisberg

Johan(n) Andreas *Murray* (Stockholm 1740-1791 Göttingen) war ein schwedischer Mediziner und Botaniker. Von 1756 bis 1759 war Murray Schüler von Carl von Linné in Uppsala, 1760 ging er an die Universität Göttingen, wo er Professor der Medizin und Botanik wurde und ab 1769 auch als Kustos des Botanischen Gartens wirkte. Seine Arbeiten umfassten Gebiete in der Medizin, Pharmazie und Botanik.

Heinrich August *Wrisberg* (St. Andreasberg 1739-1808 Göttingen) studierte ab 1757 in Göttingen, wurde dort 1762 Prosector und promovierte im März 1764. Nach einer Gelehrtenreise durch Österreich, Süddeutschland, Frankreich und Holland erhielt er im Mai 1764 eine ao. Professur der Medizin und Geburtshilfe und 1765 die ao. Professur für Anatomie an der Universität Göttingen. Er hielt öffentliche anatomische Demonstrationen und Präparierübungen ab und Vorlesungen über Physiologie, Geburtshilfe, forensisches Medizin, Chirurgie, Augenheilkunde und Osteologie. 1770 wurde er o. Professor und 1785 zum Hofrat ernannt. Bekannt wurde er als praktischer Anatom und durch seine Untersuchungen über das sympathische Nervensystem.

Georg Gottlob *Richter* (Schneeberg 1694-1773 Göttingen) studierte in Leipzig zunächst Philosophie, hielt dort bereits nach Erlangung des Magistergrades (*Magister der sieben freien Künste*) Vorlesungen, begann ein Medizinstudium und wechselte 1716 an die Universität Wittenberg, dann nach Kiel, war 1718 in Leiden und kehrte 1719 nach Kiel zurück, wo er 1720 zum Doktor der Medizin promovierte. Er wurde als Arzt in Kiel tätig, 1728 Leibarzt des Herzogs von Schleswig-Holstein-Gottorf und des Fürstbischofs von Lübeck Adolf Friedrich von Schweden (ab 1751 König von Schweden) in Eutin. 1729 wurde er zum wirklichen Justizrat ernannt. 1735 wurde er von Georg II. August, Kurfürst von Braunschweig-Lüneburg und in Personalunion König von Großbritannien und Irland, nach Göttingen berufen, 1736 zum königlich Großbritannischen Hofrat und Leibarzt sowie ersten Professor für Medizin ernannt. Er hielt Vorlesungen in Innerer Medizin sowie Diätetik und las ein *Collegium encylopaedicum* sowie über Chirurgie.

Am 4. September 1769 promovierte Schröter in Rinteln zum Dr. med. und ließ sich als Arzt in Bassum bei Bremen nieder. Dort machte der Bekanntschaft mit Christian Adam *Gondela* (1726-1777). Gondela hatte in Jena Medizin studiert, dort zum Dr. med. promoviert und war seit 1757 Stadtphysikus von Bremen. In der „Allgemeine(n) Enzyklopädie der Wissenschaften und Künste in alphabetischer Folge von Schriftstellern..." (73. Teil, Brockhaus, Leipzig 1861) ist er mit folgendem Hinweis verzeichnet:

„Gondela hat sich durch ein sehr gutes Schriftchen über Pyrmont bekannt gemacht: ‚Unterricht für diejenigen, die sich des pyrmonter Mineralwassers bedienen (Bremen 1769, 8)' – Friedr. Wilh. Theile"
Der Rezensent Friedrich Wilhelm *Theile* (1801-1879) war selbst Mediziner, hatte in Jena 1819 zunächst Philosophie, dann Medizin studiert und 1825 zum Dr. med. promoviert. Nach einem Aufenthalt in Göttingen war er in Jena Dozent für Anthropologie geworden. Ab 1828 lehrte er am Pharmazeutischen Institut auch über pharmazeutische Substanzen und zur Geschichte des Apotheken-wesens. 1831 wurde er in Jena ao. Professor und ab 1834 wirkte er als o. Professor der Anatomie an der Universität Bern.
Gondela wurde 1774 Justizrat und Herzoglich-Holsteinischer Leibarzt des Fürst-Bischofs zu Eutin.

1774 erhielt Schröter die Professur für Medizin an der Universität in Rinteln – als Nachfolger von Schrader, seinem früheren Lehrer.
1786 erhielt er einen Ruf in kaiserlich russische Dienste zu treten, den er aber nicht annahm.
1787 wurde er Rodenberger Brunnenarzt und Schaumburger Landphysikus, 1789 Hofrat und Brunnenmedicus in Groß-Nenndorf.
1790 Professor primarius der Medizin in Rinteln – als Nachfolger seines zweiten Lehrers Timmermann,

Schröter heiratete am 25.4.1775 Caroline Henriette Meier – Tochter des Burghard Christian Meier, Prediger am Reichsstift Loccum.
Sein Tochter Lucie Caroline (geb. 1776) heiratete am 1.12.1796 den Fürstl. Paderborn. Hofkammerrat und Stadtrichter zu Lügde Carl Clemens August Schneidewind. Sein Sohn Christian Philipp (geb.

1779), Dr. med. wurde 1803 Arzt in Ziegenhain. Zwischen 1776 und 1796 wurden ihm 11 Kinder geboren (6 Söhne und 5 Töchter).

(F. W. Strieder: Grundlage zu einer hessischen Gelehrten- und Schriftsteller-Geschichte Bd. 14, 1804, S. 8-20)

Der kurze Überblick über Schröters Werdegang, vor allem im Hinblick auf seine Lehrer, macht deutlich, dass er in seiner Zeit eine hervorragende Ausbildung erfahren hat. Durch den Kontakt zu dem Arzt Gondela kam er wohl auch erstmals mit der damals erst im Entstehen begriffenden Balneologie Kontakt, wofür er kaum ein besseres Beispiel als das von Pyrmont bekommen konnte.

Ludwig Philipp Schröter (Porträt Museum Rinteln)

Schröter wird im „Hochfürstl.-Hessen-Casselischen Staats- und Adreß-Calender" von 1784 auch als zuständiger Professor für den *Botanischen Garten* (mit dem *Kunstgärtner Joh. Herm. Richter*) genannt – als Schröter neben Theod. Gerhard Timmermann (1727-1792; emeritiert 1790) noch als *„Zweyter Professor, zugleich der Anatomie und Botanik"* aufgeführt wird.

Abschließend sei noch aus der biographischen Darstellung des Medizinhistorikers Julius Leopold *Pagel* (1851-1912; ab 1898 Professor an der Friedrich-Wilhelms-Universität in Berlin) aus dem Standardwerk „Allgemeine Deutsche Biographie" (32 (1891), 572-

573) zitiert, in der auch die über die Arbeiten zu den Nenndorfer Schwefelquellen hinausgehenden Leistungen von Schröter genannt werden:

„(...) Außer zahlreicheren kleineren akademische Programmen, Dissertationen und sonstigen Gelegenheitsschriften, sowie verschiedenen Journal- und Zeitungsabhandlungen in Baldinger's Magazin (IX-XIX), im Rintelnschen Intelligenzblatt u. s. w. schrieb er noch „Kurzer Unterricht von der gegenwärtigen ungekünstelten Methode, die Blattern einzupropfen" (Bremen 1773); „Anweisung wie sich der Landmann nicht nur gegen die hin und wieder grassirenden saulichten Gallenfieber Präserviren, sondern auch in den mehreresten Fällen glücklich und mit wenigen Kosten selbst kuriren könne", „Beschreibung der kalten asphaltischen Schwefelquellen zu Großen Nendorf in der Grafschaft Schaumburg" (Rinteln 1788); „Bemerkungen über das Mutterkorn und was dabei in Absicht der Gesundheit zu beobachten" (ebenda 1792) und noch mehrere die Nenndorfer Heilquellen betreffende Schriften." die im Folgenden genannt, ausführlich zitiert und erläutert werden.

Nicht genannt wird die Schrift *„Anweisung wie man verdorbenes Wasser nutzbar machen, und die verdorbene Luft in überschwemmt gewesenen Wohnungen verbessern könne. Allen Menschenfreunden zugeeignet von Ludw. Philipp Schröter. Rinteln, 1799, bei Anton Heinrich Bösendahl."*

Diese Schrift wurde von der Staatsbibliothek Berlin digitalisiert.

Das Kapitel über das *„verdorbene Wasser nutzbar (zu) machen"* wird im Anschluss an die zwei Schriften über Nenndorf zitiert und erläutert.

TEIL 1:
Die Nenndorfer Brunnenschrift von Schröter

1792 erschien in Leipzig, im Verlag von Friedrich Gotthold Jakobäer, die Schrift

Versuch
einer historischen Nachricht
von den
Anlagen und Einrichtungen
bey den
Schwefelquellen
zu Nenndorf
Von Herrn Hofrath Schröter.

Diese Schrift befindet sich heute auch in den digitalen Sammlungen der Staatsbibliothek in Berlin – und sie beginnt wie folgt:

E i n l e i t u n g

Eben dieselben Verpflichtungen, welche mich zu den ersten Nachrichten von dem Nenndorfer Schwefelbrunnen*) verbanden, ja noch größere fordern jezt die Bekanntmachung dieser Beyträge von mir: Denn, die neuen Vortheile, welches dieses Bad durch die huldreichste Fürsorge unsers durchlauchtigsten Fürsten und Landesvaters erlangt hat, dienen die Nachwelt zu überzeugen: daß gute Fürsten auch für die elendsten Mitglieder der menschlichen Gesellschaft besorgt, und daher auch, durch Eröffnung neuer Gesundheitsquellen, Leben und Gesundheit zu erhalten, bemühet sind. Und wie große Verbindlichkeiten werden nicht Aerzte und Kranke gegen solche Fürsten haben, die dergleichen Naturschätze zu ihren Vortheilen eröfnen. –

*) S. das allgemein beliebte neue Magazin für Aerzte B. 9. St. 3, S. 216. und B. 11, St. 3, S. 193.

Aus der Vorgeschichte des Schwefelbades

Erste Nachrichten über die Schwefelquellen zwischen den Dörfern Groß und Klein Nenndorf stammen aus dem Jahr 1546 – als *Dübelsdreck* bezeichnet und später von der Landbevölkerung zu Heilzwecken genutzt.
Auf Befehl des hessischen Landgrafen Friedrich II. wurden sie nach ersten medizinischen Gutachten eingefasst.

Ob zwar die neuen, innerhalb drey Jahren entstandenen Anlage zu Nenndorf, noch keiner vollständigen Beschreibung fähig sind *), indem sie noch immer fortgesetzt werden, und so mancher Abänderung unterworfen sind, so verdienen doch schon die gegenwärtigen Einrichtungen, daß sie beschrieben werden. – Ich mache es mir daher zur Pflicht, diesen Versuch einer historischen Nachricht von den neuen Anlagen und Einrichtungen dieses Heilbrunnens, der wegen seiner sich bestätigten guten Wirkung noch immer bekannter zu werden verdient, hier zu liefern, und eine öffentliche Nachricht davon zu ertheilen.

*) Dies ist auch die Ursache, warum ich noch nichts Ganzes von Nenndorf, in einer besonderen Beschreibung, habe liefern können.

––––––––––––

Erstes Kapitel.
Von dem Namen, der Lage, der Gegend, dem Alterthume
und der Geschichte des Nenndorfer Schwefelbrunnens.

Nenndorf, so hat der Durchlauchigste Stifter, Fürst Wilhelm der Neunte, die gemachten Anlagen genannt, welche bey den Schwefelquellen, zwischen den beyden Dörfern Großen- und Kleinen-Endorf, in der Grafschaft Schaumburg, Hessen-Casselschen Antheils, im Amte Rodenberg liegen.

Exkurs:

1831 erschien in Rinteln – im Verlag von Albrecht Osterwald – die „Geschichte der Grafschaft Schaumburg und der wichtigsten Orte in derselben", verfasst vom „Hauptprediger der reformierten Gemeinde zu Rinteln" *Dr. Franz Carl Theodor Piderit* (1789-1848). Darin ist über die beiden Orte *Rodenberg* und *Nenndorf* Folgendes zu lesen:

„R o d e n b e r g, als ein altes Stammgut der Grafen von Schaumburg, dessen Burg im 14ten Jahrhundert vom Grafen Adolf dem 8ten erneuert und später mehrmals ausgebessert wurde. Der Ort hatte keine Kirche, wohl aber eine Kapelle, welche Otto der 2te mit einer Vikarie versah. Fürst Ernst erhob den Flecken zur Stadt 1615. Der Gesundbrunnen wurde 1738 bekannt.

Burg Rodenberg um 1520 –
nach einer Zeichnung von Johannes Krabbe 1592

N e n n d o r f. Schon dem meisnischen Arzte Georg Agricola, einem Zeitgenossen Luthers (stb 1555) waren die Schwefelquellen am Fuße des Deisters bekannt. Die Landleute bezeichneten den sumpfigen Ort, wo sie entsprangen, mit dem Namen des Teufeldrecks, aber erst 1763 machte der Dr. Ernsting in Sachsenhagen in den rintelnschen Anzeigen auf ihren Gebrauch aufmerksam. Im Jahr 1777 ließ Landgraf Friedrich die Quellen einigermaßen aufräumen. 1786 begann unter Wilhelm des 9ten

Regierung die erste Anlage, welche seit 1789 mit Eifer fortgesetzt wurde. –"

Erläuterungen:
In dem Werk von Georg *Agricola* (1494-1555), Gelehrter der Renaissance, gab in seinem Werk *De natura eaorum quae efluunt ex terra"* (Basel 1546) einen ersten Hinweis auf diese Quelle – mit der Angabe eines bituminösen Sprudels in der Nähe von Hannover.

Arthur Conrad *Ernsting* (1709-1768) war der Sohn des Apothekers Hermann Thomas Ernsting, der 1709 in der Oberen Straße 1 von Sachsenhagen eine Apotheke eröffnet hatte. Ernsting studierte nach eine Lehre bei seinem Vater und einer Gehilfenzeit in Halberstadt ab 1734 in Helmstedt, wurde 1737 Doktor der Medizin und Magister der Philosophie. Er ließ sich dann als Arzt in Braunschweig nieder. 1742 erbte er die Apotheke seines Vaters, die zunächst von seinem Bruder Ernst Gerhard Ernsting bewirtschaftet wurde. Die Apotheke in Sachsenhagen wurde nach dem Tod des Bruders von desse Witwe des nach Nenndorf verlegt, worauf Arthur Conrad Ernsting in Hagenburg eine Apotheke eröffnete. Bekannt wurde er durch die Veröffentlichung botanischer und medizinischer Werke. Ernsting war Physikus (Amtsarzt) in den Ämtern Sachsenhagen und Rodenberg. Er gilt als einer der frühen literarisch-wissenschaftlich arbeitenden Apotheker-Ärzte. 1741 erschien in Helmstedt von ihm das Werk „Nucleus totius Medicinae quinquepartius oder: Der Vollkommene und allzeit fertige Apotheker". Die „Vorläufige Nachricht von den heilsamen Würkungen des im Amt Rodenberg befindlichen Schwefelbrunnen" veröffentlichte er in den „Rintelner Anzeigen 14 u. 15 (1763)".

Dieses neue Bad im Schaumburgischen ist drey Viertelstunden von der Stadt Rodenberg; fünf kleine Stunden von Hannover; drey Meilen von Hameln; drey Meilen von Rinteln; zwey Meilen von Rehburg; zwey Meilen von Neustadt; fünf Meilen von Nienburg, fünf Meilen von Pyrmont; drey Stunden von Stadthagen; fünf Stunden von Bückeburg; sieben Stunden von Preußisch Minden; zehn Meilen von Bremen, und funfzehn Meilen von Cassel entfernet.

Die Gegend dieses Gesundbrunnens ist so schön, als man sie nur je von einem Kurorte erwarten kann; denn die Natur scheint hier alles Anmuthige und Reizende, welches von jedem Fremden bewundert worden ist, gleichsam in einer Kette vereinigt und recht sichtbarlich für den angenehmen und lieblichen Aufenthalt der Kurgäste gesorgt zu haben, indem die Quelle in einer romantisch schönen Gegend, und zwar an der berühmten Landstraße, welche von Hannover in die Grafschaft Schaumburg-Lippe und ins Fürstenthum Minden geht, entspringt.

Allmählig steigt man von Rodenberg, einer kleinen Stadt, zu einer mäßigen Anhöhe, von Süden gegen Norden drey Viertelstunde Weges, hinan. Am Ende dieser Anhöhe, wo die Schwefelquellen zu Tage geführt werden, hebt sich die geräumige Anhöhe an, welche von Westen nach Norden und Osten hin, in einem der fruchtbarsten Gefilde, durch eine ununterbrochene Abwechselung von Dörfern, weitläufigen Fluren, Angern und fruchtbaren Wiesen, eine mannichfaltige unterhaltende und reizende Aussicht gewähret.

Man kann gegen die reizende Abwechselung dieser Gegend, bey welcher man bald hier, bald dort, ganz neue und unerwartete Gegenstände erblickt, durchaus nicht unempfindlich bleiben. Eine vorzüglich schöne und malerische Aussicht aber hat man von dem, dem Brunnen gerade gegen über und etwa 200 Schritte davon entfernten, sich mitten in einer lachenden Feldfläche allmählig erhebenden Galenberge nach allen Himmelsgegenden.

Hier erblickt das Auge, welches Geschmack an bewundernswürdigen Naturschönheiten findet, von seinem waldigten Gipfel herab, allenthalben solche Gegenstände, daß sie, möchte ich sagen, das reizendste Ideal eines completten Landstücks noch übertreffen; von hieraus sieht man, das Auge mag sich hinwenden wohin es will, eine Gegend, welche nicht ohne Entzücken betrachtet noch weniger aber nach Würden beschrieben werden kann.

Nach Osten hin erblickt man die Churbraunschweigisch-Lüneburgischen Aemter Calenberg und Blumenau, in einer sehr fruchtbaren Ebene vor sich, und Hannover mit seinen Thürmen kann schon von einem scharfen unbewafneten Auge erblickt werden. Unter den kleineren Städtchen und Ortschaften zeichnen sich die Städte Neustadt, Wunstorf, das Schloß Ricklingen, das Amtshaus Blumenau, die Dörfer Lude, Grossen und kleinen Munzel, Landringhausen u. a. m. ländlich schön aus. Nach Norden und Nordwest ruhet das Auge, nachdem es sich mit den Anhöhen von Sachsenhagen, Bergkirchen, den Tüdinghäuser und Lockummer Bergen, im Bezirk eine Meile, beschäfftigt hat, auf dem Steinhuder Meere *), auf dessen Mitte sich die Festung Wilhelmstein darstellt. Nichts aber ist bezaubernder bey dem Blicke, den man hieher thut, als am Abend den Untergang der Sonne zu beobachten. Mit was für einer Wonne wird man nicht überrascht, wenn man auf einmal, wenn gleich die Sonne nur noch schwache Strahlen auf den Horizont wirft, das Meer, wie eine Fläche voll des glänzendsten Silbers vor sich sieht! – Gegen Süden zeigt sich der Deisterberg recht amphitheatralisch; er streicht an der Seite des Thals, in welchem die Stadt Rodenberg liegt, nach dem Hannöver-schen Amt Lauenau hin, und verschafft auch hier einen anmuthigen Anblick, indem derselbe sowol, als vorwärts der Sindel, und die Wälder des Amtes Schaumburg nach der sogenannten Lust hin, rechts der Bückeberg, Heisterberg und alte Rodenberg, diese Gegend malerisch schön machen.

*) Das Steinhuder Meer ist ein See, welcher eine große Meile lang und eine halbe Meile breit ist.

Ausschnitt aus: „Topographische Karte der *Kurhessischen Provinz* Grafschaft Schaumburg von I. Bennefeld, Fürstl. Waldeck. Ober-Lieutenat, ausser Dienst" –
um 1840.

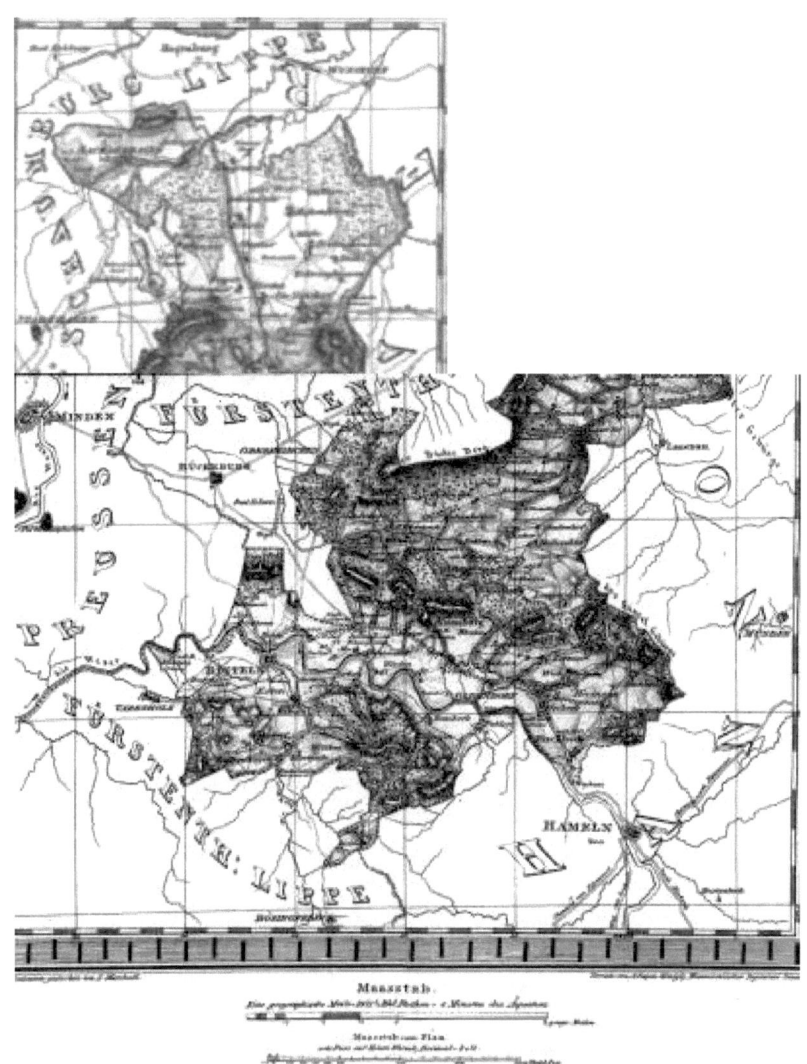

189

Erläuterungen zu den geographischen Angaben

Das *Fürstentum Minden* war ein weltliches Territorium in der Nachfolge des Hochstifts Minden ab 1648, gehörte zum Niederrheinisch-Westfälischen Reichskreis (unter Kaiser Maximilian I. 1500 bzw. 1512 im Heiligen Römischen Reich entstanden) und war bis 1807 im brandenburgisch-preußischen Besitz. Von Napoleon I. wurde es dem Königreich Westphalen zugeschlagen.

Mit *Calenberg* ist die ehemalige Burg Calenberg 13 km westlich vor Hildesheim gemeint. Das Fürstentum Calenberg war im 15. Jahrhundert als welfisches Teilfürstentum im Herzogtum Braunschweig-Lüneburg entstanden und galt als Kernland des späteren Kurfürstentums Hannover (auch als „Kernlande Hannover" bezeichnet).

Das Dorf *Blumenau* ist heute ein nördlich von Wunstorf liegender Ortsteil ebenso *Lude* (*Luthe*) – erstmals 1228 in einer Urkunde des Stifts Wunstorf erwähnt (von Luthi: Platz/Ort am klaren Wasser), gehörte bis 1859 zum Amt Blumenau. *Groß Munzel* ist ein Dorf des Calenberger Landes in der Nähe von Barsinghausen, bereits 960 in den Archivalien des Klosters Corvey als Munuslo erwähnt. In den 1830 Jahren entstand hier in einem alten Bauernhaus die erste Farb-Fabrikation von Carl Hornemann – der Ursprung der späteren Pelikan AG in Hannover.

Landringhausen (niederdeutsch Landerhusen) ist heute ein nördlicher Stadtteil von Barsinghausen. Auf dem Weg nach *Groß Munzel* befand sich die Isenburg (ein frühmittelalterliche Wall- und Fliehburg; im 10. bis 11. Jahrhundert entstanden) und im Ort gab es bereits um 800 n. Chr. eine Wassermühle („Kokemühle") sowie die urkundlich 1229 erwähnte Severinskirche.

Diese so mannichfaltig abwechselnde, durch seine natürliche Schönheit, so reizende Gegend kann, in der That, nicht ohne Entzücken betrachtet, noch weniger aber nach Würden beschrieben werden; ja, wenn ich auch die ganze Macht der Beredsamkeit besäße, um meine Leser von dieser Wahrheit zu überzeugen, so würde es doch nur ein Schattenriß gegen das Anschauen der schönen Natur seyn. Vergebens würde ich mich bemühen, die Empfindungen auszu-drücken, womit eine feine empfindungsvolle Seele beym Anschauen dieser Gegend von Bewunderung durchdrungen wird; es bleibt mir daher nichts übrig, als alle Leser, die ächte Naturschönheiten verstehen, und solche von erkünsteltem Prunk zu unterscheiden wissen, zum anschauenden Genusse dieser herrlichen Gegend selbst einzuladen, indem alle Beschreibungen derselben, wenn man nicht mit den Zügen des Beobachters die Annehmlichkeiten des Rubenschen Pinsels vereinigen kann, in Betracht des Schönen, weit zurückbleiben müssen. Man muß selbst an unsern Kurort kommen, so wird man gleich, durch die eigne Ueberzeugung, den Beleg der Wahrheit erhalten, und sich überzeugen, daß es viel leichter ist, diese vortreffliche Naturschönheiten zu sehen und zu fühlen, als nach Würden zu beschreiben, alsdann wird man sehen, daß ich nichts Uebertriebenes, sondern die reinste Wahrheit geschrieben habe.

Das Schicksal dieser Mineralquellen ist, in Ansehung der Bekanntmachung, mit dem Schicksal der Pyrmonter Quellen gleich. Diese waren schon ums Jahr 784 Carl der Großen bekannt, und doch erhielt erst dieses vortreffliche Wasser, in der Mitte des 16. Jahrhunderts, seinen eigentlichen Ruf. Eine ähnliche Bewandniß hat es mit unseren Schwefelquellen.

Die ältesten Nachrichten, welche wir von diesen Quellen haben, hat uns Luthers Zeitgenosse, Georg Agricola, ein meißnischer Arzt und fleißiger Naturforscher, in einem zur Naturlehre gehörigen schätzbaren Werke*) hinterlassen. Aus diesem Werke, welches 1546 herausgekommen ist, sieht man, daß schon vor drittehalb hundert Jahren diese Schwefelquellen bekannt gewesen sind, und daß wahrscheinlich das, von diesem fleißigen Naturforscher uns hinterlassene, merkwürdige schriftliche Denkmal unsers Brunnens daher entstanden ist, weil man schon seit undenklichen Zeiten den Ort, wo dieser Brunnen entspringt, seines weit sich verbreitenden starken Geruchs wegen auf dem **Teufelsdreck** geheissen hat. Dies mußte allerdings, wie ganz natürlich, die Aufmerksamkeit eines so großen Naturforschers erregen. –

*) De natura eorum, quae effluunt ex terra Libr. I., p. 533.

Es ist also schon in den ältesten Zeiten dieser Brunnen bekannt gewesen, aber nicht nach Würden geschätzt, mithin auch nicht gehörig untersucht, und uns daher auch kein genaues schriftliches Denkmal davon hinterlassen worden. In neuern Zeiten findet man desselben zuerst von **Ernsting** in den Rintelischen Anzeigen vom Jahr 1763 im 14ten und folgenden erwähnt, indessen sind diese Quellen, obgleich schon viel Gutes von ihren Wirkungen in mancherley Krankheiten bekannt war, nicht ganz nach ihrem wahren Werth geschätzt worden; daher denn auch der berühmte königlich-großbritannische Botanist und Naturforscher, Herr **Erhart**, dem nicht nur die Pflanzenkunde, sondern auch die gesammte Naturkunde und Oekonomie so viel zu verdanken hat, nicht ohne Ursache noch im Jahre 1784 im Hannöverschen Magazine*) sein Befremden mit gerechtem Unwillen darüber bezeuget, daß dieser Brunnen noch nicht bekannt genug sey, und als ein wahrer Menschenfreund den dringenden Wunsch äußert, daß doch diese Wässer möchten benutzt werden. Dieser, von Herr **Erhart**, mit vieler menschenfreundlichen Wärme, geäußerte Wunsch ist mir so ganz aus der Seele geschrieben, ich hatte ihn auch schon, bald nach Antritt meines akademischen Lehramts, bey verschiedenen Gelegenheiten, mit patriotischer Wärme, geäußert, daher denn auch im Jahre 1776 die Untersuchung des Rodenberger und Nenndorfer Mineralwassers veranlaßt, und das Resultat davon höhern Orts eingesandt worden ist. Der Erfolg hievon war auch, daß die Nenndorfer Mineralquellen im Jahr 1777 die Höchste Huld und Aufmerksamkeit Sr. Hochfürstl. Durchl. des Höchstsel. Herrn Landgrafen **Friedrich des Zweyten** erregten. Es wurde nämlich unter Anordnung des verstorbenen Hrn. Obrist und Landrath von Münchhausen durch dazu bestellte Bergleute von Obernkirchen der Anfang gemacht, nachdem man nun dieses gehörig geschehen war, so wurde die unterste mit Quadern eingefaßt und mit einer Pumpe versehen, aus der obersten hingegen ein Stollen zur Ableitung des Wassers angelegt. – Hier kann die Verdienste, welche dem verstorbenen Herrn Landrath vom Münchhausen um diesen Brunnen gebühren nicht mit Stillschweigen übergehen. Dieser verehrungswürdige Mann suchte mit einem außerordentlichen patriotischen Diensteifer alles, was nur in seiner Macht war, anzuwenden, um die Aufnahme dieses Brunnens zu befördern, und das angefangene Werk zur Vollkommenheit zu bringen, er konnte aber mit aller seiner Thätigkeit und dem besten Willen nichts ausrichten; sein ächter patriotischer Diensteifer, womit er diese Sache so warm betrieben hat, verdient es indeß, bey der Nachwelt, in unvergeßlichem Andenken erhalten zu werden. Nie müsse das Bild solcher Patrioten, wie Münchhausen, der seinem Stande so viel Ehre machte, aus dem Gedächtniß derjenigen, die ihn kannten, erloschen werden. Die Nachwelt segne ihn noch immer mit Dankbarkeit! Denn sein nachahmungswürdiges Beyspiel, welches er uns als ein thätiger und ächter Patriot gab, verdient es, daß sein Gedächtniß bey allen biedergesinnten Schaumburgern in Segen erhalten werde. – Wohl dem, der das Lob der Edlen und Guten mit sich ins Grab nimmt.

*) S. den Jahrgang von 1794 St. 2. S. 31. Eben diese Beschreibung findet sich auch im 6ten Bande im 2ten Stücke S. 131. dieses Magazins für Aerzte, und in E r h a r t s Beytrrägen zur Naturkunde 3ter B. S. 48.

Erläuterungen:
Der genannte *Herr* **Erhart** war Jakob Friedrich *Ehrhart* (1742-1795), Apotheker und Botaniker.

Erhart wurde in der Schweiz geboren, begann 1765 eine Apothekerlehre in Nürnberg und arbeitete danach als Gehilfe in Erlangen, Hannover und Stockholm. Von 1774 bis 1776 war er Schüler Carl von Linnés. 1778 ordnete er die Sammlungen des Apothekers Johann Gerhard Reinhard Andreae (1724-1793) in Hannover. 1780 wurde er zum *Königlich Grossbritannischen* und *Churfürstlich Braunschweig-Lüneburgischen* Botaniker ernannt. Im Auftrag der Regierung in Hannover arbeitete er an einer „Hannoverischen Pflanzengeschichte". In der Zeit von 1780 bis 1790 bereiste er im Regierungsauftrag das Kurfürstentum Hannover und angrenzende Gebiete und kam so auch nach Nenndorf.

Mit dem Landrat von Münchhausen ist offensichtlich Wilhelm Werner Heinrich *vom Münchhausen* (1715-1788; beigesetzt in Exten) gemeint, Erbherr auf Rinteln und Bodenwerder, hessischer Oberst der Infanterie und Landrat in Rinteln. Von der „Berlinischen Gesellschaft naturforschender Freunde" (1773 gegründet) wurde er als „Königl. Großbritannischer Braunschweig Lüneburgscher Obrist, Hochfürstl. Hessischer Landrath der Graffschaft Schaumburg, ordentl. Mitglied der Antiquitäten-societät, als auch der Gesellschaft des Ackerbaues und derer Künste zu Cassel" als Ehrenmitglied in deren Schriften 1782 verzeichnet. Als Landrat wird er auch im „Hochfürstl.-Hessen-Casselischen Staats- und Adreß-Calender" von 1781 für die „Graffschaft Schaumburg mit den Aemtern Ucht und Freudenberg" aufgeführt.

In späteren Chroniken von Nenndorf (Winckler 1924) wird berichtet, das der „alte Heim" als der medizinische Entdecker angesehen wird, „der botanisierend in diese Gegend gekommen sei" – eine Quellenangabe dazu war nicht angegeben. Es handelt sich um Ernst Ludwig *Heim* (1747-1834), Stadtphysikus von Spandau ab 1776, später Kreisphysikus des Havellandes, ab 1783 Praxis am Gendarmenmarkt in Berlin, der den achtjährigen Alexander von Humboldt (1769-1859) in der Pflanzenkunde unterrichtete. Autor der genannten Chronik war der dirigierende Brunnenarzt des Schwefel-, Sol- und Schlammbades, der Balneologe Professor Dr.

194

med. Axel *Winckler* (1852-1934). Er schrieb unter *Geschichtliches* außerdem: „Auch Johann Georg *Zimmermann*, der berühmte Leibmedikus in Hannover, hatte dieses Schwefelwasser schon häufig verordnet, als die medizinische Fakultät der Universität Rinteln am 23. Dezember 1776 das erste Gutachten über die Quellen abgab." Zimmermann (1728-1796) stammte aus der Schweiz und wirkte seit 1768 in Hannover als Königlich-Großbritannischer Hofrat und Leibarzt. Die medizinische Fakultät der Universität Rinteln bestand im Dezember 1773 aus dem o. Prof. Theodor Gerhard Timmermann (seit 1759), dem o. Prof. Hermann Heinrich Christian Schrader (seit 1763, verstarb am 21.12.1773), der zugleich Brunnenmedikus zu Rodenberg gewesen war. Schröter kam erst ein Jahr später für den verstorbenen Prof. Schrader nach Rinteln. In einer weiteren Chronik „150 Jahre staatl. Bad Nenndorf" von Willi Kaese, herausgegeben von der Staatlichen Brunnenverwaltung (1937) ist diese frühe Phase ausführlicher beschrieben. Er führt aus, dass Heim, der spätere Leibarzt der Königin Louise, „diese Quelle als eine für mancherlei Leiden heilsame Gabe der Natur beschrieben habe."

Und zu Zimmermann ist zu lesen:
„Gleichzeitig behandelte der Leibmedicus Zimmermann aus Hannover, dem die Wirkungen des Wassers bereits bekannt waren und der selbst durch entsandte Patienten die Wirkungen festgestellt hatte, die Heilerfolge dieser Quellen. Diese besondere Ereignis ist wohl ausschlaggebend in der Entdeckung und Ausnutzungen der Quellen gewesen; denn die Patienten, die Zimmermann nach Nenndorf zum Trinken des Wassers entsandt hatte, wurde die Wiesenfläche, auf der die Quellen zu Tage traten, so arg zertreten, daß sich der Besitzer Piepho wegen Schadenersatz an die Kriegs- und Domänenkammer in Kassel wandte. Dieser Schritt des Piepho veranlaßte die Kriegs- und Domänenkammer, zur Vermeidung von ständigen Schadenersatzansprüchen die Quellen im folgenden Jahre unter Aufsicht des Rintelner Landrats von Münchhausen durch Obernkirchener Bergleute fassen und ihnen einen Abfluß geben zu lassen. Aber auch diese Fassung der Quelle war zunächst ein Abschluß der ersten Entdeckung. Fast schien es, als ob der

Dornröschenschlaf weiter bestehen sollte. So ist es erklärlich, daß der Botaniker Erhard im Jahre 1784 im Hannoverschen Magazin sich nicht genug darüber wundern konnte, daß ein solcher Brunnen, ein Brunnen, worauf dieses Land mit Recht stolz sein könnte, nicht gebraucht wird. Er fragt weiter: ‚Ist der Brunnen etwa nicht genug bekannt oder ist der Mangel der nötigen Bequemlichkeit für Brunnengäste vielleicht Schuld daran?' Er fährt entrüstet fort: ‚Findet sich kein Arzt oder Patriot oder Krankenfreund, dem dem Landesfürsten den Wert und Nutzen eines solchen Naturgeschenks vorträgt und ihn veranlaßt, ein Brunnenhaus oder ein paar Badezimmer aufbauen zu lassen, einen Brunnenarzt zu bestellen und was sonst dazu nötig ist?'… "

Bei dem erwähnten *Hannoverschen Magazin* handelt es sich um die Zeitschrift „Hannoverisches Magazin…", die zwischen 1763 und 1790 erschien. Kaese bezieht sich auf folgenden Beitrag von F. Erhart:

„*Versuch eines Verzeichnisses der vornehmsten Mineralwasser des Churfürstentums Braunschweig-Lüneburg und seiner Gränzen*" (22. Jg. (1784) S. 17-42)

196

In der Einleitung schrieb Erhart:

Auf meinen botanischen Wanderungen durch die Churfürstl. Braunschweig Lüneburgischen Lande, führte mich der Weg nicht selten auch nach Gesundbrunnen, Salzquellen u. d. gl. Ich hatte zwar keine Zeit und Gelegenheit diese chemisch zu untersuchen, denn wie kan ein Mann, der, die Seitenexcursionen ungerechnet, fast täglich vier bis fünf Meilen gehet, und dabei sein ganzes botanisches Reisezeug, Kleider, Bücher, Instrumente, Pflanzen u. s. w. auf dem Rücken mitschleppen muß, sich noch mit einer weitläuftigen Untersuchung der Mineralwasser abgeben. Ich habe sie aber doch gesehen, gerochen und geschmeckt; (...)

Ich habe zuweilen, wenn es sich just passen wolte, mit diesem und jenem Wasser auch wohl geschwind ein Paar kleine Proben gemacht, – und dann eine kurze Anmerkung darüber in mein Reisejournal geschrieben. –"

Auf der Seite 32 berichtet Erhart unter den „Schwefelbrunnen" auch über *Die Schwefelbrunnen zu Großen Endorf*, woraus Willi Kaese zitiert hat.

Daran anschließend heißt es:

„Vermutlich hat der Marburger Universitätsprofessor B a l d i n g e r , der Erhards Aufsatz in seinem ‚Baldingers neues Journal für Ärzte' aufgenommen hatte, diesen dem kurz vorher zur Regierung gekommenen Landgrafen Wilhelm IX. vorgelegt, so daß derselbe erstmalig auf die Nenndorfer Quellen aufmerksam wurde. Hinzu kam noch, daß der Landrat von Münchhausen zu Rinteln immer und immer wieder auf diese Quellen hinwiese und bestätigte, daß nicht nur das Landvolk der Umgebung sich des Wassers zu Heilzwecken bediene, sondern dasselbe auch ärztlicherseits fortgesetzt verordnet würde und immer mehr Verwendung fände. Es würde beispielsweise durch den Leibmedikus Zimmermann häufig verschrieben und fände auch im benachbarten Bad Rehburg Verwendung. In seinem seiner Schreiben vom 22. August 1777, welches er in seinem späteren Schreiben anführt, weist er darauf hin, daß durch diese Quelle für das Land ein großer Vorteil erwachsen könne. Er nimmt Bezug auf eine Untersuchung des Nenndorfer Schwefelwassers durch die Universität in Rinteln vom 23. November 1776 [abweichend vom o.g. Datum 23. Dezember!

d.V.], in welcher über das Wasser folgendes gesagt ist: ‚Das Wasser in den Bouteillen sieht hell und klar aus. Nur wenige schwarze Flocken hatten sich auf dem Boden angesetzt, welche aber beim Rühren leicht herumschwimmen' (...).

Die fortgesetzten Bemühungen des Landrats Münchhausen haben ihr Übriges dazu beigetragen, daß der Landgraf Wilhelm IX. sich endlich für diese Quellen interessierte. Auf seiner Besichtigungsreise, die in patriachalisch-ritterlicher Weise durch sein Reich erfolgte, um Land und Leute kennen zu lernen, kam er auch in die Grafschaft Schaumburg und besuchte am 20. September 1786 [nach Schröter am 28. September! – s.u.; d.V.] die Quellen zu Großen Endorf. (...)"

Ernst Gottfried BALDINGER (1738-1804), 1768 o. Professor in Jena, 1773 in Göttingen, ab 1785 in Marburg, wo während seiner Zeit das anatomische Theater umgebaut, der botanische Garten vergrößert und ein chemisches Laboratorium neu gegründet wurde. Er zählt zu den bedeutendsten Medizinern seiner Zeit, der ab 1766 auch als Herausgeber zahlreicher Zeitschriften tätig war.

Fortsetzung Schröter:

*Der Zeitpunkt, daß dieser wahre und große Schatz unsers Vaterlandes in seinem völligen Glanze erscheinen sollte, hat die Vorsehung der glorwürdigen Regierung unsers erhabenen Regenten **Wilhelm IX.** vorbehalten. Nachdem dieser thätige und huldreiche Fürst*), welcher mit durchdringenden Einsichten, die den Fürsten groß und den Regenten verehrungswürdig machen können, begabt ist, diesen merkwürdigen Ort in Höchsteigener Person in Augenschein genommen, und sich von den Bestandtheilen und der Güte dieses Wassers überzeugt hatte, so beschlossen Höchstdieselben die nöthigsten Badeanstalten daselbst verfertigen zu lassen. Jetzt sagte mir ein inneres Gefühl, es ist der Wille des besten Fürsten, daß dieser Brunnen aus seiner Dunkelheit hervorgezogen und der Welt bekannt gemacht werde; Sein Wink soll deine Richtschnur seyn. Und nun entflammten mich Menschenliebe, Vaterland, Diensteifer und Dankbarkeit in die Wette, dieser huldvollen Absicht meines gnädigsten Fürsten nach Möglichkeit zu* entsprechen. Meine Bemühungen haben auch in so weit ihres Zwecks nicht ganz verfehlt; denn die größten Aerzte, welche diese Quellen gesehen, und sich durch meine Versuche von der Güte desselben überzeugt haben, halten solche für eine der reichhaltigsten kalten Schwefelquellen in Deutschland, wo es gewiß nie an Hülfsbedürftigen, ein solches Wasser zu gebrauchen, fehlen wird, und daher solches längst, als ein großer Naturschatz, der Vergessenheit entrissen zu werden verdient hätte.

*) Er war der erste Landesfürst der Hessen, welche die seltenen Mineralwasser am 28. September 1786 an der Quelle kostete. Unvergeßlich bleibt mir daher dieser für unsere Provinz so segensreiche Tag, an welchem ich zugleich die Gnade hatte, in höchster Gegenwart unsers huldreichsten Fürsten, verschiedene Versuche mit diesem Wasser, an der Quelle, mit gegenwirkenden Mitteln, in einem Kreise sehr vieler Menschen zu machen.

Die ersten Badeanstalten, welche im Jahre 1787 an der Quelle gemacht wurden, waren nur sehr geringe. Er wurden vorerst nur ein Badeschoppen, einige 80 Fuß unterhalb der untersten Quelle, von 36 Fuß lang und 24 Fuß breit, angelegt. Dies geschah nur blos in der Absicht, damit nun auch die Hülfsbedürftigsten sich dieses Bades, ohne Verzug, an der Quelle bedienen könnten; denn schon seit mehreren Jahren hat man dieses Schwefelwasser nach Rodenberg gefahren, und mit dem dasigen Gesundbrunnenwasser*) vermischt, als Bad vielen auswärtigen Kurgästen, mit Nutzen brauchen lassen.

*) Dieser Gesundbrunnen ist seit dem Jahre 1739 sowohl zum Trinken als Baden häufig gebraucht und verschickt worden. Das Wasser ist krystallhell und so durchsichtig, daß man ohnerachtet die Wassersäule über 6 Fuß beträgt, auf dem Grunde alles erkennen kann. Der Brunnen hat eine starke, mit vielen Luftblasen, beständig aufsteigende Quelle, und setzt gleich bey seinem Abflusse eine Menge gelbröthlicher Erde ab.

An festen enthält dieses Mineralwasser Kochsalz, oder salziges Mineralalkali; bitter Kochsalz, oder salzige Magnesia; Bittersalz, oder vitriolische Magnesia; Glaubersalz, oder vitriolisches Mineralalkali; luftsaure Kalcherde und luftsaure Bittersalzerde. Herr

Erhart, dessen ich schon oben S. 295 erwähnt habe, hat diesen Brunnen auch gesehen, und schreibt davon: „Der Rodenberger Gasbrunnen hat viel Aehnliches mit dem Rehburger." S. dessen Beyträge zur Naturkunde 3ter B. S. 42. Gleich bey diesem Brunnen, der mit einem offenen achteckigen Brunnenhause bedeckt ist, in welches man, um zu dem Holz eingefaßten Bassin zu gelangen, etliche Stufen niedersteigen muß, sind verschiedene seit 1738 angelegte, mit grünen Linden und Castanien Alleen, welche zu angenehmen und schattigen Spaziergängen dienen, die zugleich mit hainbüchenen Hecken und Nischen versehen sin. Sollte diese Allee in der Folge noch, wie es das Ansehen hat, mit der Nenndorfer vereinigt werden, so würden dadurch die ohnehin schon anmuthigen Spaziergänge ein noch reicheres Maaß von Manichfaltigkeit und Schönheit erlangen. Hier würden besonders diejenigen, denen das einfach Ländliche mehr, als das gesellschaftliche Geräusch gefällt, gewiß ihre Unterhaltung reichlich finden.

In diesem Badeschoppen, der das folgende Jahr völlig*) fertig war, waren überhaupt sieben Badekammern, zwey derselben, die sich zunächst am Badekessel (der aber auswärts des Schoppens angebracht war) befanden, waren tapezirt. In der einen, gegen Mittag gelegenen Kammer, war ein Alcove mit Bette, und ein sehr bequemes geräumiges steinernes Badebassin, dessen sich des Herrn Landgrafen Hochfürstl. Durchl. vom 8ten bis den 19ten August 1789 bedient haben. In der andern gegenüber gelegenen Kammer war eine große Badewanne in der Erde, worinne aber ebenfalls, wie in das Steinbad, das heisse und kalte Wasser durch kupferne, mit meßingenen Hähnen versehene Röhren nach Gefallen eingelassen werden konnte. Die übrigen Badekammer waren mit gewöhnlichen Wannen versehen, die so eingerichtet waren, daß das kalte Wasser durch Röhren hineingelassen werden konnte, das heisse hingegen hineingetragen werden mußte. Aus allen Bädern konnte indeß das Wasser durch eienn Zapfen ganz abgelassen werden.

*) Im Jahre 1768 war die Frequenz der Kurgäste zu Rodenberg so ansehnlich, daß auch deßfalls die allerersten Brunnenlisten davon in 8. zu Rinteln 1788 gedruckt wurden. Die diesem ersten Verzeichnisse

vom 16ten bis 30ten Jun. vorgesetzte kleine Vorrede war folgende: „So klein diese Listen jetzt vielleicht noch seyn mögen, so angenehm wird es jedem seyn, die äußerst vortreffliche Quellen zu Rodenberg und Großen-Nenndorf unter der gnädigsten Vorsorge unsers Durchlauchigsten Landesvaters täglich zu größerer Celebrität und Frequenz sich erhebn zu sehn." Ich habe dieses darum hier mit anzuführen für nöthig erachtet, weil es zur Geschichte eines Brunnens gehört, der gewiß in der folgenden Zeit immer merkwürdiger werden wird.

Zur Bequemlichkeit der sich immer mehr bey dieser Quellen einfindenden Badegäste, welche, ihrer Gesundheit wegen, nicht weit von den Bädern wohnen konnten, wurde ein in der Nähe der Quelle gelegenes Bauernhaus, welches gerade zu dieser Zeit Schuldenhalber verkauft wurde, von Herrschaftswegen höchstbietend erstanden, und zu Kammern für Kranke und geringe Badegäste eingerichtet. – So war die Verfassung bey dem Bade zu Nenndorf im Jahre 1789.

Das große Logierhaus von 1789

Mit diesem Jahr hebt sich nun die eigentliche glänzende Periode **Nenndorfs** *an. Seit dieser Zeit ist daselbst nun auch alles, was nur irgend zur Bequemlichkeit und Verschönerung eines Kurorts gereichen, und die geschwinde Aufnahme desselben befördern kann, ohne die mindeste Schonung der Kosten angewendet worden. Noch vor drey Jahren war der Ort, woher man jetzt Freuden und Gesundheit holt, Ackerfeld, Gärtens und Bauernhöfe. Nicht weit von den beyden Brunnens, auf dem Platze, wo jetzt die Esplanade mit ihren schönen Gebäuden ist, lagen, außer der schon bereits erstandenen und vorher erwähnten Stelle, noch zwey Bauernhöfe, welche ebenfalls erst von Herrschaftswegen gekauft und den Besitzern dieser Häuser dagegen andre Bauplätze, unterhalb des Brunnens angewiesen wurden. Hier mußte also erst jedes Plätzchen, welche in der Nähe des Brunnens bebauet oder bepflanzt werden sollte, gekauft werden. Ein Umstand, der die gute Sache nicht wenig erschwerte. Dennoch aber ist noch wohl nie ein Heilbrunnen mit einer erstaunenswürdigen Geschwindigkeit aus seiner unverdienten Dunkelheit gezogen, mit heisserem Eifer betrieben und zum Besten der Badegäste mit allen nur möglichen Bequemlichkeiten und Vergnügungen versehen worden, als Nenndorf.*

Wie glücklich sind wir, daß wir dasjenige nun erfüllet sehen, was unsere Vorfahren kaum hoffen konnten, und die Nachwelt bewundern wird! Wie glücklich werden spätere Enkel noch ausrufen: waren unsere Vorfahren unter solchen Regenten! dessen Andenken in dem Tempel der Ehren, noch in den spätesten Zeiten, heilig seyn wird.

Wie wichtig sind nicht die Denkmäler, welche man von unserm huldreichsten für das Wohl der Menschheit so väterlich besorgten Landesfürsten zu **Wilhelmsbad** *und* **Nenndorf** *findet. Hier sieht man, wie dieser erhabene Fürst als ein wahrer Vater des Vaterlandes, es sich so vorzüglich hat angelegen seyn lassen, die Liebe seiner Unterthanen immer mehr zu erhalten, ganz aus seinem eigenen Schatz, zum Besten der leidenden Menschheit, solche weise und wohlthätige Anstalten, mit so vielem Kostenaufwande, getroffen hat, wodurch so viele arbeitsame Arme ihre Bedürfnisse,* *die Leidende Hülfe, und die Wohlhabenden Bequemlichkeit und Vergnügen erlangen können.* Diese dauerhate Denkmäler der Wolhthätigkeit, diese Züge der Vaterliebe, des allgemeinen Wohlwollens unsers Fürsten! unter dessen Zepter jeder Unterthan, wenn er nur seine Pflicht erfüllet, glücklich leben kann, verdienen es, bewundert, gelobt, aufgezeichnet und der Welt bekannt gemacht zu werden, denn sie sind in den Annalen eben so hervorstechend, ja bleiben für die Menschheit noch wichtiger und dauerhafter als die glorwürdigsten Siege! – O möchten doch alle Großen als Antonius Pius denken! Er sagte: Melius est unum seruare cieum, quam mille occidere hostes.

Welch ein großer Lohn, und welch eine süße Beruhigung muß es nicht für einen Landesfürsten seyn, wenn er die süsse Hoffnung haben kann: die Nachwelt werde dereinst von seinen weisen Verfügungen und wohlthätigen Anstalten sagen: das sind vortreffliche und dauerhafte Denkmäler der Wolhthätigkeit! ja nur so verewigen den Menschenfreund seine Werke.

Das beibende Denkmal der Wolhthätigkeit, welches **Wilhelm der Neunte** *durch die herrlichen Anstalten bey den Mineralquellen zu Nendorf, in der hiesigen Provinz, gestiftet hat, trägt nicht nur ein Großes zum Glück der Menschheit bey, sondern macht auch ihrem Stifter Ehre, und wird daher von allen edeldenkenden Schaumburgern, mit dem wärmsten Danke unvergeßlich erkannt und verehret. – Nach Jahrhunderten müsse der Sieche noch Leben aus dieser Quelle schöpfen, und das Andenken ihres unvergeßlichen Stifters, mit Thränen der Dankbarkeit segnen. – Solche Denkmäler der Wohlthätigkeit sind vortreflicher und dauerhafter, als die Denkmäler der Siege. – Welch ein Segen, über viele Menschen Wohl verbreiten zu können.*

Zweytes Kapitel.
Von den Gebäuden und Bädern
bey den Schwefelquellen zu Nenndorf.

Die Gebäude, welche mit der Geschmackvollsten Einrichtung, um den Brunnen ausgeführt worden sind, beschreiben einen Zirkel. In der Mitte dieses Zirkels liegen die beyden Hauptquellen. Die oberste dieser Quelle wird zu den Bädern hingeleitet. Die unterste 197 Fuß davon entfernte, mit einer Pumpe versehene Quelle, wird zum Trinken und zur Versendung des Trinkwassers, zugleich aber auch mit zum Baden gebraucht. Man hat der Reinlichkeit wegen, an die untere Röhre dieser Pumpe einen gläsernen hohlen Cylinder angebracht.

Dem obersten Brunnen gegenüber liegt in einer Entfernung von 160 Fuß gegen Morgen, der sogenannte große Bau, welche 110

Fuß lang und 45 Fuß breit ist. Dieses Haus, worin sich einige 40 Zimmer, die auf die bequemste Art eingerichtet sind, befinden, ist das erste, welches den 22. Jun. 1789 aufgerichtet wurde. Die Frequenz der Kurgäste war schon in diesem Jahre *) so ansehnlich, daß der S. 297 erwehnte Badeschoppen, den ganzen Tag mit Badegästen, welche größtentheils in Rodenberg logirten, besetzt war. Dieser ansehnliche Zuspruch von Fremden, die größtentheils an diesem Orte, gegen ihre Krankheiten Hülfe suchten, und der sich sobald verbreitende gute Ruf, von der vortrefflichen Wirung dieses Bades, wovon sich unser Durchlauchigste Fürst, sowohl in höchst eigener Person, als auch bey vielen andern gegenwärtigen Kurgästen überzeugt hatte, erregte bald, bey verschiedenen ansehnlichen anwesenden Fremden, den Wunsch, daß ihnen erlaubt werden möchte, auf Aktien daselbst bauen zu dürfen. – – Allein unser erhabene Landesfürst, welcher, in allen Angelegenheiten, das Gute selbst prüft, und mit eigenen Kräften wirket, der alles, als ein wahrer Vater des Vaterlandes, was auf das allgemeine Beste der Menschheit und das besondere Wohl seiner Unterthanen, Einfluß haben kann, gern anzuwenden bemühet ist, befahl, den bereits gefaßten gnädigsten Entschluß, diesen Kurort mit allen nöthigen Badebequemlichkeiten und Brunnenanstalten, dem von Ihm Selbst entworfenen Plane **) gemäß, schleunigst auszuführen. Es wurden also, unter der Direktion des kasselschen Baudirektors und Oberkammerraths Herrn **Dury**, eine Gallerie und Arkadenbau, ein Tempel, zwey Badehäuser, ein Marstall und eine Remise, mit einer solchen Geschwindigkeit gebauet, daß alle diese Gebäude schon, im Sommer 1790 fertig waren, und größtentheils in der Kurzeit bewohnt wurden.

*) Zu eben der Zeit hatte Rodenberg das Glück von Nendorfs unsterblichen Stifter Wilhelm dem IX. vom 8. bis 19. Aug. besucht zu werden.
**) Das Kupfer hievon ist der Schrift beygefügt, welche den Titel hat: das Neueste von der asphaltischen kalten Schwefelquelle zu Nendorf in der Grafschaft Schaumburg. S. dieses Magazin B. II, St. 3.

Lithographie von A. W. Strack 1794

Obgleich des Herrn Landgrafen Hochfürstliche Durchlaucht, während dieser Kurzeit im großen Bau, welcher das Jahr zuvor gerichtet war, zu logiren gedachten, so waren doch Höchstdieselben, bey der ankommenden Menge von Kurgästen, so gefällig, daß sie die bereits in Besitz genommenen Zimmer an die Kurgäste abtraten und auf die, kaum fertig gewordene, Gallerie, welche erst im März desselben Jahrs war gerichtet worden, zogen; damit nun aber auch der übrige Platz, durch die Fürstliche Suite nicht noch mehr beengt werden möchte, so wurden die Herren Cavaliers nach Rodenberg logirt. Hier mußten auch mehrere Kurgäste, gleich wie im vorigen Sommer ihre Wohnungen nehmen. Dieser entfernte Aufenthalt wurde indeß jedem dadurch erleichtert, daß auf gnädigsten Befehl des Herrn Landgrafen zwischen Nendorf und Rodenberg mehreremale des Tages eine Diligence fahren mußte, wofür keiner der Badegäste oder Passagiere etwas zu bezahlen nöthig hatte.

Die Gallerie steht in einer Entfernung von 214 Fuß, dem obersten Brunnen gegenüber nach Süden zu, ist 110 Fuß lang, und 43 Fuß breit. Hierin befinden sich 26 Zimmer zum logiren, 3

Boutiquen für Kaufleute und auf ebener Erde ein Saal von 108 Fuß Länge und 26 Fuß Breite. In diesem Saale pflegen die Durchlauchtigsten Landesherrschaften gewöhnlich zu speisen, auch ist derselbe bisher den Schauspielen gewidmet gewesen.

Diesem Gebäude gegenüber, nach Mitternacht, steht in einer eben so weiten Entfernung von dem obersten Brunnen, welcher sich in der Mitte dieser beyden Gebäude befindet, die Arkade. Ein Gebäude, welches der Gallerie gleicht, und ebenfalls 100 Fuß lang, und 43 Fuß breit ist. Außer dem darin befindlichen Arkadengange, der bey schlechtem Wetter zu Spazierengehen dienet, ist in diesem Gebäude auf ebener Erde, ein Saal, mit zwey Kaminen, der 80 Fuß lang und 26 Fuß breit ist; und, der durch große Glasthüren mit dem Arkadengange verbunden ist. Dieser Saal ist dem Gottesdienst, der Tafel, dem Spiel und dem Tanze gewidmet. Ueber diesem Saale und Arkadengange sind ebenfalls, wie auf der Gallerie 26 Zimmer zum Logiren, deren wohlgewählte Einrichtung gewiß den Beyfall der Fremden erhält. Zwischen diesen beyden schönen Gebäuden ist in der Mitte, über den obersten Brunnen, ein artiger achteckiger mit einer Kuppel gezierter Tempel, in ächtem römisch architektonischen Geschmack, gebauet.

Ueber den untersten oder sogenannten Trinkbrunnen, welcher von dem oberen Brunnen, 197 Fuß entfernt ist, soll, dem Plane gemäß, ebenfalls ein kleiner Tempel, in der Bauart des vorherbeschriebenen, aufgeführt werden, und diesem seitwärts gegenüber, nach Süden zu, der Symmetrie wegen, noch ein dritter, so daß diese drey Tempel ein gleichseitiges Dreieck ausmachen, welches der schönen Esplanade einen reizenden Anblick geben wird.

Von dem Tempel des obersten Brunnens, 282 Fuß entfernt, befinden sich gegen Abend, zwey Badehäuser. Ein jedes dieser Badehäuser ist 80 Fuß lang und 36 Fuß breit. Diese beyde Badehäuser sind mit 18 geräumigen Badezimmern, zwey Douchbädern und einem Dampfbade versehen. Jedes Badezimmer ist gut meublirt und hat einen Camin. Alle Bäder in diesen Badehäusern sind, bis auf 3, welches Wannen für geringere Preise sind, steinerne oder porcellainene Baßins, die fünf Stufen tief, und so breit und lang sind, daß allenfalls mehrere zugleich darin baden können. Die Bäder sind nach der größten Bequemlichkeit eingerichtet, und die steinernen, theils mit Holz belegten Sitzen, theils ohne Sitze versehen. In jedes Bad wird das Wasser durch kupferne, mit messingenen Hähnen versehene, Röhren geleitet, die eine Röhre führt kaltes, die andere heisses Wasser. Es kann sich also jeder Badegast, nach seinem Gefallen, die Temperatur des Bades selbst geben, auch das Wasser, durch einem im Bade befindlichen Zapfen, wieder ablaufen lassen. Ein sehr begünstigender Vortheil für unsere Bäder ist es, daß das Wasser aus den Grundquellen, und zwar aus beyden Brunnens, einen so starken Fall hat, daß es ohne Maschine sowohl in die Kessels zum Heißmachen, als auch aus den Reservoirs*), in die Bäder geleitet werden kann. In die Douche wird das Wasser durch eine Druckmaschiene**) bis unter das Dach des Badehauses, 40 Fuß hoch, durch kupferne Röhren, in kupferne Reservoirs, welche 50 Eymer halten, getrieben. Aus diesen fällt es durch kupferne Röhren in die zur Douche bestimmten Zimmer, und endigt sich in einer beweglichen Röhre, die mit verschiedenen kleinern messingernen Röhren, wovon jede ihr bestimmtes Gewicht Wasser giebt, verwechselt werden.

*) Die Reservoirs, worin das Wasser, durch den Druck seiner eigenen Höhe, geleitet wird, sind zwar voritzt noch verschiedene hölzerne, mit Deckeln versehene, Wannen und Fässer, welche hinter den Badehäusern, in einer horizontalen Lage stehen und mit kupfernen Röhren verbunden sind, mithin alle für eins gelten. Jetzt aber wird ein unterirdisches Gewölbe, worin der Abfluß des Brunnens geleitet wird, statt des Reservoirs, angelegt.

**) In die Maschiene kann so viel heißes Wasser durch einen Krahn aus dem Kessel gelassen werden, als zur Temperatur des Douchwassers erfordert wird.

Das **Dampf**- oder **Dunstbad** ist hier so eingerichtet, daß man sich von den flüchtigen und wirksamen Theilen dieses Schwefel-wassers den glücklichsten und besten Erfolg versprechen kann. Das

Wasser wird nämlich in einem eingemauerten kupfernen Kessel, der oben genau, wie bey einem Destillirhelm mit einem Deckel verschlossen ist und 12 Eymer enthält, geheizt. Sobald dieses Wasser kocht, so werden die austeigenden konzentrirten flüchtigen Dämpfe, durch eine, mit einem Hahne versehene, kupferne Röhre in einen hölzernen Schließkasten geleitet, worin entweder der ganze Körper, den Kopf ausgenommen, oder einzelne kranke Theile des Körpers, von den Wasserdünsten berührt werden. Sobald dieser konzentrirte Dunst dieses so wirksamen Schwefelwassers die Theile des Köpers berührt, so dringen solche in Schweislöcher, durchdringen die entferntsten Gänge, lösen die zähen Feuchtigkeiten auf und machen sie geschickt, daß sie durch die Haut des Kranken, vermittelst eines sanften und häufigen Schweißes ihren Ausgang nehm können.

Wohnungen und Bäder sind überhaupt mit allen Bedürfnissen und Bequemlichkeiten hinreichend versehen und ist dabey nichts aus der Acht gelassen worden, was auf das Gemüth und den Körper der Gäste einen günstigen Einfluß haben kann. – Die innerliche Reinlichkeit und Ordnung entspricht dem äußerlichen Ansehen vollkommen. Hier ist äußerer Glanz und innere Schönheit verbunden.

Der **Marstall** macht mit dem Logierhause oder großen Bau (...) eine Linie und ist 238 Fuß davon entfernt. Dieses Gebäude ist 190 Fuß lang und 32 Fuß breit. Die innere Einrichtung desselben ist völlig seinem Zwecke gemäß, und erregt den Beyfall der Kenner. Ueber diesem Gebäude befinden sich 26 Logis und ein geräumiger Fruchtboden.

Hinter dem Marstalle ist, in einer Entfernung von ohngefehr zwanzig Schritten die Remise. Von der nämlichen Länge als der Marstall und 32 Fuß breit. In einer Entfernung von 185 Fuß vom Marstalle, nach Großen Endorf zu, liegt das kleine Traiteurhaus, welches 70 Fuß lang und 45 Fuß breit ist. Dies ist oben (S. 36) beschriebene Bauerhaus, welches auf der Esplanade stand, und für geringe Badegäste zum Logieren eingerichtet war, nunmehro aber durch Küche, Keller und eine geräumige Gaststube so erweitert und *verändert worden ist, daß darin eine kleine Wirthschaft getrieben wird. Der erste und jetzige Pächter dieses Hauses heißt Degenhard, er ist ein sehr manierlicher und billiger Mann, der sich alle Mühe giebt, seine Gäste, auf eine gute und billige Art zu bewirthen. Ein Umstand, welcher hier, der nicht sehr vermögenden Kurgäste halber, um so mehr angemerkt zu werden verdient, weil solches gewöhnlich an Kurörtern, leider! was seltenes zu seyn pflegt.*

Im Herbst 1790 ist hinter der Arkade, dem Marstall gegenüber, das Herrschaftliche große Traiteurhaus zu erbauen angefangen und im Sommer 1791 bewohnt worden. Dieses Haus ist 70 Fuß lang und 45 Fuß breit. In demselben sind 23 Logis nebst schönen gewölbten Kellern und einer geräumigen Küche.

In eben diesem Jahre 1791 ist der 1787 errichtete Bade-schoppen versetzt und vergrößert, hinter das Badehaus No. 2; 103 Fuß von demselben entfernt, gebauet. In diesem Badehause wohnt in der Kurzeit der Brunnenchirurgus Hr. Matthei, der zugleich die Stelle eines Brunnenkontrolleurs versieht, und der Brunnenmeister Tegetmeyer. Dieses Haus ist schon im Sommer 1791 bewohnt und zum Baden gebraucht worden. Es sind darin 7 Badstuben, jede mit zwey Wannen versehen, worin das kalte Wasser, durch einen Hahn, nach Gefallen ein, auch durch einen Zapfen wieder abgelassen werden kann. In diese gemeinen Bäder fällt das Wasser ebenfalls, weil die Quellen viel höher liegen, durch den Druck seiner eigenen Schwere, als in die andern Bäder. Diese Badstuben sind mit Quadersteinen belegt und wird die größte Reinlichkeit darin beobachtet.

In eben diesem Jahre wurde auch zu besserer Beobachtung der Badestunden, eine Glockenuhr auf dem Marstalle, der mit einem Thurm und zwey Glocken versehen wurde, aufgestellt.

Die Anzahl der Kurgäste und Fremden war im letzt vergangenen Sommer sehr zahlreich. Unter der Classe der ersteren befunden sich unser Durchlauchtigster Fürst und die regierende Herzogin von Mecklenburg Schwerin, welche dieses wohlthätige

Wasser mit sichtbarem Nutzen gebraucht haben. – Nendorfs Ruhm wird sich nun gewiß von Jahr zu Jahr mehr verbreiten.

Erläuterung:
Die *regierende Fürstin von Mecklenburg Schwerin* war Luise von Sachsen-Gotha-Altenburg (1756-1806). Sie heiratete 1775 auf Schloss Friedenstein in Gotha den Erbprinzen von Mecklenburg-Schwerin, der 1785 als Friedrich Franz I. (Schwerin 1756-1837 Ludwigslust) regierender Herzog im Landesteil Mecklenburg-Schwerin wurde – ab 1815 Großherzog von Mecklenburg. Herzogin Luise wurde im Louisen-Mausoleum hinter dem Schloss Ludwigslust beigesetzt.

Luise von Sachsen-Gotha, Herzogin von Mecklenburg-Schwerin

Die Menge von Fremden war schon dies Jahr so groß, daß man solche nicht alle bequem zu logieren im Stande war. Vom 1. Jun. bis den 20. Sept. sind daselbst 6257 Bäder verfertiget worden. Der große Arkadensaal hatte oft nicht Raum genug, die starke Gesellschaft zu fassen, und deswegen ist man bereits mit einem Galleriebau hinter der Arkade, der mit einem Saale von 102 Fuß Länge und 34 Fuß Breite versehen seyn soll, äußerst beschäftigt. Diese neue Gallerie wird man nicht nur künftigen Sommer im völligen Stande finden, sondern auch noch einen, diesen Herbst bereits gerichteten Pavillon, für des Herrn Landgrafen Hochfürstl. Durchlaucht, und ein noch sehr schön eingerichtetes Badehaus.

Der Pavillon, welcher 74 Fuß lang und 49 Fuß breit ist, liegt gegen Osten an der Gallerie, eben so wie das große Traiteurhaus, an der Arkade. Diese beyden symmetrischen Gebäude geben dem Kurorte einen reizenden Anblick.

Das neue **Badehaus**, welches 128 Fuß lang und 36 Fuß breit ist, wird zwischen die beyden Badehäuser gebauet. Durch diese große Gebäude werden nun alle drey Badehäuser so mit einander verbunden, daß solche in der Folge nur ein, mit 30 Bädern versehenes 288 Fuß langes, Badehaus ausmachen.

In der Mitte dieses ansehnlichen Gebäudes, worauf sich 50 Wohnzimmer mit 12 Kammern befinden, wird ein Fahrthor angelegt, welches zum Pferdebade führt, und dem Auge von der Esplanade eine reizende perspektivische Aussicht in ein schönes fruchtbares Thal, gewähren wird. Es ist wahr, der Anblick dieser Gebäude, wo äußerer Glanz mit innerer Schönheit verbunden ist, und der Gedanke, daß alle diese Anstalten innerhalb von drey Jahren entstanden sind, erregt Erstaunen. Es ist als wenn die prächtigsten Gebäude daselbst auf einmal durch den Stab der Fee entstanden, oder wie Schwämme aus der Erde, nach einem fruchtbaren Regen, hervorgeschwollen wären. Wahrlich, Fürst Wilhelm hat hier Wunder gethan.

Außer diesen beschriebenen Herrschaftlichen Gebäuden, findet sich, nicht weit von dem großen Traiteurhause, die **Apotheke** und einige 40 Schritte davon, nach dem Dorfe zu, das von **Reichische** Haus, welches 15 zum Logieren eingerichtete schöne Zimmer hat, und im Sommer 1791 ganz besetzt gewesen ist.

Die historische Apotheke 1794

*Die Apotheke ist das merkwürdigste Haus am ganzen Kurorte. Es ist das ehemalige Landhaus, worin der große Graf Wilhelm zu Schaumburg-Lippe den 10. Septemb. 1777 sein thätiges und ruhmvolles Leben, werth allen Regenten zum Muster vorgestellt zu werden, in der Einsamkeit beschloß. Dieser im entferntesten Auslande eben so sehr als in Deutschland durch Größe seines Geistes, durch weise und große Unternehmungen bekannte **Graf von Bückeburg**, dessen Name, wie **Zimmermann*)**, mit Recht behauptet, in der ersten Reihe der Namen großer deutscher Männer zu stehen verdient, und von dem Mendelsohn**) sagt: auf den auch Engländer und Franzosen stolz seyn dürften; dieser große Held und weise Regent, der seiner Wissenschaften und Tugenden wegen gleich groß war, ließ sich am Ende seiner Jahre, um zuweilen, entfernt, von allem städtischen Geräusch, in einer philosophischen Einsamkeit zu leben, mitten in einem Walde bey Spißingshohl, in einer romantisch schönen Gegend, ein ländliches Haus, Bergleben genannt, bauen. Der Ort dieses stillen Landhauses schien recht von der Natur zum Ruheplatz eines Geistes, der von den großen Geschäften der Welt zurück kehrt, und seinen Abend, unter dem Nachgenuß seiner öffentlichen Verdienste, und unter der stillen Wonne eines wohlthätigen Privatlebens, in eigenen ruhigen Schatten einige Zeit feyern will, bestimmt zu seyn. Der ganze Bezirk dieses Orts ist jedem empfindsamen Herzen sanft und milde. Die Landschaft umher vereinigt alle Annehmlichkeiten der ländlichen*

*Natur; – alles in einer malerischen Lage mit den bezauberndsten Aussichten. Die östliche, südliche und südwestliche Gegenden hat die Natur besonders mit einem hohen Reize ausgezeichnet. Hier erblickt man den größten Theil der Grafschaft Bückeburg und die herrliche Gegend von Minden bis in die entferntesten, kaum mit dem Auge übersehbare Gebirge. – Wendet man sich von dieser Aussicht rückwärts hin, so erblickt man den ganzen Steinhudersee mit seiner, wie ein Feenschloß hineingeworfenen Wilhelminsel, bis in die Gegend hinter Hannover. Die ganze Landschaft hat einen sich auszeichnenden Charakter der Anmuthigkeit, und verdient sowohl, als der Ort des gewesenen stillen Aufenthalts eines Mannes, von dessen Größe die Geschichte noch in den späten Zeiten reden wird, von jedem, der in dortige Gegend kommt, gesehen zu werden. Ein jeder wird alsdann finden, daß die Beschreibung von dieser schönen Gegend zwar getreu, aber doch in Betracht der Naturschönheit, unvollkommen ist, und daß hier das gilt, was **Hirschfeld****) bey der Beschreibung des Heeschenbergs sagt, nämlich: „daß die Natur größer und reicher ist, als die Sprache fassen kann; daß in einer Beschreibung nach der Natur, eben so wie im Landschaftsgemälde, manches wegbleiben muß, wovon die Wirklichkeit, nicht aber die Nachschilderung gefällt, daß die feinern Beziehungen, Uebergänge und Verbindungen der Natur, selbst unter dem Pinsel des kühnsten Landschaftsmalers, kaum einer Darstellung fähig sind." In einer solchen Gegend lag das ehemalige Landhaus,, des über gewöhnliche Verdienste weit erhabenen **Grafen Wilhelms**, der blos von seinen Verdiensten nicht von seinem Namen überlebt seyn wollte. Dieses Haus stehet jetzt mit einigen Veränderungen bey dem Brunnen zu Nendorf. Der hiesige Universitätsapotheker Herr **Brokmann**, welcher zugleich die Apotheke beym Brunnen daselbst hat, hat es gekauft und zu einer Brunnenapotheke*****) einrichten lassen.*

*) Ueber die Einsamkeit 3ter Theil. S- 456.
**) Schmaltz Denkwürdigkeiten des Grafen Wilhelm zu Schaumburg Lippe S. 196.
***) S. dessen Theorie der Gartenkunst 2ter B. 4. Leipz. 1780. S. 150.
****) Herr Hofrath Waitz, der im Sommer 1790 zu Nendorf war und alle Anstalten daselbst nur noch in der anfangenden Kindheit sahe,

drückt sich in seiner lesenswürdigen Abhandlung über die Bäder zu Nendorf, womit uns dieser verdienstvolle Arzt, in diesem Magazin für Aerzte B. 12. St.I. S. 58 ein sehr angenehmes Geschenk gemacht hat, bey Gelegenheit der Brunnenapotheke über dieselbe ganz artig aus, indem er sagt: „Eine Metamorphose, die, wenn sie jenseit der stygischen Gewässer ruchbar werden könnte, der großen Seele des verewigten Grafen doch wohl einiges Vergnügen verschafte; wenn er erführe, daß das ehemalige Haus seiner Ruhe, die Quelle von mancherley Hülfsmitteln für viele leidende Menschen geworden sey." – In eben dem angezeigten Stücke dieses Magazins S. 47 findet man noch eine sehr unterhaltende Nachricht, von den neuen Einrichtungen bey den Mineralquellen zu Nendorf, von dem verdienstvollen Herrn Hofmedicus Domeier in Hannover, der sich schon durch mehrere interessante Schriften bey der gelehrten Welt rühmlichst bekannt gemacht hat, und dem ich sowohl, als Herrn Hofrath Waitz für das mir in ihren Schriften gar zu gütigst ertheilte Lob hiedurch öffentlich meinen wärmsten Dank abstatte.

Erläuterungen:

Graf Wilhelm von Schaumburg-Lippe

Graf *Wilhelm* Friedrich Ernst zu Schaumburg-Lippe (1724-1777) wurde in London geboren und starb auf Haus *Bergleben* (Wölpinghausen). Er gilt als bedeutender Militärhistoriker (Theoretiker des Verteidigungskrieges), war Heerführer im Sieben-jährigen Krieg. Die Schule besuchte er in Genf, studierte in Leiden und Montpellier und trat dann in Großbritannien als Fähnrich in die königliche Leibgarde ein. Nach dem Duelltod seines älteren Bruders kam er 1742 als Erbe der Grafschaft nach Bückeburg. Als sein Vater 1748 starb, wurde er Regent der Grafschaft Schaumburg-Lippe. Im Konflikt mit dem Landgrafen von Hessen-Kassel, welcher die Grafschaft zu annektieren versuchte, vertrat er eine Politik der Verteidigung. Bei Friedrich dem Großen in Potsdam – im Kreis um Voltaire – sammelte er militärische Erfahrungen. Graf Wilhelm ließ auch die Festung auf der nach ihm benannten Insel im Steinhuder Meer zwischen 1761 und 1767 errichten. Zu Beginn des Siebenjährigen Krieges 1756 wurde er kur-braunschweig-lüne-burgischer Generalfeldzeugmeister (Generalmajor), in deren Funktion er in der Schlacht von Minden 1759 den Angriff französischer Truppen abwehren konnte. 1761 erhielt er von dem großen Reformer Portugals Marquès de Pombal (1699-1782) den Oberbefehl über die verbündeten britischen und portugiesischen Truppen, mit denen er einen spanischen Invasionsversuch abwehren und so die portugiesische Unabhängigkeit bewahren half. 1764 kehrte er nach Bückeburg zurück. Nach dem Tod seiner einzigen Tochter und seiner Frau zog er sich in sein Jagdschloss Bergleben bei Wölpinghausen zurück, wo er am 10. September 1777 starb. Seine letzte Ruhestätte fand neben denjenigen seiner Frau und Tochter in dem von ihm erbauten Mausoleum beim Jagdschloss Baum im Schaumburger Wald.

Bei den von *Schröter* genannten Personen im Zusammenhang mit Graf Wilhelm handelt es sich um Johann Georg *Zimmermann* (1728-1795), ein Schweizer Arzt, Philosoph und Gelehrter sowie Schriftsteller, der seit 1768 in Hannover wirkte. Er hatte in Bern Rhetorik, Geschichte und Philosophie, dann in Göttingen Medizin, wo er Schüler seines Landsmannes Albrecht von Haller war. Nach der Promotion 1752 ließe er sich zunächst als Arzt in Bern, ab 1754 in seiner Vaterstadt Brugg nieder. Ab 1768 wirkte er als Königlich-Großbritannischer Hofrat und Leibarzt in Hannover – s. auch im Kapitel „Einleitung".

Das zitierte Werk von *Schmaltz* war von Theodor Schmalz (1760-1831) in Hannover 1783 in Kommission der Helwingischen Hofbuchhandlung erschienen. Geboren in Hannover, besuchte er das Gymnasium in Stade, studierte 1777 bis 1780 in Göttingen Theologie, war danach Hofmeister, begann erneut ein Studium in Göttingen – nun der Rechtswissenschaften, wurde 1785 dort Privatdozent und erwarb 1787 an der Universität Rinteln den Titel Dr. iur., wo er auch ao. Professor (1787) und o. Professor in der juristischen Fakultät wurde. Er machte Karriere und wurde nach Stationen in Königsberg und Halle 1810 o. Prof. und Gründungsrektor der Universität Berlin.

Johann Georg Zimmermann   Theodor Schmalz

Mit dem *Hofmedicus Domeier* ist Wilhelm Friedrich Domeier (1763-1815) gemeint, in Hannover geboren, in London verstorben, die häufig im „Neuen Hannoverischen Magazin" publizierte – u.a. „Ueber einige botanische Institute in London" in den „Annalen der Botanik" (1792). Sowohl Domeier als auch *Hofrath Waitz* schrieben

217

über die Mineralquelle zu Nenndorf - Domeier 1790 bzw. Waitz über die Bäder zu Nenndorf. Im „Repertorium der medicinischen Litteratur des Jahres ist verzeichnet – in E. G. Baldingers neues Magazin für Aerzte. Zwölften Bandes erstes Stück (1790):
„6.) Domeier Nachricht von den neuen Einrichtungen bey der Mineralquelle zu Nenndorf. Steht auch in Salzb. med. ch. Z. 90. B. 3. 7.) Hr. Hofr. Waitz zu Cassel Ueber die Bäder (vorzüglich die Anstalten zu Nenndorf.)"
Waitz wurde Nachfolger von Schröter als Brunnenarzt zu Nenndorf nach 1800 (mit Unterbrechungen bis 1833) – s. im Kapitel REZENSIONEN.

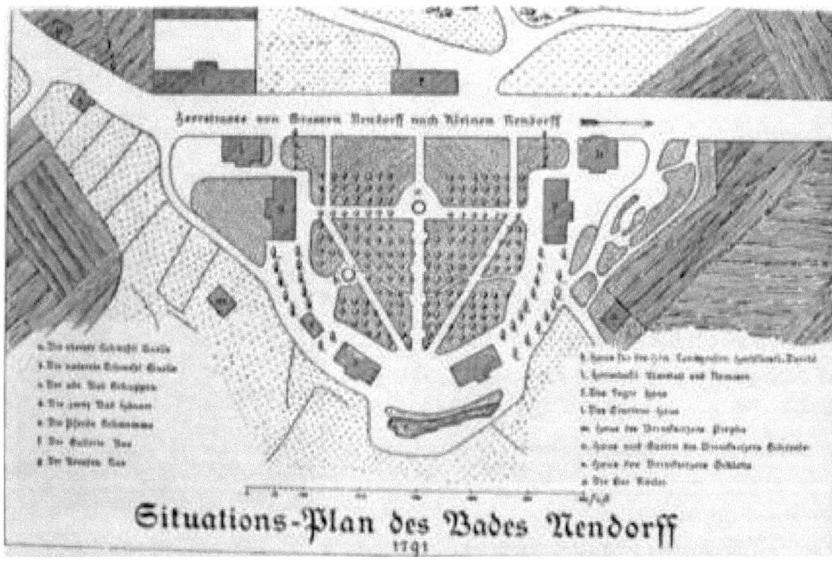

Situations-Plan des Bades Nendorff
1791

Drittes Kapitel
Von den übrigen neuen Einrichtungen, Anstalten und Bequemlichkeiten bey den Schwefelquellen zu Nenndorf.

Die neuen Anlagen, welche im Herbst 1791 auf der Esplanade, und am Galenberge zu schattigen Promenaden, unter der Direktion des kasselischen Garteninspektors Herrn **Schwartzkopf***, dessen Geschicklichkeit in diesem Fache überall bekannt ist, gemacht worden sind, werden gewiß, ihrer Annehmlichkeit wegen, den Beyfall der Kenner erhalten. Der, dem Pavillon des Herrn Landgrafen gegen über angelegte buschichte Hain, worin große Bäume verpflanzt worden sind, wird manchem Kurgast Vergnügen, Ruhe und Kühlung gewähren. Dieser neue Hain der in der Folge Würde und Majestät ankündigen wird, ist mit den Anhöhen des Galenberges durch Gruppen verbunden. Zwischen durch erscheinen manche offene grüne Plätze, die mit geschmackvollen Baumklumpen, deren Zwischen-räume mit mancherley Pflanzungen von ausländischen Gesträuchen und Blumenstauden vermischt sind, abwechseln; und allmählig durch Schlangenwege, in ein sehr angenehmes und schattenreiches Revier, welches mit einem kurzen und dicken Gebüsch eingehüllet ist, auf den Galenberg führen. Dieses Spaziergang erregt den Spazierenden ein weit größeres Vergnügen, als wenn sie in großen breiten Alleen oft, zum Ekel, neben einander hergehen müssen. Hier können sich die Spazierenden zerstreuen, und in die umher sich schlängelnden Wege bald von dieser, bald von jener Seite sich verbergen und sich durch eine unerwartete Oefnung wieder sichtbar machen. Hier findet also der Fröhliche und der Traurige, der Ernsthafte und Launige, ein jeder, was ihm in seiner Lage und nach der Stimmung seines Charakters behagt, zur Genüge. – Wahrlich ein Ort für die gebildete Empfind-samkeit, ein Ort für ein fühlendes Herz, welcher die Fremden zur entzückendsten Bewunderung dahin reißt, und wo man allenthalben die angenehmsten, mit anmuthigen Nischen und Bänken versehene, Ruheplätze antrift. – Nicht weniger angenehm wird die, vom Kurorte bis kleinen Nendorf mit italiänischen Pappeln bepflanzte Chaussee. Ganz geändert und viel verschönerter wird*

219

man künftigen Sommer diesen Kurort, in Ansehung der angelegten angenehmen Parthieen zu einzelnen Versammlungsorten, Promenaden, und andern neuen Anlagen finden; kurz jeder Augenzeuge wird, die große Fürsorge und Freygebigkeit, die unser Fürst an diesem Orte bewiesen hat, bewundern, und diesen ruhmwürdigsten Beweis der landesväter-lichen Sorgfalt, mit der dankbarsten Empfindung verehren. Mit Erstaunen wird man sehen, was daselbst in kurzer Zeit für Verwandlungen, zum Besten der leidenden Menschheit vorgegangen sind. Alle Leidende, die durch diese Quelle Hülfe finden, segnen gewiß den Fürsten, der ihnen durch diese herrliche Anstalten, einen so heilsamen Zufluchtsort wider ihre Gebrechen eröfnet und über so viele Menschen, Wohl verbreitet hat! –

Erläuterungen:

Der genannte *Garteininspektor Schwartzkopf* war Daniel August Schwarzkopf (Schwartzkopf) (1737-1817). Er wurde als Sohn eines Architekten und Gärtners in Ostrau bei Halle geboren, erhielt eine Ausbildung zum Gärtner bei seinem Vater und arbeitete dann u.a. in Salzdahlum, Herrenhausen und in privaten Gärten. 1757 trat er in die Dienste des Grafen Daniel von der Schulenburg (1716-1772, Landkomtur) in Lucklum (bei Braunschweig). Vom Grafen wurde Schwarzkopf durch Reisen nach Holland und England gefördert. 1766 erhielt er auf Empfehlung durch die damals größte deutsche Baumschule Veltheim aus Harbke bei Helmstedt eine Anstellung in der Residenz Cassel (erste seit 1926 als Kassel geschrieben). Er wurde Hofgärtner des Landgrafen Friedrich II. von Hessen (1720-1785). In dieser Funktion war er an der Gestaltung des Schlossparks Weißenstein (heute Wilhelmshöhe) im anglo-chinesichen Stil beteiligt. Er legte dort auch eine Baumschule und eine Rosensammlung an – vermutlich das erste Rosarium in Deutschland. 1785 kam Landgraf Wilhelm IX. (ab 1803 Kurfürst Wilhelm I.) an die Regierung, der den Park Weißenstein in einen reinen Landschaftspark umgestalten ließ. Ab 1798 wurde auch anstelle des Schlosses Weißenstein das nach ihm benannte Schloss Wilhelmshöhe erbaut. Schwartzkopf wurde 1790 zum Garteninspektor über alle Gärten im Niederfürstentum (Residenz

Kassel – zu Unterschied zu Oberhessen als Hessen-Darmstadt) Hessen ernannt. 1793 wurde er in die Karlsaue versetzt und in den 1790er Jahren betreute er die landschaftlichen Veränderungen im Garten von Wilhelmsthal (Calden – nordwestlich von Kassel). In dem zuvor genannten Harbke, das 1040 urkundlich erstmals erwähnt wurde, übernahmen 1308 Bertram und Ludolf von Veltheim die Grundherrschaft, die in der Familie 637 Jahre bestehen sollte. Im Harbke Schlosspark wurde 1744 mit ersten Anpflanzungen begonnen, die durch den Botaniker Johann Philipp du Roi (Braunschweig 1741-1785) sehr bekannt wurden. 1805 besuchte Goethe den Helmstedter Professor und Wundermann Gottfried Christoph Beireis (1730-1809), den Hausarzt der Familie von Veltheim, und besuchte mit ihm auch Schloss und Garten von Harbke, worüber er auch berichtete.

*Zur Aufnahme der Fremden ist dieser Kurort jetzt so eingerichtet, daß man daselbst alles dasjenige, was bey Gesundbrunnen zur Nothwendigkeit und Bequemlichkeit des Lebens gerechnet und erfordert wird, haben kann. Speisen und Getränke sind daselbst in Ueberfluß vorhanden, und von der Beschaffenheit, daß sowohl Kranke als Gesunde, eine ihrem Bedürfnisse gemäße Auswahl treffen können. Der daselbst angestellte Traiteur Herr **Edel** aus Hannover, läßt es sich vorzüglich angelegen seyn, für einen guten Vorrath von Viktualien zu sorgen. Er besorgt sein geschäft eifrigst und wird sich immer mehr Mühe geben, durch eine gute Bewirthung, einen größern Beyfall bey den Fremden zu erlangen. Die Kurgäste und Fremden speisen entweder im Arkadensaale, an der Table d'hote, wo gewöhnlich des Morgens früh der Küchenzettel angeschlagen ist, oder in ihren Zimmern. Für den Mittagstisch wird 12 ggr. und für den Abendtisch 6 ggr. bezahlt. Wein von allen Sorten, die vornehmsten auswärtigen Mineralwasser, ausländisches Bier, Kaffee, Thee, Chokolade, Gefrorenes und allerley Erfrischungen, kann man theils am Traiteurhause, theils in der Apotheke, theils beim Conditor Hr. **Nebel** aus Bremen, für festgesetzte und öffentlich angeschlagene billige Preise erhalten. Auch für die kleinste Bequemlichkeit ist gesorgt. Man findet für diejenigen, welche bey* übler Witterung oder Schwächlichkeit wegen, nicht in die Bäder gehen können; Sänften und einen bequemen Fahrstuhl. Auch fehlt es hier nicht an guter Musik, einem Buchladen, Billard und einer in dem nahen Städtchen Rodenberg gelegenen Post, welche sofort die Briefe nach Nendorf befördert.

Auf die Polizey ist der daselbst angestellte Burggraf Herr Heinichen, an dem sich die Fremden auch wegen ihres Logis zu melden haben, sehr aufmerksam.

Der Kranken Genesung zu befördern, bin ich von des Herrn Landgrafen Horchfürstliche Durchlaucht zum Brunnenarzt gnädigst bestellet, und halte mich von Ende May bis im September daselbst auf.

Um bey allen diesen guten Anstalten aber auch nun den bequemen und angenehmen Aufenthalt der Fremden zugleich zu sichern, ist allemal den Sommer über ein Commando regulirter Soldaten mit einem Officier, von den rintelische Garnison, gegenwärtig.

Die fernern Veränderungen, welche dieser Ort durch die Fürsorge und Freygebigkeit unseres gnädigsten Fürsten noch leiden möchte, werde ich in der Folge öffentlich zu beschreiben nicht verfehlen, und o! wie sehr wünsche ich, alsdenn auch ferner der Welt noch öffentlich sagen zu können, was **Hirschfeld** bey der Beschrei-bung vom **Wilhelmsbade** sagt: Man erblickt hier einen Fürsten, der, wenn er baut, pflanzt und verschönert, ganz Fürst ist.

Gott schuf die Welt, und der Mensch verschönert sie.

Rinteln,
den 13. Februar, 1792.
   Schröter.

Historische Gebäude in Bad Nenndorf heute

Wer im 225. Jahr nach Erscheinen der Brunnenschrift des ersten Badearztes zu Nenndorf das Bad besucht, wird dort folgende historische Gebäude entdecken können, die bereits von Professor Schröter von der Universität Rinteln genannt bzw. beschrieben wurden bzw. zu Beginn des 19. Jahrhunderts entstanden:

- **Landgrafenhaus**: Es entstand 1791 im Kurpark – *kleines Logierhaus* genannt. 1934 wurde das Gebäude durch einen Brand zerstört, jedoch im gleichen Stil wieder aufgebaut. Es beherbergt ein ganzheitliches Diagnostik- und Therapiezentrum.
- **Brunnentempel**: Er wurde im Mai 1790 über der Trinkquelle in römisch-architektonischem Stil errichtet – 1842 dann in seiner heutigen Form aus Sandstein erbaut.
- **Haus Kassel**: Es handelt sich um das *Traiteurhaus* von 1791, später Haus Kassel, in dem sich die Tourist-Information und auch der Schwefel-Trinkbrunnen befinden.
- **Kur-Apotheke**: Das Gebäude entstand erst 1794 – aus dem von Schröter auch genannten Jagdschlösschen Bergleben des Grafen Wilhelm von Schaumburg-Lippe bei Rehburg. Es wurden die Steine und Balken aus dem abgebrochenen Gebäude verwendet.
- **Schlösschen**: 1806 als kurfürstliche Sommeresidenz erbaut; 1808 zog König Jérôme von Westfalen ein – heute Café.
- **Schlammbadehaus** 1809 durch König Jérôme eröffnet.

W.Dienemann berichtete über die „Nenndorfer Quellengruppe" (1961) wie folgt:

„Die Quellen auf der Esplanade in Bad Nenndorf sind die für das Bad wichtigsten Schwefelquellen. Es sind die Bade-, Gewölbe- und Trinkquelle, die alle drei dicht beieinander liegen. Sein sind in gemauerten, in die Erde versenkten und überwölbten

Ringbrunnen gefaßt. Das Wasser aus der Badequelle tritt in einem dicht benachbarten unterirdischen Behälter über und läuft von da zum Großen Badehaus, die Zuflüsse der beiden anderen Quellen werden gemeinsam in einem anderen kleineren unterirdsichen Behälte gesammelt. (...) 1905 wurde beim Bau des neuen Großen Badehauses auf der Esplanade [heute Grandhotel Esplanade] eine neue Schwefelquelle gefunden, als kleiner Schachtbrunnen 1 m tief und 1 m im Quadrat gefaßt und mit einer Steinplatte abgedeckt. Sie wurden Inhalaltionsquelle genannt, da sie in der Hauptsache das Inhalatorium speiste. (...) Sie wird nicht mehr benutzt.

1923 wurde neben dem Landgrafenhaus ein unterirdisches Reservoir für das Algesdorfer Wasser angelegt und dabei in 3,5 m Tiefe eine neue Schwefelquelle, Landgrafenquelle genannt, gefunden..."

Darüber berichtete Wilhelm Dienemann (1891-1966, bis 1956 Geologe im Niedersächsischen Landesamt Bodenforschung) in dem Band „W. Dienemann und k. Fricke: Mineral- und Heilwässer Peloide und Heilbäder in Niedersachsen und seinen Nachbargebieten" aus dem Niedersächsischen Institut für Landeskunde der Universität Göttingen (1961) im Abschnitt „Die Nenndorfer Quellengruppe (Bad Nenndorf, Algesdorf, Rodenberg, Soldorf) S. 264-281 – mit Analysenergebnissen nach S. 294.

TEIL 2:

Von den
asphaltischen kalten
S c h w e f e l q u e l l e n
zu
G r o ß e n N e n d o r f.

Bereits 1788 erschien zu Rinteln von Schröter eine *Beschreibung der kalten asphaltischen Schwefelquellen zu Gr.* Nendorf und 1790 folgte *Das Neueste von den asphaltischen Schwefelquellen zu Nendorf* – beide in Rinteln gedruckt. 1792 wurden sie im Verlag Bösendahl (*bey Anton Heinrich Bösendahl* (1742-1801) *Fürstl. Hess. Universitäts-buchdrucker*) in Rinteln unter dem Titel: *Nendorfs Asphaltische Schwefelquellen in der Grafschaft Schaumburg historisch, physicalisch, chemisch und medicinisch beschrieben* (223 Seiten) nochmals herausgegeben – mit dem Datum **„Rinteln den 5. May 1792"** des Verfassers.

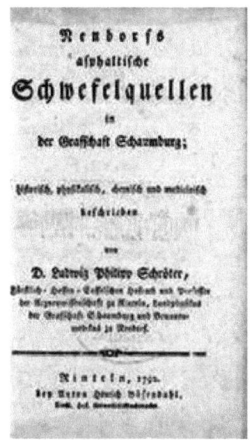

Ein Exemplar aus der historischen Bibliothek der Universität Göttingen (Signatur 8° Baln. II. 5244) wurde digitalisiert. Nach der *untertänigsten* (und ausführlich-ausschweifenden!) Widmung an seinen Landesherrn (s. auch in der Brunnenschrift zuvor) beginnt

Schröter mit seinem Vorbericht zunächst wiederum mit einer Huldigung, die hier übergangen wird. Es folgt daran anschließend ein etwas kürzerer Bericht zur Geschichte und den Einrichtungen, der aus der eigenständigen Schrift bereits zitiert und erläutert wurde. Hier werden nur die daran anschließenden Kapitel zur *physicalischen* und *chemischen* Beschaffenheit der Quellen wiedergegeben:

Zweyte Abtheilung.

Von der physikalischen Beschaffenheit des Erdbodens um den Brunnen, von Quellen, dem Gehalte des Schwefelwassers und den daraus zu erwartenden Arzneykräften.

Erstes Kapltel.
Von der natürlichen Beschaffenheit des Erdbodens um den Brunnen.

In Ansehung der Beschaffenheit des Erdbodens herrscht, in der Gegend um den Brunnen, eine große Verschiedenheit. Man findet daselbst verschiedene Mergel- und Thonarten, auch grauen, weißlichen und gelben Duckstein in großer Menge, und hin und wieder eine gelbe, dem Ocher ähnlicher Erde, und harte Sand- und Kalksteine von grauer und schwarzer Farbe, worin man verschiedene Abdrücke kleiner Pektiniten, Cochliten und andere Conchyten wahrnimmt. Dieser Kalkstein, besonders der tieferstehende schwarze, bricht flötzartig und ist derjenige vorzüglich, welcher bey Apelern steht, von einem sehr festen Gewebe; daher ich denn auch hoffe, daß derselbe noch in der Folge von einer solchen Güte gefunden werden soll, damit er als Marmor, zum öconomischen Gebrauch, geschliffen werden könne.

Erläuterungen:

Pektiniten: versteinerte Muscheln - *Cochliten*: Schnecken(gehäuse) - *Conchyten*: allgemein Muscheln.

In der Fachsprache der Geologen heute ist zu lesen – in Walter Carlé: Die Mineral- und Thermalwässer von Mitteleuropa – Geologie, Chemismus, Genese (Stuttgart 1975):

„**Bad Nenndorf.** In der Region des nordwärtigen Abtauchens der Achse des Deister-Sattels am Galenberg bildet der kalkig-bituminöse 50 m mächtige Serpulit des obersten Weißen Juras (Portland-Stufe) ein schmales Band zwischen Wealden an der Sattelflanke und Münder Mergeln im Sattelkern. (…) Wo der um 300 m verwerfende östliche Grabenbruch die Sattelflanke schneidet, entspringen aus bruch-tektonisch stark zerlegtem Serpulit die Nenndorfer Quellen…"

Vereinfacht ausgedrückt handelt es sich um *Kalkstein* (Serpulit auch Thüster Kalkstein genannt) mit Bitumen aus der geologischen Formation des *Weißem Jura* (vor etwa 161 bis 150 Millionen Jahre abgelagert), zwischen Wealden (Schicht der unteren Kreide aus Sand- und Tonsteinen mit auch Kohleflözen) und Mergel als Sedimentgestein aus Ton und Kalkstein. *Bitumen* – als Ursache für die Entstehung von Schwefelwasserstoff – ist eine dunkelfarbige, hochviskose bis feste Masse (aus Erdöl durch Abdampfen flüchtiger Bestandteile).

*Bey Vertiefung der beiden Hauptquellen, die 197 Fuß von einander entfernt sind, und wovon die eine, **der oberste Brunnen**, die andere aber **der unsterste** genannt wird, hat man folgende Erdschichte und Mineralie angetroffen. Unter der obersten Erdlage, welches eine fruchtbare **Garten-** oder **Dammerde** ist, liegt **Duckstein** und **loser Mergel**, unter diesem **blaulichter Triebsand** und wilde Wasser, die aber vollkommen abgeführt worden sind, und sich also nicht mit dem Schwefelwasser vermischen können, hierunter finden sich schwarze, graue und weiche **erdharzige Schiefer**, so dann ein **schwärzlicher Kalkfelsen** von **Stink-** oder **Saustein**, welcher ganz mit einem stark riechenden Steinöl und Asphalt durchdrungen ist.*

Diese großen Kalkfelsen hat man, beym Zerschlagen, mit ganzen Nestern krystallinischen Spath und Asphalt angefüllet, und so damit durchdrungen gefunden, daß, wenn solche ans Feuer gelegt, oder durch die Sonnenhitze mit einem Brennglase berührt wurden, ein wahrer Asphalt daraus schwitzte, der so rein war, daß er nach dem Brennen weder Asche noch Schlacken zurück ließ.

Dieser an einigen Spathkrystallen, besonders in dem obern Brunnen, gefundene Asphalt war noch weich, und klebte an Steine und Erden, woraus zu vermuthen, daß solcher aus der Teuffe mit dem Wasser herauf gebracht und formirt worden. Die Unterlage dieses kalkigten Felsenflötzes von Stinkstein, woraus diese Mineralquellen hervorbrechen, ist ein reiner, schwarzer, fester und fetter, stark nach Bergöl riechender Thon *).

*) Von dem schwarzen Thone schreibt **Kirwan** in seiner Beobachtung über die Natur des Phlogistons 2 B. S. 88 „diese sollen Erdharze enthalten". Daß unser Thon wirkliches Erdöl enthalte, beweisen die damit angestellten Versuche. Anderthalb Pfund dieses Thons, der über acht Jahre im Naturalienkabinette gelegen hatte, gab durch die trockene Destillation, anfangs einen starken schwefelichten Geruch, der nachdem das Feuer verstärkt wurde, noch flüchtiger und penetranter wurde, worauf sechs Drachmen eines gelbgrünlichen, stark nach Asphalt riechenden Wassers, mit einem oben aufschwimmenden weißen Erdöl, welches ohngefähr ein Scrupel wiegen mochte, erfolgte. Dieses Oel war so ätherisch, daß es bey der Scheidung vom Wasser gänzlich verflog, und einen durchdringenden Peterölgeruch verbreitete. Das aus diesem Thone erhaltene Wasser enthielt viel Schwefel, der sich in einem mäßig geheizten Zimmer merklich im Glase sublimirte und an die unter Fläche des Pfropfs ansetzte, auch durch Eintröpfeln des Vitriolgeistes häufig niedergeschlagen wurde. Der Rückstand dieses schwarzen Thons war noch schwärzer geworden und roch sehr stark, völlig wie Asphalt. – Da der wahre Begriff von einem Erdharze oder Asphalt auf einem ölichten Wesen beruhet, welches die Natur unter der Erde hervorbringt, so kann man diese in dem Thone gefundene Oel, als die Seele des in diesen Quellen gefundenen Asphalts ansetzen.

Erläuterungen:

Als *Duckstein* wird regional (vor allem in der Region von Helmstedt und Wolfenbüttel) ein sekundäres Sediment, welches als Kalktuff aus den dortigen Kalkgesteinen chemische ausgefällt wurde. Duckstein wurde früher auch als Mauerstein beim Hausbau verwendet – sogar als Zierstein für die Grotten des nicht mehr vorhandenen (wegen Baufälligkeit abgerissenen) Lustschlosses in Salzdahlum bei Braun-schweig.

Als *Stinksteine* werden auch heute noch in den Geowissenschaften Gesteine mit bituminösen Beimengungen – speziell Stinkkalk, Stinkgips, Stinkschiefer – bezeichnet. Vor 1800 wurde er u.a. im Bergmännischen Wörterbuch (1778) als *„ein schiefricher kalkstein, von dunkler farbe, der, wenn geschabet oder gerieben wird, ein widerwärtigen geruch giebt"*.

Steinöl ist ein schwarzes, stark riechendes Öl – heute als aus einem kerogenhaltigen Gestein bezeichnet, das bereits im Mittelalter (u.a. in Tirol) gewonnen wurde und zu Heilzwecken diente. Aus dem Tiroler Steinöl stammt die als *Ichtyol* bezeichnete Salbe. Um 1880 gelang es Rudolf Schroeter, das Steinöl durch Einwirkung von Schwefelsäure (durch Sulfurierung) wasserlöslich zu machen, der Mitbegründer der Hamburger Ichtyolgesellschaft (von 1884) wurde. Der Hamburger Dermatologe P. G. Unna führte das Ichtylol in die Therapie ein – 1925 als *Ichtolan*®. *Kerogen* bzw. *Kerogene* ist ein Sammelbezeichnung für aus urzeitlich abgestorbenen Plankton, Meerwasser- und Süßwasser-algen sowie Bakterien unter Sauerstoffausschluss entstandener wachsartigem Substanzgemisch, das als eine Vorstufe zum Erdöl bezeichnet wird.

Ein *Scrupel* sind nach den Nürnberger Apothekengewichten etwa 1,2 Gramm.

Der in der Fußnote erwähnte *Kirwan* war Richard Kirwan (1733-1812), eigentlich Advocat und beschäftigte sich später privat auf dem Gebiet der Chemie. Er wird als hervorragender Analytiker und als ein großer Chemiker Irlands bezeichnet. Kirwan war noch ein Anhänger der veralteten Phlogistontheorie (einer Vorstufe der späteren Oxidationstheorie auf der Grundlage des um diese Zeit bereits entdeckten Sauerstoffs) und der Titel der von Schröter

genannten Publikation lautet: *An Essay on Phlogiston and the Constitution of the Acids* (1787).
Schröter beschreibt anschaulich und nach dem Stand der Chemie richtig die Eigenschaften dieser Naturprodukte, vor allem des Schwefels, wie auch aus dem folgenden Text zu entnehmen ist.

Man hat ferner neben der kalkigten Felsenlage von Stinkstein, bey Vertiefungen der Quellen, verschiedene **Eisen-** *oder* **Schwefelkiese** **) angetroffen, wovon sich ebenfalls einige, auf glühenden Kohlen entzündeten, mit einer blauen Flamme verbrannten, und sauren Schwefelgeruch von sich gaben. Besonders hat man bey Vertiefung des obern Brunnens eine Felsenkluft angetroffen, welche mit einer Art eines ungewöhnlichen Schwefelkieses angefüllet war. Dieser Kieß zeigte einen Beschlag von allerly der schönsten Pfauenschwanz ähnlichen Farben, war zwar zerbrechlich, gab aber demohnerachtet mit einem Stahl Feuer, brannte, wenn er entzündet wurde, mit einer blauen Flamme, und verbreitete einen durchdringenden empfindlichen Schwefelgeruch **). Ein großer Mineralog hält diesen Kies für einen weichhaltigen Glaskopf. Auch hat man bey Durchbrechung des Felsens in dem untersten Brunnen, wahren reinen Asphalt auf dem Wasser schwimmend entdeckt, und sogar aus einem kleinem Bezirk über sechs Pfund, dieses leichten Minerals, aufgefischt.*

*) Eben diese Schwefelkiese und der so reichlich bey Vertiefung der Quellen sich vorgefundene Asphalt, geben den nahe gelegenen unterirdischen Erzeugungsort unserer Schwefelquellen deutlich zu erkennen, den, wenn sich keine Schwefelkiese und Erdpech um den Ausbruch eines Schwefelbrunnens finden, so kann man das Gegentheil, daß nemlich das Wasser weiter herkomme, vermuthen.
**) S. Schriften der Berlinischen Gesellschaft naturforschender Freunde B. I. S. 389.

Erläuterungen:
Als *Schwefelkies* wird *Pyrit*, das Eisensulfid FeS_2 (Eisen und Schwefel im Verhältnis 1:2), auch Katzen- oder Narrengold genannt – mit einem lebhaften Metallglanz. Mit einem hartem Feuerstein lassen

sich vom Pyrit Splitter abschlagen, die sich entzünden und verbrennen (es entstehen Eisen(III)oxid und Schwefeldioxid). Pyrite zeigen auch bräunliche und bunte Anlauffarben. Als *Kupferkies* (Chalkopyrit) hat die Zusammensetzung $CuFeS_2$, messinggelb mit Grünstich gefärbt.

Als *Glaskopf* werden mehrere unterschiedliche Minerale bezeichnet, die alle eine rundliche Form und einen glasartigen Glanz aufweisen – dazu gehören die Eisenminerale Goethit (braun - Oxid), Hämatit (roter Glaskopf - Oxid), Dufrénit (grüner Glaskopf - Grüneisenstein; Phosphat-Mineral), Chamosit (brauner Glaskopf - Silikat).

Der von Schröter genannte Beitrag in den „Schriften der Berlinischen Gesellschaft naturforschender Freunde" lautet: *Beytrag zur mineralogischen Beschreibung der Grafschaft Schaumburg in Weßphalen. Von Ge. Friedr. Götz.* (1780. S. 885-392) Interessant an diesem Beitrag ist auch der informative Anfang, der deshalb hier zur Vertiefung der Geschichte der Nenndorfer Schwefelquellen zitiert werden soll:
*„**Bey** dem Dorfe Großennendorf des Amtes Rodenberg in dem Heßischen Antheil der Grafschaft Schaumburg befinden sich auf dem so genannten Teufelsdreck, Schwefelquellen, deren Wasser viele Menschen schon mit großen Nutzen gebraucht haben. Ich will aus den mir zugekommenen verschiedenen Nachrichten das Vornehmste heraussuchen, und hier und da einige Anmerkungen machen.*
Im Herbste 1777 wurde, um diese Quellen weiter zu untersuchen, durch dazu bestellte Bergleute von Obernkirchen der Abzuggraben von unten auf vertieft, wobey zugleich eine starke Quelle in einer zu dasigen Pfarre gehörigen Flachsröthe entdeckt wurde, welche nebst mehrern solcher Flachsröten abgelassen wurden.
In dem Jahre 1778 wurde von diesem Schwefelwasser nach Rinteln gefahren, wo auf der dasigen Apotheke zur genauesten Kenntniß der Bestandtheile 100 Pfund Wasser Kunstmäßig abgedampft, und von der medicinischen Fakultät untersucht worden sind.

[Es folgt die Beschreibung der damals üblichen Nachweisreaktionen für die Wasserinhaltsstoffe, die später auch von Schröter beschrieben und dort zitiert und erläutert werden – danach ist zu lesen:]

Eine gleiche Untersuchung ist von Herrn Andreä, einem berühmten Chymisten in Hannover, mit 19 Pfund Wasser, welches aber damals noch nicht ganz vom wilden Wasser befreyet gewesen ist, vorgenommen worden.

Erläuterung:
Johann Gerhard Reinhard *Andreä* (1724-1793) war Hofapotheker in Hannover, Naturforscher und Chemiker. Er untersuchte auch im Auftrage des Kurfürsten von Hannover von 1765 bis 1769 eine große Anzahl von Erdarten und ihre Verwendung für die Landwirtschaft.

[Auch hier werden dann die damaligen Ergebnisse der Untersuchung angegeben. Weiter ist dann zu lesen:]

*Auch Herr **Most**, Apotheker zu Rodenberg, hat Versuche mit diesem Wasser im Jahre 1779 vorgenommen. (...)*

Als man hierauf angefangen hat, die unterste Quelle zu vertiefen, und durch den Felsen bis auf die darunter befindliche Lage von einem festen schwarzen Thon durchbrechen zu lassen, so kam wahrer Asphalt oder Judenpech*) (bitumen Asphaltum Linn.) herauf, und schwamm auf dem Wasser. Es waren mit diesem Mineral nicht allein die 4 Klüfte, woraus das Wasser seinen Zufluß hatte, sondern nachdem die großen Steine, welche wegen ihres Gewichtes nicht gehoben werden konnten, entzwey geschlagen waren, so fanden sich darinnen ganze Nester mit kristallinischen Spath und Asphalt angefüllt, so daß aus diesem kleinen Bezirk über 6 Pfund dieses sehr leichten Minerals in großen und kleinen Stücken aufgefischt wurden.

*) Von diesem Asphalt haben der Herr von Rochow zu Rekan ein Stück für das gesellschaftliche Kabinet mit eben dieser Nachricht eingesendet.

Erläuterung – zu Friedrich Eberhard von *Rochow* († 1805), Domherr und Prälat des hohen Stiftes zu Halberstadt, Herr von und zu *Rekan* bei Brandenburg: Gottlieb Hiller (1778-1826; Naturdichter) schrieb in dem 1806 erschienenen Band „Gedichte und Selbstbiographie" (Köthen, Erster Theil. Zweite Auflage) über Rekan und von Rochow: „Von Brandenburg machte ich eine kleine Nebenreise nach dem Rittersitze des bekannten Domherrn von Rochow nach Reklan eine Meile von Brandenburg. Mit heiliger Freude empfing mich der alte ehrwürdige Greis, der mich schon kannte, denn er hatte von Halberstadt aus einige meiner Verse bekommen. Ich mußte bei ihm übernachten, und des Morgens ward ich durch eine Spieluhr geweckt; das war mir ein seliger Morgen!"

In eben diesem Jahre 1778 wurde mit der obern Quelle ein Versuch gemacht, wie hoch sie aufgetrieben werden könne, welches bis auf 10 Fuß aus den Flachsröthen an gerechnet, zwar möglich war, weil aber hierdurch die Tagewasser nicht zu separiren waren; so wurde beschlossen, die Quelle gleichfalls in die Tiefe zu verfolgen, und zu dem Ende einen Bezirk von 40 Fuß im Durchschnitt bis auf die Felsenlage aufzugraben, vorher aber einen offnen Stollen zur Ableitung des Wassers anzulegen.

Erläuterung:
Als *Flachsröthe* oder Flachsrotte, Flachsröste – in Teilen Niedersachsens und Westfalens auch Flachskuhle genannt – ist eine Anlage zur Gewinnung von Pflanzenfasern aus Flachs (Gemeiner Lein). Die Flachshalme wurden mehrere Tage bis zu einigen Wochen in einer mit Wasser gefüllten Grube *fermentiert.* Es verrotteten dabei die Pektine im Pflanzenstängel, welche die Faser mit den festen Holzbestandteilen der Pflanze verbinden. Dieses Rösten findet in stehenden Gewässern statt, wobei infolge der Fäulnisprozesse ein starker Faulgeruch entsteht.

In dem Jahre 1779 wurde diese Quelle gleichfalls bis durch den Felsen verfolgt, bey welcher Gelegenheit sich abermals einiger Asphalt, doch nicht so viel wie bey der untern Quelle gezeigt

233

hat; hingegen fand sich eine Felsenkluft mit einer Art ganz ungewöhnlichen Schwefelkies angefüllt, welcher einen Beschlag von allerley der schönsten Farben zeigte, und die Spitzen dieses Kieses standen in der Kluft, eine gegen die andere gerichtet. Mit einem Stahl gab dieser sehr gebrechliche Kies Feuer, und mit einem Brennglase konnte er entzündet werden, da er denn eine blaue, wie lauter Schwefel riechende Flamme zeigte, und sich theils roth brannte, (...)

[Hier der Text von S. 389/390 – auf den sich Schröter bezog]

Fortsetzung Schröter:

Die Mineralien, welche sich bey Vertiefung der Quellen hervorgegeben, sind folgende:

A) aus der obern Quelle.

I. Eine große Stuffe, auf der sich Asphalt und ein schöner krystallinscher Schwefelanschus zeigte.

II.und III. Eine schwärzliche und eine grauliche Schwefelkiestuffe.

IV. Schwefelkies, mit sehr schönen blauen Lasur, welches sich aber nicht durch ein Brennglas, wie die vorigen, entzündete, doch aber einen durchdringenden Schwefelgeruch gab.

V. Schwefelkies mit sehr feinen blauen Zasern [veraltet für Faser].

VI. Asphalt mit Spatkrystallen vermischt, deren Pori ganz mit Asphalt durchdrungen waren, welche man mit einer mäßigen Feuerhitze oder durch ein Brennglas sehr bald heraustreiben konnte.

VII. Eine in dem Gebirge dieser Quelle gefundene und wahrscheinlich von versteinertem Holze entstandene Stuffe.

Diese Stuffen sind sämtlich in das Naturalienkabinet, der **Durchl. Prinzessin Friederike zu Hessen**, gesandt worden.

B) aus der untern Quelle.

I.Eine Stuffe wie Nro. VI.

II. III. und IV. Schwefelkies, die mit Stahl Funken gaben, und deren Fasern sich mit einem Brennglase entzündeten, die aber alle von verschiedener Gestalt und Farben waren.

V. Reiner Asphalt über sechs Pfund, der bey Durchbrechung des Felsens ausfloß.

VI. Schwarzer, fester und fetter, stark nach Bergöl riechender Thon, woraus, wie (...) erwähnt, die ganze Unterlage des Felsenflötzes besteht.

Erläuterungen:

Mit *Schwefelkies* ist Pyrit (FeS_2) gemeint – mit einem harten Feuerstein (Flint) lassen sich Splitter vom Pyrit abschlagen, die sich dabei entzünden und verbrennen, wobei Eisen(III)oxid und Schwefeldioxid entstehen.

Als *Bergöl* (Petroleum crudum) wurde ein gelbe klare Flüssigkeit mit einem besonderen Erdharzgeruch bezeichnet. Sie tritt aus Erdschichten zu Tage, welche über Steinkohlenschichten lagern. Das Bergöl, auch Steinöl genannt, wurde bereits von den Arabern äußerlich medizinisch verwendet – u.a. bei Rheumatismus, brandigen Wunden und Forstbeulen. In der Homöopathie wird es auch heute noch innerlich (in Tropfen-Dosierung) gegen Würmer und Darmkatarrh verschrieben.

Steinkohlenlagerstätten im Bereich von Obernkirchen-Barsinghausen wurden in fünf Jahrhunderten bis in das Jahr 1960 abgebaut.

Z w e y t e s   K a p i t e l.

Von der physikalischen Beschaffenheit der Quellen.

Diese Quellen verdienen mit Recht, nach dem bekannten Satze: **Die Beschaffenheit der Wasser hängt von den Mineralien und der Erde ab, durch welche sie fließen** **), den Namen der asphaltischen Schwefelquelle.*

*) Tales sunt aquae, qualia est natura terrae, per quam fluunt, *Plinii* history. L.XXXI.C.IV.
(Aus Plinius' Naturgeschichte)

Das Wasser in den Behältern der obersten Quelle siehet, wenn man es von oben betrachtet, bald milchicht, bläulicht, grünlich und schwärzlich, zuweilen aber auch ganz klar aus. Dies richtet sich nach der Beschaffenheit der Witterung und kann sich an einem Tage verschiedenemale ändern. Bey allen diesen Veränderungen der Farben aber ist das Wasser, wenn es aus der Quelle, oder am Abflusse geschöpft wird, hell und klar.

Bey dem untersten so genannten Tiefbrunnen, ist das Wasser im Behälter die mehrste Zeit so klar, daß man die im Grunde liegende Felsenlage von Stinksteinen deutlich sehen kann; dennoch aber setzt es so wohl, wie das abfließende Wasser des obersten Brunnens, über hundert und mehrere Schritte von dem Behälter, eine solche Menge kalkigter, mit Schwefel und Asphalt vermischter Theile ab, daß man sich wundern muß, wie ein kaltes Wasser, ohne seine Klarheit zu verlieren, so vielen Schwefel der erst nach der Berührung der atmosphärischen Luft, seine mit dem Wasser eingegangene Verbindung verläßt, aufgelößt enthalten könne.

Die Wände der Behälter, besonders aber die rauhen Steine des obersten Brunnens, sind mit einer farbigen Haut, welche weiß, schwarz, grün und purpurroth marmorirt ist, überzogen. Diese Haut kann stückweise abgezogen werden, und bedeckt alles was in das Wasser fällt und einige Zeit darin liegen bleibt, in der Dicke einer Linie. Der Ueberzug der weißen Haut brennt, wenn er getrocknet wird, auf einer glühenden Feuerschaufel wie Schwefel; die schwarze Haut riecht beim Verbrennen wie Asphalt; die grüne Haut flattert, wenn sie im Wasser bewegt wird, wie die allerzartesten Wassermoosse (Conservae), mit welchen sie auch, beim Ansehen nach, verglichen werden kann; und doch glaube ich, daß sie aus der schwefelichten Materie des Wassers selbst erzeugt ist, weil sie sonst von selbiger, wie alle andere fremde Körper, gar bald überzogen seyn würde; die purpurrothe Farbe, welche ich von einem in diesem Wasser befindlichen feinen ätherischen Oele herleite, verliert sich ausser dem Wasser, in wenigen Stunden. Besonders stark bemerkt

236

man diese purpurrothe mormorirte Farbe, wenn diese Materie Holzwerk oder verwesende vegetabilische Theile bedeckt.

Von diesen krystallhellen Mineralwasser ist die Beobachtung, welche ich in Ansehung seiner Farbe gemacht habe, bemerkenswerth. Ich ließ mit diesem Wasser einige weiße gläserne Flaschen füllen, worinn das Wasser ein so herrliches klares Ansehen hatte, als das schönste Quellwasser. Meine Verwunderung war aber nicht geringer, als ich des Abends in diesem Wasser eine durchsichtige Purpurröthe entdeckte, die den folgenden Tag noch ebenfalls sehr merklich war, nach und nach aber, ohne einen Bodensatz zu erregen, sich ganz verlor, und das Wasser wieder krystallhelle wurde, als solches zuvor beym Schöpfen war. Ich leite diese sich verliehrende Röthe, welche ich nachher jedesmal in dem Wasser wahrgenommen, von einem feinen ätherischen Oele her. Daß diese Vermuthung nicht ganz ohne Grund sey, solches wird sowohl durch die obigen, mit dem Thone angestellten Versuche als auch dadurch bestärket, indem einige Tropfen Bernsteinöl in dieses Wasser getröpfelt, eine fast ähnliche Röthe, nur in schwächerm Grade, auf einige Augenblicke, in dem Wasser erregten.

Der oberste Brunne(n) ist vom Spiegel des Wassers 10 Fuß 8 Zoll tief, sein Durchschnitt ist 20 Fuß, der unterste so genannte Trinkbrunne(n) ist 4 Fuß tief und hat 4 ½ Fuß im Durchschnitt. Beyde Brunnen sind in ihren Bestandtheilen einander gleich, und liefern eine zur Bewunderung dahin reißende große Menge Wassers, welche als ein wahres Grundwasser, aus der Teuffe an mehreren Orten hervorbricht.

Der oberste Brunnen liefert in einer Stunde 137 11/28 Cubicfuß Wasser. Rechnet man nun, daß zu einem jeden steinernen oder porzelainenen Badebassin 36 3/5 Cubicfuß Wasser erfordert werden, so kann man allein aus diesem Brunne, in 12 Stunden 90 Bäder bereiten. Der untere Brunne(n) liefert in 24 Stunden 2556 Cubicfuß Wasser. Gebraucht man nun davon im Badeschoppen täglich 50 hölzerne Bäder, jedes von 13 ½ Cubicfuß, so bleiben annoch 1889 Cubicfuß übrig, welches noch zu 51 steinernen Bädern anreicht. Mithin geben beyde Brunnen, ohne das Reservoir, täglich zu 141 steinernen oder porzelainenen und 50 hölzernen Bädern hinlängliches Wasser. Die Grösse des Reservoirs ist 70 Fuß lang und

20 Fuß breit; es können daraus, wenn es voll ist, über 137 Bäder bereitet werden. Mithin also nicht zu befürchten steht, da es an einer hinlänglichen Menge Wasser zu den Bädern fehlen werde. Die Kessels in den beyden ersten Badehäusern halten, ein jeder 92 Cubicfuß Wasser, und laufen in 40 Minuten voll.

Um sich von der Menge des, aus dem Schooß der Erde, hervorbrechenden Wassers recht lebhaft zu überzeugen, wurde in höchster Gegenwart unseres Durchlauchtigsten und huldreichsten Fürsten, den 11ten Aug. 1789 mit Auspumpen der obersten Quelle ein Versuch gemacht. Nachdem aber 12 Menschen mit 2 Pumpen 24 Stunden ohnaufhörlich gepumpt hatten, so blieben dennoch 4 Fuß Wasser im Behälter.

Aus dieser hervorquellenden Menge Wassers, welche in allen Jahreszeiten und bey jeder Witterung immer und beständig dieselbe ist, kann man schon schließen, daß diese Mineralquellen mit keinem wilden Wasser einige Gemeinschaft haben, sondern dieselben jederzeit unvermischt, aus ihrer Werkstatt, dem Innersten der Erde, hervorkommen. Ein Umstand, der für Mineralquellen sehr empfehlend ist.

Das Wasser kömmt sehr kalt aus der Quelle. Die Temperatur desselben war Ende August 1789 morgens 9 Uhr, das das Quecksilber im Schatten auf 60 Grad stand, 51° nach Fahrenheit. Dennoch aber hat man dasselbe noch nie, auch bey der strengsten Kälte mit Eise bedeckt angetroffen; selbst das abfliessende Wasser bleibt bis auf hundert Schritte ungefroren.

Die specifische Schwere dieses Wassers verhält sich gegen destillirtes Regenwasser wie 189 zu 193; oder Schwefelwasser: Regw. = 0,97884:1,00000,

———————————

Erläuterungen:
Zu den Maßeinheiten: 1 *Cubikfuß* wurde in Hannover mit 24,921 Liter verwendet – entsprechend 29,21 cm für 1 Fuß als Längeneinheit. Somit lieferte der *oberste Brunnen* stündlich etwa 3430 Liter, der *untere Brunnen* 26534 Liter je Stunde.
51° Fahrenheit entsprechen 10,6 °C; 60° F. = 22,8 °C (Lufttemperatur).

Das beobachtete Phänomen der *Röthe* im Wasser ist nicht einfach zu erklären. Es könnte auf Spuren von Öl (physikalischer Effekt der Lichtbrechung) zurückzuführen sein – wie von Schröter im Versuch mit Bergöl beschrieben wurde.

D r i t t e s   K a p i t e l.

Aeusserliche Merkmale und Anzeigen von dem Schwefelgehalte unseres Mineralwassers.

———

Im folgenden Abschnitt berichtet Schröter über die Flüchtigkeit des Schwefelwasserstoffs – als *Schwefelleberluft* bezeichnet – und vergleicht den Geruch mit demjenigen fauler Eier sowie den Resten in einem Pulvergewehr. Den Geruch bezeichnet er auch als *hepatisch* – eigentlich von hepar = zur Leber gehörig, hier als *Hepar sulphuris* (Erläuterungen dazu weiter unten).

Das erste, wodurch sich dieses krystallhelle Mineralwasser vor vielen dieser Art so vortheilhaft auszeichnet, ist der reiche Schwefelgehalt desselben. Folgende Versuche legen die Gegenwart dieses Minerals, wovon unser Wasser einen so vorzüglichen und reichen Antheil hat, recht deutlich zu Tage.
*1)Der starke **Geruch,** der dem Geruche von faulen Eyern, oder demjenigen gleicht, welcher aufsteigt, wenn eine mit Alkali zubereitete Schwefelsolution, vermittelst eines sauren Geistes, präcipitirt wird, und ohngefehr wie der abgeputzte Unrath eines Pulvergewehres riecht. Dieses mit Schwefelleberluft so reichlich versehene Mineralwasser erhält sich in wohl verpichten Bouteillen viele Jahre, verliert aber, so bald es angebrochen ist, wenn die Bouteille öfters aufgemacht und etwas Wasser daraus verbraucht wird, in 36 Stunden allen hepatischen Geruch, und bey dem sich verlierenden Luftgehalt, auch nach und nach seine Klarheit, die es aber, welches eine sehr bemerkungswerthe Eigenschaft unseres Mineralwassers ist, nach völlig verlornem Luftgehalt wieder*

bekömmt, und nachher klar und unverderblich bleibt, so daß es eine jeder für ein gutes Trinkwasser erkennen muß. – Eine sehr seltene Eigenschaft solcher Mineralwässer, denn von dem Achenschen ist es bekannt, daß solches zugleich mit dem Schwefelgeruch auch seine Klarheit verlieret.

*Der verstorbene Hr. Landrath von **Münchhausen** hat von diesem Wasser über anderthalb Jahr in einer offenen, nur oben gegen Staub bedeckten, Bouteille, in einem den Winter über geheizten Zimmer vor dem Fenster stehen gehabt, worauf das Wasser, ausser einer sich darauf gesetzten haut wie Schwefelmilch, übrigens so klar wie das reinste Quellwasser, ohne den geringsten Beygeschmack war, so daß es ein jeder für ein gutes Trinkwasser würde gehalten haben*). Gewiß eine Bemerkung, die in Absicht auf die Anwendung dieses Wassers höchst wichtig ist, indem es, sowohl mit Beybehaltung seiner Wirksamkeit an entfernte Oerter geschickt, als auch auf der See, als ein **unverderbliches Trinkwasser**, wenn man die Schwefelleberluft verdunsten läßt, aber auch als eine Medicin, gegen die Scorbut und andere Seekrankheiten, mit Nutzen gebraucht werden kann. Dies schon allein verdient die größte Achtung unsers Mineralwassers. – Ich habe dasselbe, nachdem es acht Jahre in einer verpichten Bouteille im Keller gestanden hatte, versucht, und es es an Farbe, Geruch und Geschmack noch so gut gefunden, als wenn solches erst frisch wäre geschöpft worden.*

Auch nach Amerika hat man, um einen Versuch damit zu machen, etwas davon mit genommen, und es daselbst völlig gut befunden. – Merkwürdig ist die Beobachtung, welche Hr. Brockmann**) von der Unverderblichkeit dieses Wassers anführt. Zwey Oxhofte voll von diesem Wasser, welches nun Monate ganz lose verspundet, und nun vor hineinfallendem Staube verwahret lag, verlohr in dieser Zeit allen Schwefelgeruch, war aber dabey so helle und so rein von Geschmack, wie eins der schönsten und besten Trinkwasser. Nach dieser Zeit fand er auf dem Boden eine Menge schwarzer Flocken, diese durch ein Filtrum geschieden und getrocknet brannten auf glühenden Kohlen und verbreiteten einen starken Schwefel- und Asphalt-Geruch. In einem silbernen Löffel über Kohlefeuer gehalten bläheten sie sich auf und gaben einen eben solchen Geruch.

240

*) S. Schriften der Berliner Gesellschaft naturforschender Freunde, 3ter B. S. 407.

**) S. Crells Beyträge zu den chemischen Analysen 3ter Theil, S. 453.

Einen andern Theil übergoß er mit Weingeist, verband das Glas mit Blase, setzte es im Sande einige Minuten einem Kochfeuer aus, und schied dann den Weingeist noch warm durch ein Filtrum davon. Kaum war derselbe erkaltet, so setzte sich eine ziemliche Menge bräunlicher Schwefel zu Boden. Die Farbe dieser Tinktur war Weingelb, der Geschmack scharf, bitter und schwefelicht. Beym Abrauchen erhielt er einen mit Schwefel vermischten Asphalt*). Den Rest dieser Tinktur versetzte er mit Wasser und Vitriolsäure, und erlangte dadurch die nämlichen Produkte, die er beym Abrauchen erhielt.

*) Von solchen Mineralwassern schreibt **Zückert**, ich finde kein einziges in Deutschland, worin das Bergöl, Erdöl und Erdharz, einen so ensehnlichen Bestandtheil ausmachte, daß es den vorzüglichen Namen eines bituminösen Wassers verdiente. Systematische Beschreibung aller Gesundbrunnen und Bäder Deutschlands S. 30 – **Tabernämontanus** erwähnt zwar verschiedener Erdpech- oder Schwefelkreidenwasser, die sich in Deutschland finden sollen. S. dessen Wasserschatz im 2ten Theile des 40sten Kapitels S. 555. allein ich glaube immer, daß sich das unsrige als eines der vorzüglichsten und seltensten dieser Art in Deutschland auszeichnen und in der Heilkunde eine ansehnliche Rolle spielen werde.

Erläuterungen

Der genannte Autor Zückert war Johann Friedrich Zückert (1737-1778), Mediziner, zunächst Apotheker, der nach Studien an der Charité in Berlin und an der Brandenburgischen Universität Frankfurt 1760 zum Dr. med. promovierte. 1761 ließ er sich in Berlin nieder und wurde dort Mitglied des Medizinisch-chirurgischen Obercollegiums. In seinem von Schröter genannten Werk „Systematische Beschreibung aller Gesundbrunnen und Bäder

241

Deutschlands" (Berlin und Leipzig 1768) schrieb er auf S. 30 über bitumen-haltige Mineralwässer. Im Register der Königsberger Ausgabe von 1776 wird Nenndorf jedoch noch nicht aufgeführt. *Tabernaemontanus*, eigentlich Jakob Dietrich *bzw. Jakob Theodor* aus Bergzabern (1522-1590) war Botaniker, Mediziner und veröffentlichte 1581 (bzw. 1593) sein balneologisches Werk *Neuw Wasserschatz.*

Zückert über Gesundbrunnen (1768)   Tabernaemontanus:
                                      Neuw Wasserschatz
                                      (Ausgabe 1593)

Eine andere merkwürdige Eigenschaft unsers Mineralwassers ist es ferner noch, daß dasselbe, wenn es mit kochendem Wasser bis zur Badewärme vermischt wird, dennoch seinen Geruch in offenen Gefäßen sehr lange behält. – Dies kann man hauptsächlich als einen Beweis von der Stärke der Verbindung des Schwefels mit dem Wasser ansehen. Denn selbst das Achensche behält kaum bis zum Erkalten seinen Geruch. – Raucht man unser

Mineralwasser bis zur Trockene ab, so erregen sogar die festen
Theile, wenn man solche auf einen heissen Ofen legt, einen starken
Schwefelgeruch. Ein deutlicher Beweis des reichen Schwefelgehalts.

Erläuterungen:
Mit das *Achensche* bezieht sich Schröter auf die bekannten heißen
Schwefelquellen von Aachen. Die Aachener Thermalquellen zählen
zu den ergiebigsten Thermalquellen Deutschlands. Sie wurden
bereits in römischer Zeit zu Beginn unserer Zeitrechnung etwa in
der Mitte des 1. Jahrhunderts genutzt. Eine weitere Blütezeit trat
mit Karl dem Großen ein. Erste zuverlässige Analysen führte der
Aachener Apotheker und Chemiker Johann Peter Joseph *Monheim*
(1786-1855) ab 1810 durch.
Im Folgenden beschreibt Schröter einige wesentliche Eigenschafren
sowohl des Schwefelwasserstoffs als einem im Wasser gelösten
Gases als auch der Salze – der Sulfide.
Sulfide regieren mit Metallen bzw. Metallsalzen zu schwer löslichen
Sulfiden – so zum schwarzen Silbersulfid und Bleisulfid.
Farbübergänge von Gelb bis Schwarz sind zu beobachten, wenn
zunächst eine dünne Schicht bzw. geringe Menge an Metallsulfid
entsteht.
Mit *Schwefelleber* – auch *Hepar sulfuris* – ist die historische
Bezeichnung für eine Gemisch aus Kaliumsulfid, Kaliumpolysulfiden,
Kaliumthiosulfat und Kaliumsulfat.
Mit diesen Verbindungen sind auch die erst nach Schröter bekannt
gewordenen Reaktionen von Schwefelwasserstoff bzw. Sulfiden
angesprochen. Sie erklären auch einige der von Schröter
übermittelten Reaktionen:
Aus dem Gas Schwefelwasserstoff kann durch die Reaktion mit dem
Luftsauerstoff zunächst einmal der elementare Schwefel entstehen
– vor allem im Wasser gelöst und unter Lichteinfluss entsteht
Schwefel, der sich durch eine Trübung des Wassers bemerkbar
macht.
Dieser Schwefel wiederum kann sich mit einem Überschuss an
Schwefelwasserstoff bzw. Sulfiden zu *Polysulfiden* verbinden.

Bei der Verbrennung von Schwefel entsteht Schwefeldioxid, im Wasser zum Sulfit. Die weitere Oxidation mit Sauerstoff führt dann zu Sulfaten.

Eine weitere interessante Reaktion stellte in der zweiten Hälfte des 19. Jahrhunderts ein Mitarbeiter des Professors Karl Kraut (1829-1912, ab 1857 an der Polytechnischen Schule Hannover – heute Universität) – York *Schwartz*, aus dem Laboratorium der damaligen Königlich technischen Hochschule, fest. Seine Untersuchungen publizierte er im Archiv der Pharmazie (26. Band, 17. Heft 1888) unter dem Titel „Die Inhalationsgase des Bades Nenndorf". Darüber ist in der „Chronik 150 Jahre staatl. Bad Nenndorf" (1937 - Autor: Willi Kaese) – chemisch nicht ganz korrekt – Folgendes berichtet:

„Der Chemiker Y o r k S c h w a r t z aus Hannover wird von der Regierung beauftragt, die Luft des Inhalatoriums zu analysieren. Er hat gefunden, daß der Schwefel hierin nicht als Schwefelwasserstoff-gas, auch nicht als Kohlenoxysulfid, sondern als unterschweflige Säure (dithionige oder Thioschwefelsäure) enthalten ist, eine überraschende Entdeckung, wodurch das wirksame Prinzip der Nenndorfer Inhalationen und Gasbäder endlich klar geworden ist. Jetzt erst begreift man die Wirkungen dieses Gasgemisches auf zahlreiche Krankheitszustände der Atmungsorgane und der Haut, ferner seinen eigentümlichen Geruch, der nicht mit dem Geruch des Schwefelwasserstoffes gemeinsam hat, endlich seine Unschädlichkeit für den menschlichen Organismus. Den bei der Zerstäubung des Schwefelwassers stattfindenden chemischen Prozeß erklärte Schwartz folgendermaßen: Der aus dem Schwefelwasser entweichende Schwefelwasserstoff wird hier sofort zu unterschwefliger Säure oxidiert, weil in der Luft des Inhalationsraumes infolge der starke Wasserverdunstung auch Wasserstoffsuperoxyd anwesend ist, welches kräftig oxydierend wirkt. Der Vorgang wäre demnach so zu formulieren:

$$2 H_2S + 4 O \rightarrow H_2S_2O_3 + H_2O$$

Quantitativ stellte Schwartz fest, daß durchschnittlich so viel unterschweflige Säure in 1 Kubikmeter Inhalatiosnluft enthalten war, wie 888 Milligramm Schwefel entspricht, also 1,582 Gramm. Da seitdem die Zerstäubungsapppparate noch verbessert worden sind, so findet sich in jedem Kubikmeter Inhalationsluft erheblich mehr unterschweflige Säure."

Die in der Gleichung angegeben Säure ist die *Thioschwefelsäure* (als „unterschweflige Säure" wurde die Sulfoxylsäure mit der Formel H_2SO_2 bezeichnet; die „dithionige Säure" hat die Zusammensetzung $H_2S_2O_4$; und die „Thioschwefelsäure" ist schließlich der korrekte Namen für die genannte Säure mit der Formel $H_2S_2O_3$.)

Heute gehört es zum Lehrbuchwissen, dass Salze wie das Natrium- oder Kaliumsulfid an der Luft leicht in *Thiosulfat* übergehen – nach der Gleichung:

$$2\,Na_2S + 2\,O_2 + H_2O \rightarrow Na_2S_2O_3 + 2\,NaOH$$

Schwefelwasserstoff weist in erster Linie toxische Wirkungen auf.

Die Beobachtung Schröters, dass im Kontakt mit der Luft zunächst eine Trübung im Wasser auftritt, ist zunächst auf die Bildung von elementarem Schwefel durch die Oxidation zurückzuführen. Dieser kann sich auch mit überschüssigen Sulfid wieder auflösen, wobei sich sogenannten Polysulfide ($S^{2-}_{(n+1)}$) bilden, wobei n die Zahl der Schwefelatome darstellt.

Im folgenden Abschnitt beschreibt Schröter die Reaktion von Sulfid bzw. Schwefelwasserstoff mit Metallen, die in den genannten Fällen stets farbige Verbindungen (Sulfide) bilden.

*II.Bemerkt an einen weit um den Brunnen sich ausbreitenden empfindlichen **Schwefeldunst**, welcher nach Verschiedenheit der Witterung, in Ansehung seiner Stärke, verschieden ist, und oft schon, bey der geringsten Bewegung der Luft vom Wasser her, über hundert und mehrere Schritte von dem Brunnen, empfunden wird. Diese sehr merkliche Ausdünstung des Wassers macht die mit Bleyweiß vermischte Farbe schwarz, und entfärbt, wenn man sich nahe bey dem Brunnen aufhält, oder über den Abfluß stellt, die Metalle merklich, das Silber läuft davon in wenigen Minuten an, wird gelb, braun und zuletzt schwarz. Auch sogar fein Silber nur über die Oefnung einer mit diesem Wasser angefüllten Bouteille gelegt, nimmt eben diese Veränderung an, und* zwar in so kurzer Zeit, daß damit noch keines von den bekannten deutschen Schwefelwassern verglichen werden kann. Die Borten, und alle Arten von silbernen und goldenen Zierrathen, verlieren durch den Dampf dieses Wassers ihren Glanz. Uhren, Ringe, Geld, Schnallen und metallene Knöpfe laufen in den Badezimmern gelb, roth und purpurfarbig an. Die Damen müssen sich aller Schminken, in denen Bleyweiß befindlich ist, enthalten, weils sie sonst das Schicksal haben auf einmal, bey dem Gebrauch dieses Schwefelwassers, statt ihrer schönen rothen Farbe, eine schwarze Mohrenfarbe zu bekommen. In Anblick, der schon manche Schöne, bey unserm Bade alterirt hat. Denn das Bley wrid durch das Schwefelwasser schwarz; das Kupfer mit einer feurigen und hernach schwarzen Farbe überzogen; das Messing wird bald mit Feuerfarbe, bald mit Silberschaum überzogen; das Gold allein bleibt unverändert, je reiner es ist, je glänzender wird es, hat es aber mehr Silber oder andere Metalle in sich, so wird es kupferroth und endlich schwärzlicht. Nicht leicht kann man einen bessern Probierstein des Goldes finden, als unser Schwefelwasser.

Bey einigen Badegästen ist noch nach dem Bade, wenn sie sich zu Hause umgekleidet haben, durch die erfolgte Ausdünstung ihres Körpers, das Silber, als Halsschnallen und Ermelknöpfe, gelb angelaufen. Ein Beweiß, daß die Schwefeltheile dieses Mineralwassers, durch die einsaugenden Gefäße, zu den Säften des Körpers gelangt sind.

III.Der **Geschmack** dieses Mineralwassers ist eben so durchdringend schwefelicht, als der Geruch. Es schmeckt dasselbe schwefelhaft, balsamisch, gelind bitterlich, und etwas salzig, ohngefähr wie eine im Wasser aufgelößte Schwefelleber schmeckt, wenn man noch darunter einige Tropfen von einem destillirten Asphaltwasser*) mischt.

*) Dieses Asphaltwasser wurde aus dem bey Vertiefung der Quellen häufig vorgefundenen Asphalt bereitet, indem eine Drachme Asphalt mit vier Unzen Wasser destilliret wurde.

VI. Bildet sich auf der Oberfläche des Wassers, so wohl auf den Quellen als auch auf dem Abflusse derselben, ein milchblaues, glänzendes schmieriges Häutchen, womit alle Steine, Blätter und

Zweige, welche darein fallen, überzogen werden. Dieses Häutchen zwischen den Fingern gerieben, hat den nämlichen Geruch als das Wasser, nur in weit stärkerm Grade, und die damit überzogenen trocknen Zweige und Blätter brennen, wenn solche ans Feuer gebracht werden, mit einer blauen Flamme und sauerm Schwefelgeruch *). Trift diese Haut beym Abflusse des Brunnens vegetabilische Theile oder Steine an, so werden solche mit einer purpurrothen und weissen schmantähnlichen Materie überzogen. Diese schöne marmorirte Röthe kömmt mit derjenigen, welch ich oben beiy der Farbe des Wassers bemerkt habe, überein, und verliert sich ebenfalls allmählig, wenn die damit bedeckten Steine, Blätter oder Hölzer einige Zeit in der freyen Luft liegen.

*) Dieser in der Quelle vorhandene, und hier am Tage abgesetzte Schwefel, verläßt erst seine mit dem Wasser eingegangene Verbindung, so bald die Mischung der Schwefelleber durch die Luftsäure, welche unsere Atmosphäre enthält, versetzt wird.

[In der Fußnote erklärt Schröter selbst richtig die Häutchen als Schwefel – zu den Reaktionen s.o.]

Aus dieser gesammleten schmantähnlichen Materie, welche im Abflusse unter dem Wasser über achzig und mehrere Schritte zu finden ist, *) erhält man durch die Sublimation vielen Schwefel. Vier Unzen fünf Drachmen von solchen mit Schwefelschlamm überzogenen Blättern und Zweigen lieferten nach der Destillation sechs Drachmen eines bräunlichen klebrichten Schwefels **), der aber durch eine wiederholte Sublimation das Ansehen der schönsten Schwefelblumen erhielt, dabey aber noch stark nach flüchtiger Schwefelsäure roch. Sein Gewicht betrug sechstehalb Drachmen. Zugleich gingen bey der Destillation drey Unzen eines milchgelben, stark nach Schwefel und phlogistischer Vitriolsäure riechenden Wassers über, aus welchem sich von selbst der Schwefel präcipitirte. – Ein recht sichtbarer Beweis, des in unserem Wasser vorhandenen, und mit Erdpech vermischten vielen substantiellen Schwefels, der sich auch

V) dadurch recht deutlich zu erkennen giebt, daß das Wasser, wenn solches in etwas grossen Bouteillen verpropft und einige Wochen ruhig aufbewahret wird, alsdann an der untern Oberfläche und an den Seiten des Propfs einen wahren Schwefel absetzt, der mit Schwefelblumen völlig übereinkommt; auf den Boden hingegen wird ein schwarzgrauer mit Asphalt vermischter Schwefel abgesetzt. – Eine eben so seltene als vielversprechende Eigenschaft dieses Mineralwassers.

*) Hr. Brockmann hat gewiß die Menge des Schwefelschlamms nicht zu hoch angegeben, wenn er sagt: daß in einem Distrikte von neunzig bis hundert Schritten etliche Orthofte desselben befindlich sind. S. Crells Beytr. i. d. chem. Annalen B. 3. S. 451.

**) Die braune und schmutzige Farbe dieses Schwefels scheint von dem flüchtigen Oele des Erdpechs herzurühren. Eben diese Meynung hegt der sehr geschickte und einsichtsvolle Herr Andreä, von dem durch die Sublimation erhaltenen braunen und klebricht anzufühlenden Schwefel aus den Fondemens bey Bevieux. S. dessen Briefe aus der Schweiz S. 253.

VI) Der lockere Schaum, welcher in den Kesseln, worinn das Wasser zu den Bädern geheizt wird, beym Kochen entsteht, und nach dem Trocknen das Ansehen einer Schwefelmilch hat, brennet auf einem heissen Bleche mit lebhafter blauer Flamme, die gante schweflicht ist.

Aus diesen Beobachtungen erhellet, wie mich dünkt, die Gegenwart des in unserm Wasser befindlichen wahren und häufigen Schwefels zur Gnüge, und bedürfte also dasselbe in Ansehung des Schwefelgehaltes eben keiner weitern Untersuchung. Da es indeß zu der Erkenntniß der übrigen fixen Theile dieses Mineralwassers zu gelangen nöthig war, Versuche mit reagirenden Mitteln anzustellen, so habe ich dabey diejenigen ebenfalls nicht unbemerkt lassen können, welche den reichen Schwefelgehalt unsers Mineralwassers so vorzüglich bestätigen.

———————

Viertes Kapitel.

Innerer Gehalt des Schwefelwassers durch Versuche mit gegenwirkenden Mitteln.

———

EXKURS zu den *Versuchen mit gegenwirkenden Mitteln*:

Nachbau von Göttlings *Chemischem Probierkabinetts* von 1790

1790 erschien von dem Professor für Chemie an der Universität Jena Johann Friedrich August *Göttling* (1753-1809) ein unscheinbares, 215 Seiten umfassendes Buch in kleinem Format, ohne Abbildungen, mit dem Titel: „Vollständiges chemische Probir-Cabinet zum Hand-gebrauche für Scheidekünstler, Aerzte, Mineralogen, Metallurgen, Technologen, Fabrikanten, Oekonomen und Naturliebhaber... Unter-suchungen auf dem nassen Wege". Darin beschreibt er den Aufbau und Inhalt seines Probierkabinetts. Dieses Buch wird auch als erstes Hochschullehrbuch der qualitativen Analyse bezeichnet. Göttling war beim Apotheker Johann Christian Wiegleb (1732-1800) in Langen-salza in die Lehre gegangen, trat 1775 in die Hofapotheke zu Weimar ein und wurde nach Studien in Göttingen und der Promotion in Jena – gefördert durch Goethe, der Göttlings Probierkabinett in seinem Roman „Die Wahlverwandtschaften" ein literarisches Denkmal setzte – 1789 zum Professor für Chemie, Pharmazie und Technologie an der Universität Jena ernannt. In diesem Anleitungsbuch werden die Nachweisreaktionen beschrieben – mit den *gegenwirkenden Mitteln* = Reagenzien – die auch Schröter für seine Wasseranalysen verwendete. Auch Göttling bezieht sich auf die von Schröter genannten Schriften von Bergmann, Struve und Westrumb, so dass wir davon ausgehen könne, dass er die Schrift – und vielleicht auch das Probierkabinett – von Göttling kannte und verwendete.

Um das Verhältniß unserers Mineralwassers zu gegenwirkenden Mitteln zu erforschen, sind folgende Versuche, nach Anleitung eines **Bergmanns, Struven** *und* **Westrumbs**, *mit Beystand des hiesigen geschickten* **Universitätsapothekers**, *Herrn* **Brockmanns**, *zu wiederholtenmalen, an der Quelle gemacht worden.*

EXKURS:
Der Universitätsapotheker Brockmann über Nenndorfs Quellen
Als Universitätsapotheker war damals Johann Hermann Victor Brockmann (1759-1797), geboren in Wulften (am Harz bei Osterode), gestorben in Rinteln, tätig. Er war von der Witwe des Rats- und Universitäts-Apothekers Justus Friedrich Meine (1750-1782) zunächst Anfang 1782 als Provisor, dann im August 1782 als Beistand angestellt worden und pachtete die Apotheke im Mai 1783. In Nenndorf erhielt er 1787 das Apotheken-Privileg. (persönl. Mitteilung von der Apothekerin Dr. Roswitha Sommer, Bückeburg) Somit ist es möglich, dass die im Folgenden auch beschriebenen quantitativen Analysen in der Apotheke zu Rinteln, heute Engel-Apotheke, stattfanden – jedoch noch nicht in dem erst 1794 errichteten Gebäude in Nenndorf.
In der Zeitschrift *Beyträge zu den chemischen Annalen* von D. Lorenz *Crell* (Dritter Band Erstes Stück, S. 447-454), Helmstedt und Leipzig 1788 erschien auch ein Bericht unter dem Namen *Brockmann* (vier Jahre vor Schlüters Brunnenschrift) *Apotheker zu Rinteln*, aus dem einige Abschnitte im Folgenden zitiert werden:

BROCKMANN:

V.
Nachrichten von der Lage und den Bestandtheilen der kalten Asphaltischen Schwefelquellen zu Hohen- oder Grossen-Nendorf.

§.1. Diese Schwefelquellen von Grossen-Nendorf, einem Dorfe der Grafschaft Schaumburg, haben eine solche schöne Lage, deren sich wohl wenige Mineralwäßer Deutschlands werden rühmen können: hier scheint die Natur selbst an deren Vervollkommnung gearbeitet zu haben.

Allmählig steigt man nemlich von Rotenberg, einer kleinen Stadt, zu einer mäßigen Anhöhe hinan, an deren Ende diese Schwefelwasser zu Tage geführet werden, und wo sich die geräumige Anhöhe anhebt, welche von Westen nach Norden und Osten hin, in einem der fruchtbarsten Gefilde, durch eine ununterbrochene Abwechselung von Dörfern, Fluren, Angern und Wiesen, eine mannichfaltige unterhaltende Aussicht gewähret.

Man kann gegen die Reize dieser Gegend durchaus nicht unempfindlich bleiben. Doch reizender ist die Aussicht, die man von dem etwa 200 Schritt entfernten und allmählig sich erhebenden Gallenberge nach allen Gegenden hat. Hier findet das Auge von seinem waldigten Gipfel herab, allenthalben solche Gegenstände, daß sie, mögte ich sagen, das reizendste Ideal eines completten Landstücks noch übertreffen. Nach Osten hin, hat man hier die Aemter Kahlenberg und Blumenau in einer sehr fruchtbaren Ebene vor sich, und Hannover mit seinen Thürmen kann schon von einem scharfen unbewafneten Auge erblickt werden. Unter den kleinern Städten und Ortschaften, zeichnen sich die Städte Neustadt, Wunschdorf, das Schloß Recklingen, das Amtshauß Blumenau, die Dörfer Lude, Grossen- und Klein-Munzel, Landringhausen und andere mehr, ganz gut aus. Nach Norden ruhet das Auge, nachdem es sich mit den Anhöhen von Sachsenhagen, Bergkirchen, den Rüdingshäuser und Bokmer Bergen, im Bezirke einer Meile, beschäftigt hat, auf dem Steinhuder Meere, auf dessen Mitte sich der Wilhelmstein darstellt. Nichts aber ist bezaubernder bey dem Blick den man hier thut, als am Abend den Untergang der Sonne zu beobachten. Mit was für einer Wonne wird man nicht überrascht, wenn man auf einmal, wenn gleich die Sonne nur noch schwache Strahlen auf den Horizont wirft, das Meer wie eine Fläche voll des glänzendsten Silbers vor sich sieht! Gegen Süden zeigt sich der Deister amphitheatralisch; und streicht an der Seite des Thals in welchem die Stadt Rodenberg liegt, nach dem Amt Lauenau, und verschaft auch hier einen anmuthigen Anblick, indem derselbe sowohl, als vorwärts der Sindel, und die Wälder des Amtes Schaumburg, rechts der Bückeberg, Heisterberg und alte Rodenberg, diese Gegend malerisch schön machen. Natürlich giebt eine so reizende Gegend sehr viel Gelegenheit, alle Arten von Brunnenvergnügungen zu genießen. Zu kleinen Lustreisen geben die Städte Hannover, Hameln, Rinteln, Bückeburg, Stadthagen, Steinhude, Rheeburg, die sämmtlich nicht gar weit entfernt sind, eben so starken Anreiz, als erwünschte Unterhaltung. Die eigene Erfahrung wird jeden Brunnengast, der dieses von Medicinal-Kräften so reichlich gesegnete Wasser besucht, von der Wahrheit des Gesagten überzeugen, und er wird offenherzig gestehen, noch wenig solcher angenehmer Gegenden bey Gesundbrunnen gefunden zu haben.*

*) Diese kurten Nachrichten, habe ich aus der vortrefflichen Schilderung dieser Gegend gezogen, die mir der verehrungswürdige Hr. Pfarrer Seipel zu Grossen-Endorf mitgettheilet hat.

ERLÄUTERUNGEN zu den Ortsnamen
Rotenberg = Rodenberg; Kahlenberg = Calenberg; Wunschdorf = Wunstorf; Schloß Recklingen = Ricklingen, Bergkirchen = Obernkirchen; Sindel = Süntel.
(Vergleich dazu den Text ab S. 30 von SCHRÖTER sowie die Abb. S. 33/34)

§. 2. Unter der ansehnlichen Menge mineralischer Wasser, welche zeither bekannter wurden, mögte sich wohl dem innern Gehalt nach unser kaltes asphaltisches Schwefelwasser sehr *auszeichnen. Es ist dasselbe schon seit undenklichen Jahren nicht nur in den Gränzen seines Ursprungs bekannt gewesen, sondern auch in nicht unbe-trächtlichen Quanitäten außerhalb Landes geführet und stets bey Gicht, hartnäckigen Hautausschlägen, Brustbeschwerden und meh-rern dergleichen Krankheiten mit dem besten Erfolg gebraucht worden. *)*

*) S. S c h r ö t e r von den asphaltischen kalten Schwefelquellen zu Grossen-Endorf im Baldingerschen neuen Magazin für Aerzte (9.B. 3,St. S.229). –) Im verwichenen Sommer 1787 sind, außer dem in Bouteillen verschickten, 240 Oxhofte Wasser [Oxhoft als Volumenmaß, in Hannover 240 Liter; 240 Oxhoft = 57600 Liter] an der Quelle gefüllt und versendet worden. Personen die an der Quelle badetenwaren zu der Zeit 120, welche sämmtlich äußerst vergnügt über den glücklichen Erfolg dieser Cur, diese Quellen verließen.

Hr. Dr. und Prof. Schröter vermuthet wohl nicht ohne Grund, daß dieses dasjenige Wasser ist, welches schon Georg Agricola *in seinem Werke* de natura corum, quae effluunt et terra libr. I. p. 538. *mit folgenden Worten beschrieben:* in radice montis Deisteri, distans ab Hanovera circiter quindecim millia passus versus meridiem non fecta, sed ad casum, ubi fons, cuius aquae clarissimae bitumen, ex nigro rufum, innotat.

§. 3. Es sind der Haupquellen zwey, welche etwa 30 Schritte von einander entfernt und in ihren Bestandtheilen ziemlich gleich zu seyn scheinen. – Der Zufluß des Wassers ist immer und beständig derselbe; weder anhaltende Dürre noch langes Regenwetter vermindern oder vermehren denselben nicht im geringsten. Nie fand man dasselbe auch in dem strengsten Winter, mit Eise bedeckt; sekbst das abfließende Wasser blieb bis auf 90-100 Schritt ungefroren.

§. 4. Noch weiter, als eben angeführte Distanz, setzt dasselbe einen wahren mit Asphalt vermischten Schwefel ab, dessen Menge so ansehnlich ist, daß man sich wundern muß, wie ein so kaltes Wasser so vielen Schwefel, der erst bey Berührung der Atmosphärischen Luft aus seiner Mischung tritt, und als wahrer Schwefel abgesetzt wird, aufgelöst enthalten könne. Ich gebe diese

Mengen gewiß nicht zu hoch an, wenn ich sage, daß in dem angegebenen Distrikt etliche Oxhofte voll dieses Schwefelschlammes befindlich sind. Alle Steine, Zweige, Blätter, Gras oder was sonst hineinkömmt, wird in gar kurzer Zeit dergestalt damit überzogen, daß wenn diese Zweige oder Blätter getrocknet werden, sie als wahre Schwefelstücke zu gebrauchen sind.

Erläuterung:
Der im Wasser gelöste Schwefelwasserstoff wird an der sauerstoffhaltigen Luft langsam, so wie beschrieben, auf folgende Weise oxidiert:

$$2\,H_2S + O_2 \rightarrow 2\,H_2O + 2\,S$$

In den folgende Paragraphen beschreibt BROCKMANN ausführlich seine Untersuchungen des *erwähnten Schlamme*s – auf Schwefel und Asphalt – u.a. durch Erhitzen in einer Retorte, wobei er die Sublimation des Schwefels feststellt.
Im § 12 geht BROCKMANN dann auch auf die übrigen Bestandteile des Wassers ein. – mit Hilfe von 21 unterschiedlicher Reagenzien (s. auch weiter unten bei SCHRÖTER).
Sein Ergebnis lautet:
Aus den zuvor erwehnten Beobachtungen und diesen Versuchen enthält das Wasser:
Substantiellen Schwefel – Schwefelleberluft [Schwefelwasserstoff H_2S] - *Luftsäure* [Kohlenstoffdioxid] - *In Luftsäure oder Schwefelleberluft aufgelöste Kalkerde* [Calcium als Hydrogencarbonat oder Hydrogensulfid] - *Vitriolische Salze* [Sulfate] - *Verschiedene Arten Salze.*
Nach weiteren, dann quantitativen Analysen, gibt BROCKMANN folgende Inhaltsstoffe des Wassers an – hier nach der Menge (ohne Angabe von Gran in Pfund) angegeben:

Selenit [Calciumsulfat] - *Vitriolische Magnesia* [Magnesiumsulfat] - *Kalkerde* [Calciumoxid bzw. -hydrogencarbonat] - *Salzige Magnesia* [Magnesiumsalze] - *Salziges Mineralkali* [Natrium-/Kalium-Salze] - *Bittererde* [Magnesiumoxid bzw. -hydrogencarbonat] - *Kieselerde* [Kieselsäure] und *Erdharz*.

(Im Vergleich dazu Daten in g/kg aus dem *Deutschen Bäderbuch* von 1907:
Calciumsulfat 1,62 – Magnesiumsulfat 0,07 – Magnesiumhydrogencarbonat 0,57 – Natrium- und Kaliumchlorid 0,23 – Natriumsulfat 0,17 und Kieselsäure 0,02)

Am Ende des Berichtes sind noch folgende Angaben von Interesse:
§. 14. (...) – *Seine natürliche Wärme fand ich im August 1787 nach einem genau anzeigenden Thermomter 51°. nach Fahrenheit* [= 10,6 °C]. *Neben der Quelle stand derselbe auf 65°* [= 17,8 °C].

Dies sind Resultate meiner bisherigen Versuche: mehrere anzustellen hoffe ich nächstens Gelegenheit zu haben. Wer von den Schicksalen dieser Quellen, und den Eigenschaften dieses Wassers mehr zu wissen wünscht, den verweise ich auf das schon erwehnte Baldingersche Magazin, in welchem Hr. Dr. und Prof. Schröter mehrere wichtige Nachrichten und Bemerkungen mitzutheilen die Geneigtheit gehabt hat.

In demselben ist auch bereits angezeigt, daß durch die Gnade unsers Durchlauchtigsten Landesvaters sogleich ein Badehaus angelegt und das zur übrigen Bequemlichkeit nöthige Etablissement angeordnet worden sey.

Ob nun gleich die Badegäste den kleinen Spaziergang von Rot(d)enberg nach Endorf (Nenndorf) zu dem gedachten bereits fertigen Badehaus zu machen haben; so können doch die, deren körperliche Beschaffenheit dieses nicht erlaubt, auch in dem Badehause zu Rot(d)enberg dieses Wasser gebrauchen. Die Quellen zu Rot(d)enberg selbst ist vorzeiten häufig besucht, aber durch den äußerlichen Glanz anderer verdrängt: sonst scheint das Wasser dem Rehburger völlig gleich zu schätzen. – Als Brunnenarzt zu Endorf ist von unserm Durchlaucht. Fürsten der verdienstvolle Hr. Dr. und Prof. Schröter ernannt, dem sich alle dorthin kommende Kranke mit völliger Beruhigung anvertrauen, und was menschliche Hülfe durch Anwendung der Heilkunst vermag, von ihm erwarten dürfen.

Brockmann.
Apotheker zu Rinteln.

255

Die von SCHLÜTER genannten Analytiker, nach deren Verfahren er (und wohl auch der Apotheker BROCKMANN) das Schwefelwasser untersuchte, waren folgende:

Torbern Olof *Bergman* (1735-1784), seit 1767 Professor für Chemie an der Universität Uppsala, welcher als der größte Analytik seines Jahrhunderts bezeichnet wird. Er unterschied zwei Arten der Wasseranalyse – die Anwendung von Reagenzien (als *gegenwirkende Mittel* bezeichnet) und die fraktionierte Kristallisation. Beide Vorgehensweisen wurden von Schlüter angewendet.

Mit *Struve* ist Heinrich Struve (1754-1826), Professor der Chemie und Mineralogie in Lausanne gemeint – und nicht der bekanntere, aber später wirkende Friedrich Adolph August Struve (1781-1840), der durch seine Herstellung künstlicher Mineralwässer bekannt wurde.

Johann Friedrich *Westrumb* (1751-1819), Rathsapotheker in Hameln, analysierte zahlreiche Mineralwässer – u.a. von Pyrmont, Driburg, Eilsen und Selters.

WESTRUMB   BERGMAN

SCHRÖTER berichtete im Detail:

1) Lackmustinktur.

Dieses schickliche Mittel, Säuren in Mineralwassern zu entdecken, wird von diesem Wasser roth gefärbt.

2) Lackmuspapier.

Ein in gewissen Fällen noch besseres Mittel als die Tinktur selbst, wird von diesem Wasser gleichfalls roth gefärbt, und verliert diese Röthe, so bald es der atmosphärischen ausgesetzt wird.

[Erläuterung: Sobald das Kohlendioxid sowie der Schwefelwasserstoff, welche im Wasser die saure Reaktion verursachen, sich verflüchtigt haben, verliert – wie Schröter richtig beobachtet – das Lackmuspapier seine rote Farbe.]

3) Kalkwasser.

Dieses zu gleichen Theilen mit unserm Wasser vermischt, sondert augenblicklich einen weissen Niederschlag ab. Diese drey Versuche beweisen, daß Luftsäure oder Schwefelleberluft zugegen ist.

[Die Fällung von Calciumcarbonat (weißer Niederschlag) erfolgt durch die damals noch als Luftsäure bezeichnete Kohlensäure, in Form von Carbonat-Ionen, im Wasser. Die Schwefelleberluft, der Schwefelwasserstoff jedoch spielt hier keine Rolle.]

4) Reine rektificirte Vitriolsäure.

a) Ein Quentchen dieser starken Säure in 16 Loth dieses Wassers

Getröpfelt, erregt häufige Luftblasen oder Perlchens. Diese vier Versuche sind unläugbare Beweise des luftsauren Gehaltes dieses Wassers.

b) Weniger von dieser Säure, wie im vorigen Versuche zu diesem

257

Wasser gemischt, setzte, nachdem es vier Wochen damit gestanden, weder Selenit noch schwererdigen Niederschlag ab. Woraus zu schliessen, daß weder freyer Kalk noch Schwererde zugegen sind.

[Erläuterung: Calciumsulfat – damals noch als *Selenit* bezeichnet (nicht mit Selen zu verwechseln) ist erheblich besser löslich als Calciumcarbonat. Es müssen schon höhere Calciumgehalte im Wasser vorliegen, um einen Niederschlag oder eine Trübung durch Calciumsulfat = Gips, früher als *Selenit* bezeichnet, zu erhalten.]

5)   *Reine rauchende Salpetersäure.*
Erregte das Aufsteigen vieler Luftblasen und einen fast unerträglichen Schwefelgeruch. Läßt man dieses Gemisch einige Zeit stehen, so wird dadurch eine beträchtliche Menge eines substantiellen Schwefels abgesondert.

[Erläuterung: Mit *substantiellem Schwefel* ist der elementare Schwefel gemeint, der sich aus dem Sulfid bzw. Schwefelwasserstoff durch Oxidation mittels Salpetersäure bildet.]

6)   *Kurkumapapier.*
Dieses Papier wird in diesem Wasser merklich braun und beweiset hierdurch die Gegenwart eines alkalischen Salzes.

7)   *Durch Essig gezogenes und roth gewordenes Lackmuspapier.*
Verliert in diesem Wasser seine Röthe und wird wieder
blau.

8)   *Salmiak.*
Dieses wird durch dieses Wasser zersetzt, indem man zwey oder drey Theile davon abraucht, und zu dem Reste denselben mischt, wo alsdann der bekannte urinöse Geruch, des so genannten urinösen Riechsalzes entsteht, der zu erfolgen pflegt, wenn Pottasche und Salmiak mit einander vermischt werden.

[Erläuterungen: Die beschriebenen Reaktion ist auf den Gehalt an Hydrogencarbonat zurückzuführen, das sich beim Eindampfen des Wasser in das basische Carbonat umwandelt – durch Zersetzung – und somit aus dem Salmiak = Ammoniumchlorid das Gas Ammoniak freisetzt.]

Diese 3 Versuche, der 6, 7 und 8te, zeigen die Gegenwart eines alkalischen Salzes oder mit Luftsäure gebundener alkalischer Erden an.

[Erläuterung: Mit *alkalischen Erden* sind die Salze von vor allem Calcium und Magnesium gemeint – damals als Hydrogencarbonat in den Mineralwasseranalysen angegeben, da die Ionenlehre noch nicht bekannt war. Auch die folgende Nachweisreaktion mit einer Seifenauflösung in Alkohol (Spiritus) weist auf die Anwesenheit von vor allem Calcium – es bilden sich Kalkseifen als Flocken.]

9) Seifengeist.
Dieser sondert augenblicklich ein häufiges, flockigtes Wesen ab, und beweiset die Gegenwart aufgelöster Erden.

10) Scheelens Zuckersäure.
Trübt augenblicklich dieses Wasser und sondert einen Niederschlag davon. Ein Beweis, der in Luftsäure aufgelösten Kalkerde.

[Erläuterung: Mit *Scheelens Zuckersäure* ist die Oxalsäure gemeint. Der Apotheker und Chemiker Carl Wilhelm Scheele (1742-1786), in Stralsund geboren, führte um 1770 den Nachweis von Calcium als in Wasser schwer lösliches Calciumoxalat ein. Die Oxalsäure hatte er (wie auch der bereits genannte schwedische Chemiker Bergmann) u.a. durch die Oxidation von Zucker mit Salpetersäure erhalten.]

11) Kaustische Lauge.
Diese sondert augenblicklich einen weissen flockigten Niederschlag davon, und beweiset den Gehalt mehrerer Arten erdhafter Salze.

[Erläuterung: Mit *kautischer Lauge* ist die Natronlauge gemeint und die *erdhaften Salze* von Calcium und Magnesium sowie Strontium bilden damit schwer lösliche Hydroxide.]

12) Salzsaure Schwererde.
Trübt dieses Wasser und erregt einen röthlich braunen
Niederschlag. Ein Beweis der Schwefelleber und Schwefelleberluft.

[Erläuterung: Hier scheint Schröter ein nicht reines Reagenz verwendet zu haben – die *salzsaure Schwererde* ist Bariumchlorid, das als Reagenz mit Sulfat das schwer lösliche weiße Bariumsulfat bildet. Eine rötlich-braune Verfärbung kann nur durch Spuren eines Schwermetalles, vielleicht Eisen oder auch Blei, verursacht worden sein.]

13) Salpetersaure Silberkrystallen.
Zwey Gran zu einem Kubikzoll dieses Wasser gesetzt
wurden augenblicklich schwarz niedergeschlagen.

[Das Silbernitrat bildet mit Sulfid das schwarze Silbersulfid – ein eindeutige Nachweis für den Schwefelwasserstoff bzw. das Sulfid; gleichzeitig vorhandenes Chlorid, das weißes Silberchlorid bildet, kann hier nicht entdeckt werden. Auch die folgenden Reaktionen sind Nachweise von Sulfid – stets als Schwermetallsulfide ausgefällt.]

14) Salpetersaure Quecksilberkrystallen.
Zwey Gran dieser Krystallen wurden in einem Kubikzoll
dieses Wassers gleichfalls schwarz niedergeschlagen.

15) Bleyzucker.
Zwey Gran dieses essigsauren Bleyes zu einem Kubikzoll
dieses Wasser gesetzt erlitten die nehmliche Veränderung.

16) Arsenik.
Zwey Gran von demselben zu einem Kubikzoll dieses
Wassers gesetzt lieferte einen schönen gelben Niederschlag. Das

getrocknete Präcipitat brannte auf einer glühenden Schaufel wie Schwefel.

Diese fünf Versuche, nämlich der 12, 13, 14, 15 und 16te, sind deutliche Beweise eines starken Schwefelgehaltes.

17) Aetzender Sublimat.

a) *Zwey Gran von diesem zu einem Kubikzoll dieses Wassers gesetzt, wurde röthlich gelb nidergeschlagen, und beweiset die Gegenwart eines alkalischen Salzes.*

b) *Ein halber Scrupel dieses Sublimats zu zwey Kubikzoll dieses Wassers gesetzt, erregte eben einen solchen Niederschlag. Dieser getrocknet brannte auf einer glühenden Schaufel wie Schwefel.*

[Erläuterung: Mit *aetzender* Sublimat ist das Quecksilberchlorid gemeint, womit sowohl das Sulfid als auch Carbonate reagieren. Die letzteren bilden zunächst einen gelben Niederschlag.]

18) Sauerkleesalz.

Zwey Gran dieses Salzes sonderten in einem Kubikzoll dieses Wassers einen weißen Niederschlag ab, welches nichts anders als in Luftsäure aufgelöste Kalkerde ist.

[Erläuterung: *Sauerkleesalz* ist das Natriumoxalat – Kleesäure = Oxalsäure, weil diese Säure zuerst aus Sauerklee isoliert wurde. Der Nachweis von Calcium entspricht der Reaktion 10.]

19) Essigsaure Schwererde.

Schied augenblicklich einen weißen Niederschlag davon und beweist die Gegenwart vitriolischer Salze.

[Erläuterung: *Vitriolische Salze* sind Sulfate, die mit der *essigsauren Schwererde* = Bariumacetat wie in Reaktion 12 Bariumsulfat bilden.]

20) Eisenvitriol.
Zwey Gran desselben färben eine Kubikzoll dieses Wassers augenblicklich schwarz. Eine Eigenschaft, welche der Schwefelleberluft eigen ist.

[Erläuterung: Mit dem *Eisenvitriol* = Eisen(II)sulfat entsteht das schwarze Eisensulfid.]

21) Geistige Galläpfeltinktur.
Diese färbte das Wasser nicht.

[Erläuterung: Gallussäure in Alkohol = *geistige Galläpfeltinktur* gibt mit (oxidiertem) Eisen im Wasser eine bläuliche bis schwarze Färbung. Der Eisengehalt war für diese Nachweisreaktion jedoch zu gering bzw. das Eisen war noch nicht durch den Luftsauerstoff oxidiert worden.]

Aus der Beschreibung des vorigen Kapitels so wohl, als auch aus vorliegender Prüfung unsers Mineralwassers mit gegenwirkenden Mitteln, erhellet nun:
*1) Die Gegenwart eines reichen **Schwefelgehaltes**,*
  I.II.III.IV.V.VI. 5.12.13.14.15.16.17.20.
  *a) der **Schwefelleberluft**, I.II.5.12.15.20.*
  *b) des **substantiellen Schwefels**, IV.V.VI.4.5.16.17.*
  *2) Eines **erdharzigen ölichten Wesens**, I.V.*
  *3) der **Luftsäure**, I.2.3.4.5.*
  *4) Einer in **Luftsäure** oder in **Schwefelleberluft aufgelösten Kalkerde**, 6.7.8.9.10.*
  *5) Eine **flüchtigen alkalischen Salzes**, 6.7.8.17.*
  *6) **Vitriolischer** und **verschiedener anderer Arten Salze** 11.19.*

[Erläuterung: Die Zusammenfassung von Schröter ergibt die Anwesenheit folgender Substanzen – hier bereits als Ionen angegeben, wie sie aber erst nach 1900 erfolgte:
Sulfid (bzw. freier Schwefelwasserstoff) /1/, Hydrogencarbonat /3/, Calcium /4/, Sulfat / 6/. Magnesium und Natrium sowie Chlorid

konnte Schröter mit diesen *gegenwirkenden Mitteln* noch nicht zuverlässig erkennen bzw. nachweisen.]

Wie viel nun aber von jedem dieser, durch die Reaktionsproben, entdeckten Bestandtheile in diesem Wasser stecken, solches wird die in folgendem Kapitel angezeigte chemische Zerlegung desselben deutlicher und bestimmter darthun.

Fünftes Kapitel.

Versuche zur Bestimmung des festen Bestandtheile.

Diese Versuche sind mit möglichster Genauigkeit, von unserm geschickten Universitätsapotheker, Herrn **Brockmann**, *gemacht worden, und da ich bey der genauen un sorgfältigen Behandlung dieser Versuche mehrentheils zugegen gewesen bin, so kann ich um so mehr die Richtigkeit, dieser aufs genaueste angegebenen Resultate, bezeugen.*

Es wurden A) **acht Pfund** *dieses Wassers bis zur Trockene abgeraucht. Beym Abrauchen bemerkte man, daß sich, als die Luftsäure durch die Wärme austrat, auf der Oberfläche des Wassers ein kalkartiges Häutchen bildete. Der Rückstand bestand theils aus ungemein weißen, glänzenden Blättchen, theils aus einer ins graulichte fallenden Masse, roch, so lange er warm war, stark nach Schwefel, und hatte einen salzigen bittern Geschmack. Das Gewicht desselben betrug 152 Gran.*

B) Jene 152 Gran (A) wurden in einem Zuckerglase mit zwey Querfinder hoch Weingeist übergossen. Nach 24 Stunden wurde der Geist, durch ein genau gewogenes trockenes Filtrum, davon abgesondert, und der Rückstand mit Wein ausgesüßt. Getrocknet wog er 133 Gran. Er wurde mit (a) bezeichnet.

C) Die geistige Auflösung (B) wurde abgeraucht und man erhielt daraus 7 Gran Kochsalz.

Aus dem noch übrigen abgerauchten Rückstande erhielt man ein Salz von unbestimmter Gestalt, welches sehr bitter und scharf schmeckte und an der Luft bald zerfloß. Als dieses Salz mit stark rectificirter Vitriolsäure zersetzt wurde, so entstanden **salzsaure Dämpfe**, *welche zu verjagen das Gefäß in einem Sandbade so lange erhitzt wurde, bis die Masse ganz trocken abgeraucht war.*

Nun wurde selbige in destillirtem Wasser aufgelöst, worauf sich denn ein harzigtes Wesen zeigte, welches brennend scharf und äusserst bitter schmeckte; dieses abgesondert wog 3 Gran.

Die von diesem Harze abgeschiedene Flüssigkeit wurde, samt dem Absüßwasser, bis zur Trockene abgeraucht; der Rückstand schmeckte noch bitter und zog noch von der Luft an. Es war also noch **salziger Kalch** *oder* **salzige Magnesia** *zugegen. Davon abzusondern, wurde die Masse mit Weingeist übergossen und erhitzt; es schieden sich sechs Gran* **Salz** *ab, welches, wie die damit angestellten Versuche lehrten,* **Bittersalz** *war.*

Die zurückgebliebene geistige Lauge wurde bis zur Trockene abgeraucht und noch etwas Vitriolsäure dazu gesetzt, wodurch denn abermals **salzsaure Dämpfe** *entwickelt wurden, welche durchs Feuer ausgetrieben wurden und das Rückbleibsel in Wasser aufgelöset und filtrirt wurde. Im Filtro erhielt man einen Gran* **erdharzige Stoff.** *– Die abgelaufene Lauge, behandelt wie zuvor, gab fünf Gran* **Bittersalz.** *Diese fünf und jene sechs Gran Bittersalz machten in ihrem vorigen Zustande etwa 9 Gran* **salzige Magnesia** *aus. Auf Eisen konnte man keine Vermuthung haben, weil keines von den reagirenden Mitteln auf das Daseyn desselben zeigte.*

D) Jetzt wurde der bey B erhaltene Rückstand, welcher 133 Gran wog und mit (a) bezeichnet war, genommen und in destillirtem Wasser aufgelößt, worauf 90 Gran zurückblieben, die mit (b) bezeichnet wurden. Das abgelaufene, welches noch 43 Gran aufgelöst enthielt, wurde langsam abgeraucht, und schieden sich bald Krystallen davon, welche abgesondert, zwey Gran wogen, und aus lauterm Selenit befunden.

Nach Absonderung desselben wurde doppelt so viel, als die Lauge betrug, Weingeist zugesetzt, wodurch sich augenblicklich ein weißer Niederschlag absonderte, welcher getrocknet zwey Gran wog, und ebenfalls Selenit war.

Die rückständige Lauge wurde mit heißer Lauge auf Pflanzenalkali zersetzt, hierdurch entstand ein lockerer weißer Niederschlag, der getrocknet neun Gran wog, und sich in destillirtem Weinessig gänzlich auflösete, folglich aus reiner Bittersalzerde bestand! Diese neun Gran Erde machten, zuvor mit Vitriolsäure gesättigt, etwa 27 Gran Bittersalz aus.

Freies Laugensalz war nicht zu finden, ob gleich obige Reaktionsversuche 6. 7. 8. 17. dessen Daseyn vermuthen ließen.

E Nun war noch jener bey D erhaltene und mit (b) bezeichnete 90 Gran wiegende Rückstand, welcher so wohl vom Wasser als Weingeist unaufgelöst geblieben, zu untersuchen übrig. Es wurde derselbe einige Finger hoch mit Weingeist übergossen und so lange Goldscheidewasser hinzugetröpfelt, als sich noch etwas dadurch auflöste, hierauf die Mischung kochend heiß einige Minuten ins Sandbad gestellt und nach dem Erkalten das Flüssige davon geschieden. Der davon erhaltene Rückstand wog 63 Gran. Diese 63 Gran und obige unter D) erhaltene 4 Gran Selenit, mit 30 Unzen destillirtem Wasser eine halbe Stunde gekocht, ließen 4 Gran unaufgelöst zurück. Diese waren **Kieselerde**, und jene 63 Gran, welche vom Wasser durchs Kochen aufgelöst wurden, waren **Selenit**. Die von den 63 Granen abgelaufene Lauge wurde bis zur Trockene abgeraucht, das Rückbleibsel in destillirtem Wasser wieder aufgelöst, und so lange kaustisches flüchtiges Alkali hinzugetröpfelt, als von diesem noch abgeschieden wurde. Abgesondert wog dieser Niederschlag vier Gran und war **Bittersalzerde**. Nach Absonderung dieser Erde wurde die übrige Flüssigkeit mit heisser Lauge aus Pflanzenalkali zerlegt, und daraus 23 Gran Kalkerde erhalten.

Aus den hier bemerkten Versuchen A. B. C. D. E. ist demnach zu schliessenm daß acht Pfund des Nendorfer Schwefelwassers an festen Bestandstheilen enthalten:

	In 8 Pfund Wasser.	In 1 Pfund Wasser.
Salziges Mineralkali C.	*7 Gran*	*7/8 Gran*
Salzige Magnesia, oder bitter		
Kochsalz, C.	*9 –*	*1 1/8*
Erdharz, C.	*3 –*	*3/8*
Vitriolische Magnesia,		
oder Bittersalz, D	*27 –*	*3 3/8 –*
Vitriolisches Mineralalkali,		
oder Glaubersalz, D	*12 –*	*1 ½*
Selenit, D und E	*63 –*	*7 7/8*
Luftsaure Kalkerde, E	*23 –*	*2 7/8*
Luftsaure Bittersalzerde, E	*4 –*	*½ –*
Kieselerde, E	*4 –*	*½*
	152 Gran.	*19 Gran.*

[Erläuterungen: Mit diesen Ergebnissen hat Schröter als Hauptinhaltsstoffe der Nenndorfer Schwefelquelle folgende Salze bestimmt – in Klammern die Ergenisse der Analysen von E. Hintz aus den Laboratorium von Fresenius in Wiesbaden 1905 in mg/kg: Natriumchlorid (216) – Magnesiumsulfat (als Bittersalz) (68) – Natriumsulfat (als Glaubersalz) (174,4) – Calciumsulfat (als Selenit) (1621) – Calciumhydrogencarbonat (als luftsaure Kalkerde) (von Hintz wird Calcium als Calciumsulfat angegeben) – Magnesiumhydrogencarbonat (als luftsaure Bittersalzerde) (574) und Kieselsäure (als Kieselerde) (20). Beschränkt man sich – ohne Vergleich der Mengenangaben – auf die (festen) Hauptinhaltsstoffe, so sind bei Hintz genannt: Natriumchlorid, Natriumsulfat, Calciumsulfat und Magnesiumhydrogencarbonat – was qualitativ erstaunlich gut mit den Ergebnissen von Schröter bzw. des Apothekers Brockmann übereinstimmt.

Versuch mit dem oben beschriebenen lockern Schaume, der in den Kesseln, worinn das Wasser zu den Bädern geheizt wird, beym Kochen entsteht.

Höchst rectifizirter Weingeist damit digerirt und noch warm davon filtrirt, erhielt ein gelbliches Ansehen und einen starken scharfen schweflichten Geschmack. Vitriolsäure zu dieser Auflösung getröpfelt, schied den Schwefel davon, und lieferte zugleich Selenitkrystallen. Dieser mit dem Schwefel zugleich abgesonderte mithin mit Schwefel vermischte Selenit, brannte mit eben der Schwefelflamme, wie der trockene Schaum selbst.

Wasser auf das vom Weingeiste Unaufgelöste gegossen, lößte Selenit auf, der mit essigsaurer Schwererde, Schwerspat gab.

Alkalische Lauge mit dem Rückstand gekocht, lößte noch Schwefel auf, der sich durch Vitriolsäure präcipitirte.

Die Folgerungen daraus sind, daß dieser Schaum aus einer kalkigten Schwefelleber und reinem Schwefel besteht, und bekräftigt die, in den vorigen Versuchen, über die Existenz des substantiellen Schwefels, gesagte Wahrheit.

An dieser Stelle enden die Kapitel zur Geologie, Physik und Chemie der Nenndorfer Schwefelquellen.

Es folgen:

Sechstes Kapitel. Von den allgemeinen Wirkungskräften und Eigenschaften des Nendorfer Schwefelwassers.

Siebentes Kapitel. Von den Krankheiten, bey welchen der innerliche Gebrauch des Nendorfer Schwefelwassers von Nutzen ist.

Achtes Kapitel. Von den Krankheiten, bey welchen der äußerliche Gebrauch des Nendorfer Schwefelwassers von Nutzen ist.

Dritte Abtheilung.
Von verschiedenen Kuren, welche durch das Nendorfer Schwefelwasser verrichtet worden sind.
Krankengeschichten.

Diese Kapitel sind nicht das Thema dieses Buches – viele Krankengeschichten erscheinen uns heute kurios bis unglaublich.

Bedeutende Nachfolger Schröters, die mit den Fortschritten in der chemischen Analytik die Nenndorfer Schwefelquellen untersuchten, waren
1824 Ferdinand *WURZER* (1765-1844), zunächst Chemieprofessor in Bonn, dann ab 1805 in Marburg: *„Das Neueste über die Schwefelquellen zu Nendorg in der kurhessischen Grafschaft Schaumburg*
1835 Friedrich *WÖHLER* (1800-1882), Chemieprofessor in Göttingen, der vor allem die Elemente Natrium, Kalium, Calcium und Magnesium als Chlorid bzw. Sulfate exakt bestimmen konnte.
1850 Robert *BUNSEN* (1811-1899), ab 1841 o. Professor für Chemie und Direktor des Chemischen Institut in Marburg (ab 1852 in Heidelberg).
1905 Ernst Jacob *HINTZ* (1854-1934), ab 1880 im Laboratorium Fresenius in Wiesbaden, 1897 bis 1912 Mitinhaber und Professor – maßgeblich an der Herausgabe der ersten *Deutschen Bäderbuches* (1907) beteiligt.

REZENSIONEN

1. **Allgemeine Literatur-Zeitung** (Jena), Band 2, No. 190. Junius 1794. Sp. 645-648.

Diese in Jena 1785 von dem Weimarer Verleger Friedrich Justin *Bertuch* (1747-1822) zusammen mit dem Jenaer Literaturprofessor Christian Gottfried *Schütz* (1747-1832) und dem Dichter und Schriftsteller Christoph Martin *Wieland* (1733-1813) hatte bei täglicher Erscheinungsweise bereits 1787 etwa 2000 Abonnenten. In ihr wurde die gesamte aktuelle Literaturproduktion der Zeit kritisch rezensiert. Zu den bekanntesten Mitarbeitern zählten Goethe, Schiller, Kant, Fichte und Alexander von Humboldt. Der Rezensent der Schrift von Schröter ist nicht genannt.

„RINTELN, b. Bösendahl: *Nendorfs Asphaltische Schwefelquellen in der Graffschaft Schaumburg,* historisch, physicalisch, chemische und medicinisch beschrieben, von D. *Ludw. Phil. Schröter,* Hofr. Und Prof. zu Rinteln, und Brunnenmedicus zu Nendorf. 1792. XXIV. Und 223 S. 8.

Woher man wisse, daß dieses Wasser schon zu Carls des Grossen Zeiten bekannt gewesen sey, führt Hr. *S.* nicht an. Daß aber Agricola 1546 auf dieses Wasser gezielt habe, wenn er von einer Quelle am Fuße des Diester Berges redet, ist wahrscheinlicher. Es ist daher zu verwundern, daß diese Quelle so sehr vernachlässigt worden, daß sie noch ums J. 1786. nicht viel mehr als eine Pfütze war. Hr. *S.* hat sich durch die Beförderung der Aufnahme dieser Gesundquelle ein wahres Verdienst erworben. Das Wasser ist ein sehr gutes Schwefelwasser, und so stark, wie wir nur ein kalte quellendes Schwefelwasser kennen. Doch sind einige der Schwefelwasser, die warm quellen und namentlich die Achener Wasser um vieles stärker. Was den Asphalt anbelangt, von welchem man diesen Wasser etwas zuschreibt: so sieht man eines Theils nicht wie sich Asphalt in Wasser und sogar klar auflösen könne, theils fehlen auch die Beweise *a posteriori,* daß sich würklich Asphalt darin gefunden habe; vielmehr ist das Gegentheil davon ganz klar. Nach S. 57. wird das Wasser, wenn es 36 Stunden offen an der Luft steht, gänzlich von seinem mineralischen Geschmack und Geruche frey, so daß es ein jeder für ein gutes Trinkwasser erkennen müsse. Die Schwefelleberluft kann auf solche Weise gar wohl von dem Wasser entweichen, aber wer nur im mindesten Grundsatze der Chymie hat, der weiß, daß dieses mit Asphaltischen Bestandtheilen, wenn sie durch irgendein medium dem Wasser zugemischt wären, der Fall nicht seyn könne. Rec. muß folglich gegen den Beynamen eines *assphaltischen* Wassers förmlich protestiren, wenigstens so lange, bis auf kunstgerechte Weise die wirkliche, in der That unmögliche, Gegenwart des Erdpechs in diesem wasser erwiesen seyn wird. Denn diejenige äusserst geringe Quantität (von 3 Gran auf 8 Pfund Wasser) einer bittern Substanz (Asphalt ist nicht bitter), die man für Erdharz nahm, konnte dieses unmöglich seyn, weil sie sich in destillirtem Wasser auflösen ließ, das sich der Asphalt nicht einmahl im Weingeist auflöset. Es ist daher zu vermuthen, daß jene Materie vielmehr der Extrativstof gewesen sey, der fast in allen Mineralwassern und zwar noch wohl in größerer Menge wie hier, ½ Gran aufs Pfund, angetroffen wird. (...)"

Bey der Betrachtung der Wirkungskräftedes N. Wassers, rechnet Hr. *S.* abermals viel auf den bituminösen Bestandtheil, und bezieht sich auf dasjeige, was einige Aerzte vom *Oleo Asphalti* gerühmt haben. man muß aber doch anmerken, daß seit der Zeit davon die Rede fast nicht mehr gewesen sey, und der Ruhm sich nicht bestätigt habe, den man diesem Mittel einst bey Lungegeschwüren zuschrieb. Aeltere Schriftsteller verstehn unter bituminösen Wassern eine rohe Mischung des Bergöls mit Wasser, und nicht eine vollständige Auflösung, jene findet man an vielen Orten, von dieser wäre bisher zu Nendorf das erste Beispiel. – Indessen mag Hr. *S.* diese Zweifel sich zu einer Veranlassung dienen lassen, die Gegenwart wirklicher asphaltischer völlig aufgelöseter Bestandtheile im N. Wasser durch irgend einen *anerkannten* und unparteyischen Meister in der Kunst darthun zu lassen.

Als Schwefelwasser muß man dem N. Wasser Gerechtigkeit wiederfahren lassen. Bey dem innern Gebrauche müßte jedoch auf die Reizbarkeit so wie auf fieberhaften Zustand, wo die

Schwefelwasser nicht dienen, Rücksicht genommen werden. Hr. *S.* hat einige Beobachtungen beygefügt, die dieses aufs neue erweisen. Bekanntlich thun Schwefelbäder vornemlich bey gichtischen Beschwerden gute Dienste und zwar besonders wenn sie langwierig werden, und sich auf äussere Theile werfen, aber auch bey manchen innerlichen Folgen sind sie nützlich; hiernächst sind sie ein schätzbares Mittel bey allerley Hautauschlägen und manchen Folgen derselben. Hr. *S.* meynt auch bey einem scrofulosen Zufalle Nutzen davon gesehn zu haben, das wäre neu, und zu wünschen, daß es sich ferner bestätige. Die allgemeinen Wirkungen der Bäder hat, denn freylich ein Schwefelbad auch, und daher mag der Nutzen rühren, den Hr. *S.* bey einigen Krankheiten des Unterleibes bemerkte, den sonst das Schwefelwasser nicht erklärt. Das Werk beschließt eine Anleitung zum Verhalten bey der Cur, so wie Betrachtungen über die Fälle wo das Schwefelwasser nicht passe, wobey denn doch nur einige gewöhnliche unheilbare Uebel, Schwindsucht, Wassersucht, idiopahtische Lähmungen, dann Entzündungsfieber, Dispositionen, und Anlage zu innern Blutflüssen und zu Lungenblutstürzen genannt sind, so daß folglich dieses Register gar sehr vergrößert werden möchte. Noch ist auch vom Dampfbade und der Dusche mit wenigen Worten geredet. Es ist immer eine Wohlthat für das Publicum, ein so wirksames Wasser mit Bequemlichkeit gebrauchen zu können; ob aber die zbsicht erreicht werden möchte, welche (wenigstens nach den beschriebenen Anlagen dahin zu gehen scheint, aus diesem *Gesundbade* auch ein *Luftbad* zu machen, das wird die Zeit lehren. Die Art der Kranken, welche sich bey Schwefelbädern hauptsächlich versammlet, Gichtbrüchige und solche, die Ausschläge haben, macht schon das Assortiment nicht reizend, und selbst der bey Schwefelwasser herrschende Geruch ist unangenehm; es wäre würklich Nenndorf das erste Schwefelbad auf dem Lande, welches ein Luftort würde, wenn es durch die geschmackvollen Einrichtungen des Landesherrn dahin gebracht werden sollte."

2. **Journal der practischen Arzneykunde und Wundarzney-kunst** Band 16 (S. 29ff) 1803 – Herausgeber C. W. Hufeland:

„Im Jahre 1794 wurde der verstorbene *Schröter* bitter getadelt (*Allgemeine Litteraturzeitung Jahrg.* 1794, No. 190), dass er in seiner angeführten Abhandlung in den Nendorfer Quellen aufgelöstes Erdharz annahm. Man widerlegte ihn, und glaubte, die Unmöglichkeit bewiesen zu haben; obgleich diesen Gehalt schon ältere Naturforscher annahmen.

Jetzt, 9 Jahre nachher, findet man jene Behauptung nicht nur nicht widersprechend, sondern Herr Bergrath *v. Crell* sagt in seinen chemischen Annalen (7. St., S. 5. 9 St. S. 199. des vorigen Jahrgangs), dass Herr Bergcommisair *Westrumb* aus diesen und ähnlichen Schwefelwassern die harzigen Bestandteile ausgeschieden habe. Herr Professor *Schaub*, der bei seinen feinen Kenntnissen in der Chemie die Geschicklichkeit besitzt, chemische Verhältnisse der darzustellen, hat sich früher über diesen Punct (*im Reichsanzeiger* N. 205. den 3ten August 1802) schon bestimmt erklärt, dass man in den Quellen eine wirkliche bituminöse Schwefelseife annehmen dürfe.

Wenn seine schon veranstalteten Versuche wiederholt und vervielfältigt seyn werden, kann das Publicum von diesem schätzbaren Chemiker eine neue, unsern Zeiten anpassende gründliche Darlegung der Bestandtheile der Nendorfer Schwefelquellen erwarten. Ein aufmerksamer Beobachter wird schon durch seinen Sinn den innern Gehalt an Erdpech in diesen Wassern erfahren. Sowohl der Geruch, welchen diese Quellen in ihrer Atmosphäre verbreiten, ist, so wie der Geschmack dieses Wassers, von dem, welches bloss Schwefellebergas enthält, sehr verschieden. Zu Bemerkung dieses Unterschieds sind geübtere Sinne nöthig. Auffallender ist er, wenn man sich mehrere Male nach einander gebadet hat, und nun die trockene Haut des Körpers reibt. Der dadurch entstehende geruch, welcher oft mehrere Wochen hernach noch bemerkt wird, ist dem ganz ähnlich, den man erhält, wenn man Stücke des Stinksteins gegen einander reibt, welcher einen grossen Theil des Gebirges ausmacht, aus dem unsere Quellen entspringen..."

(Ausschnitt aus dem Beitrag *Ueber Erfahrungen in Bädern, mit besonderer Hinsicht auf Nendorf, vom Hofrath und Leibarzt* **Waitz** *zu Cassel*)

Erläuterungen:

Der genannte *Hofrath und Leibarzt* (August Christian) *Waitz* war von 1804 bis 1811 und von 1814 bis 1830 Brunnenarzt in Nenndorf – als Nachfolger von Schröter.

Professor Schaub war zunächst Professor für Chemie und Bergbaukunde in Kassel, dann ab 1806 Erster Salinenbeamter und Oberrentmeister in Allendorf.

Literatur zur Geschichte von Bad Nenndorf

N.N. Bad Nenndorf in Wort und Bild. 175 Jahre Bad nenndorf. Das Jubiläum des Niedersächsischen Staatsbades, 25 Jahre Forschung des Balneologischen Instituts und die Einweihung des neuen Staatlichen Kurhauses sind Anlaß zur Herausgabe dieser Schrift. Niedersächsisches Staatsbad Nenndorf im April 1963.

Evers, Arrien: Bad Nenndorf Niedersächsisches Staatsbad. Die Entwicklung eines Heilbades, Schattauer Verlag, Stuttgart, 2. Aufl. 1978

Kaese, Willi: Chronik des Bades Nenndorf, herausgegeben von der Staatlichen Badeverwaltung Bad nenndorf (Hannover), Druck und Verlag Fr. Oppermann, Bad Nenndorf 1937.

Winckler, Axel: Bad Nenndorf Schwefel-, Sol- und Schlammbad. Im Auftrage der Regierung in Cassel herausgegeben, 25. Aufl. 1924.

Winckler, Axel: Chronik des Bades Nenndorf, 5. Aufl., Industrie- und Handelsverlag, Hnanover 1927.

Weitere Literaturangaben:

Albrecht, Thorsten (Bearb.): Malerische Reise durch das Weserbergland. Anton Wilhelm Strack, Createam. Bückeburg 1997.

Hänsel, Willy: Catalogus Professorum Rinteliensium, Bösendahl, Rinteln 1971.

Schormann, Gerhard: Die Universität Rinteln, in: Rinteln vom Mittelalter bis heute, S. 105-120, (Hrsg.: Kreisvolkshochschule des Landkreises Schaumburg), Bückeburg 1991.

Schröder, Edward: Die Universität Rinteln, Bösendahl, Rinteln 1927.

Schwedt, Georg: Chemische Probierkabinette, Seesen 2001.

Schwedt, Georg: Ferdinand Wurzer und die Gründung des Godesberger Gesundbrunnens, Bonn-Bad Godesberg 2015.

Schwedt, Georg: Schwefel und Schlamm für zwei Thaler. Bad Nenndorf und der Chemiker Friedrich Wöhler, in: Hannoversche Allgemeine Zeitung 21. Sept. 1982 (Aus der Wissenschaft, S. 9).

Teil 4:
Berühmte Chemiker
an den Schwefelquellen zu EILSEN

Zur Geschichte des Gesundbrunnens
aus historischen Berichten

Vorwort und Einleitung

Die erste Analyse der Schwefelquellen zu Eilsen, das sich damals noch *Eylse* schrieb, stammen aus dem Jahr 1791 von dem in Bückeburg geborenen Apotheker und Chemiker Friedrich ACCUM, der in Hannover, London und Berlin wirkte.

Die Ergebnisse seiner Untersuchungen waren mit ein Anlass für die Landgräfin JULIANE von Hessen-Philippsthal, Regentin von Schaumburg-Lippe, Eilsen zu einem Kurbad auszubauen. Nach ihr ist eine der Quellen benannt. Sie kaufte das Land im Bereich der Quellen von den dort ansässigen Bauern und ließ die Quellen fassen.

Im 19. Jahrhundert beschäftigten sich weitere bedeutende Chemiker mit den Schwefelquellen in Eilsen – so der Hamelner Ratsapotheker und Chemiker Johann Friedrich WESTRUMB, der zahlreiche Quellen (von Pyrmont bis Rehburg) analysierte, der aus Bonn stammende Marburger Chemieprofessor Ferdinand WURZER und Carl Remigius FRESENIUS in Wiesbaden, dessen Analysenergebnisse auch in das erste DEUTSCHE BÄDERBUCH von 1907 aufgenommen wurden.

Eine Wanderung anhand der Originalberichte dieser und weiterer bedeutenden Analytiker führt uns zugleich durch die Geschichte des heutigen Bades EILSEN, das sich mit seinen Schwefelquellen im 19. Jahrhundert zu einem Modebad entwickelte – mit prominenten Gästen wie Franz Liszt, Clara Wieck, Hermann Löns und Gerhart Hauptmann.

Christian Friedrich ACCUM
über die Schwefelquellen 1791

Friedrich Christian ACCUM (1769-1838) wurde in Bückeburg in der Schulstraße geboren – als Sohn des Kaufmannes und Seifenfabrikanten Christian Accum (bis zu dessen Taufe 1755 Markus Herz). In der Brande'schen Apotheke in Hannover erlernte er das Handwerk des Apothekers. Es handelte sich um die Hofapotheke unter August Hermann Brande (1708-1783), der infolge der Personalunion der Kurfürsten von Braunschweig-Lüneburg mit England Hofapotheker am Hofe Georg II. in London war. Dessen Sohn August Eberhard Brande (1747-1834) wurde als

Nachfolger seines Vaters Hofapotheker der Königin Charlotte (1744-1818), geb. von Mecklenburg-Strelitz, Ehefrau König Georg III. (1738-1820) und so kam Accum offensichtlich 1793 nach England, zunächst als Assistent von Brande in die Apotheke in der Arlington Street. 1800 errichtete er ein eigenes Laboratorium, vertrieb Chemikalien und Laborgeräte und erteilte dort auch Chemieunterricht. 1801 wurde er zum Chemical Operator am Königlichen Institut (Royal Institution) und 1809 zum Professor der Chemie und Mineralogie am Surrey Institute ernannt. Er engagierte sich für die Einführung der Gasbeleuchtung, wurde 1812 in den Vorstand der 1810 gegründeten *Gaslight and Coke Company* berufen und leitete die erste Londoner Gasanstalt. 1820 veröffentlichte er ein Buch unter dem Titel *Treatise on Adulteration of Food* (deutsch: „Von der Verfälschung der Nahrungsmittel und von den Küchengiften"), in dem er die Verwendung giftiger Lebensmittelzusätze anprangerte. Ab 1822 lehrte er als Professor am Gewerbeinstitut und an der Bauakademie in Belin. (ausführliche Informationen zu Accum im Wikipedia-Artikel)

ACCUMs Bericht in "Crell's Beiträgen zu den Chem. Annalen. Bd. V. S. 450-466 (1791) lautet:

Von Hrn C. F. ACCUM in Cassel.
(Die Ortsangabe ist aus Accums Biographie nicht zu erklären. G.S.)

Diese Schwefelquellen befinden sich zu Eylse, einem Dorfe in der Grafschaft Schaumburg-Lippe, eine Stunde von Bückeburg, am Abhange eines mäßigen Gehölzes, des sogenannten H a r r e l s. Sie sind den Einwohnern dortiger Gegend unter dem Namen der Schwefelquellen bekannt, deren es drey daselbst giebt. Die erste entspringt auf einem Bauernhofe, ist gänzlich verschlammt, wird auch durch das darin fließende Wasser eines nahe gelegenen kleinen Grabens verunreinigt, und ist folglich bis jetzt zum Schöpfen des reinen Wassers völlig unbrauchbar. Die andere liegt etliche hundert Schritte von ersterer, südlich, auf einer kleinen Anhöhe, und entspringt aus einem festen steinigten Boden. Auch die dritte liegt etliche hundert Schritte von dieser entfernt, kaum 2 Fuß von der

Aue, und wird, da dieser Fluß der Quelle immer näher rückt, sich bald gänzlich mit selbiger vermischen, und mit sich fortreißen, wenn nicht zeitig genug Vorsicht gebraucht wird.*)

*) Ohnlängst hatte ich das Glück, einige mit diesem Wasser angestellte Versuche der Durchlauchtigsten Fürstin von Schaumburg-Lippe persönlich einhändigen zu dürfen, und diesen Umstand mündlich mit zu erwähnen, auf deren Befehl diese Quellen jetzt nicht nur gehörig aufgeräumt und gefasst, sondern auch Badeanstalten veranstaltet worden sind.

Gegen Mittag werden selbige vom Euderberge, gegen Mitternacht aber von Harrel eingeschlossen. Aeußerlich sieht man, daß diese Berge flöz- und kalkartig sind, wie der eine halbe Stunde entfernte Steinbruch bey der Pappiermühle beweiset. Theils bestehen sie auch aus Sandsteinen, die ebenfalls eine Viertelstunde davon im Harrel gebrochen werden, und die den hiesigen Gegenden gebräuchlichen Baustein geben.

Zwischen diesen beträchtlich hohen Bergen, die sehr gutes Bau- und Brennholz liefern, liegt das Dorf Eylse in einem sehr fruchtbaren Thale an der Aue, es ist theils mit Feldlande, theils mit sehr fruchtbaren Viehweiden umgeben. Südlich desselben liegt auf einem ziemlich hohen Berge das alte Bergschloß Arensburg,; daß selbiges in alten Zeiten wahrscheinlich eines Festung gewesen, lassen die daselbst noch bis jetzt befindlichen Ueberbleibsel derselben vermuthen.

Alle diese Quellen sind noch in ihrem natürlichen Zustande, nicht aufgeräumt noch eingefaßt. Da die erste mit wildem Wasser verunreinigt wird, die andere aber, dem äußern Anscheine nach, nicht so reichhaltig an Schwefel ist, so bestimmte ich die dritte an der Aue liegende zur Untersuchung, weil selbige nicht nur rein quillt, sondern auch von wildem Wasser frey ist.

Diese Quelle entspringt aus einem schwarzen thonigten Boden; der Kessel derselben ist ohngefähr 3' tief und 6' breit. Nahe um derselben befinden sich ungeheure Felsenstücke von Duckstein, welcher ganz frey liegt; unter derselben findet man Thon, Kalkstein, Wurzeln u. dgl. Daß dieser Stein, da er ganz frey oben auf dem Boden liegt, erst später durch gewaltige Revolutionen entstanden

279

sey, ist sehr wahrscheinlich. Der Boden und die Quelle ist Sand, mit Thon vermischt.

Bis jetzt sind diese Quellen von Niemanden chemisch untersucht, noch von keinem Naturforscher, oder sonst Jemanden In Aufmerksamkeit gezogen worden, auch sind selbige bis hierher wenig medicinisch gebraucht worden; die Ursache hievon ist wohl keine andere, als daß sie noch nicht genugsam bekannt gewesen sind; ohnstreitig würde deren Gebrauch schon längst weit üblicher gewesen seyn, wenn die Kunst der Natur nur in etwas unterstützt hätte. Dennoch aber könnte ich hier Exempel anführen, wo dieses Wasser mehrern Leidenden ihre verlohrne Gesundheit wieder gegeben hat; da aber dieses nicht zu meinem Zwecke gehört, so übergehe ich es, und liefere vielmehr gleich die Resultate meiner Untersuchung, die ich mit dem Wasser dieser letzten Quelle angestellt habe.

Physische Eigenschaft des Eylser Mineralwassers.
A. Du Wasser setzt auf alle Körper, worüber es fließt, eine weiße rahmähnliche Materie ab, und überzieht sie damit. Sie ist gerade so, wie sie Herr Brockmann bey einem berühmten Schwefelbrunnen beschreibt.*)
*)Crells Beyträge zu den chemischen Annalen. B. 3, S. 451.
(Gemeint ist der Beitrag des Rintelner Apothekers Brockmann mit dem Titel „Nachrichten von der Lage und den Bestandtheilen der kalten Asphaltischen Schwefelquellen zu Hohen- und Grossen-Nendorf – s. in G. Schwedt, Ludwig Philipp Schröter über die Schwefelquelle zu Nenndorf – ab S. 249.)

B. Im Bassin der Quellen hat dies Wasser ein etwas milchweißes Ansehen, im weißen Glase gegen das Licht gehalten, ist es ganz klar. Nachdem es aber mehrere Tage der freyen Luft ausgesetzt gewesen, wird es milchigt und trübe. Auf dem Spiegel des Wassers schwimmt bey ganz trockner Witterung ein glänzendes weißes Häutchen, welches getrocknet auf glühende Kohlen geworfen, mit einer blauen Flamme und erstickendem Schwefeldunste verbrennt. Auch trifft man oftmals ein zartes röthliches Pulver auf dem Wasser schwimmend an.

C. Der Geruch ist gerade dem Geruche der Schwefelluft gleich, der die größte Aehlichkeit mit dem der faulen Eyer hat. Schon auf 20 und mehrere Schritte von der Quelle entfernt, ist diese luftförmige Dunstatmosphäre deutlich merkbar. Das Wasser, das etliche Tage an einem temperirten Orte der freyen Luft ausgesetzt gewesen war, verlohr diesen eigenthümlichen Bestandtheil gänzlich.

D. Der Geschmack ist demjenigen völlig gleich, den mit Schwefelluft geschwängertes Wasser besitzt; jedoch unterscheidet eine empfindliche Zunge etwas ganz weniges Bittersalzigtes an demselben. – Etliche Flaschen, die auf das beste für den Zutritt der freyen Luft verwahrt gewesen, waren nach Verlauf von 9 Monaten im geringsten nicht verändert. Geschmack, Geruch und Ansehn war in allem dem frischgeschöpften Wasser ganz gleich. Jedoch hatte selbiges, wo es die eingeschlossene Luft berührte, einen schwarzen Ring abgesetzt. Dieses schwarze, auf der Flasche sorgfältig gesammlete, Pulver war ohne Geschmack, löste sich im Weingeiste auf, und verbrannte auf glühenden Kohlen mit einem besondern pechartigen Schwefelgeruche.

(Es folgen unter E. die Bestimmung der Temperatur mit 57° Fahrenheit bw. 10° Reaumur und unter F. des spezifischen Gewichts – umgerechnet mit 1,0015.)

Danach beschreibt Accum ausführlich die „Prüfung der Dunstatmosphäre dieser Quelle" – mit folgender Technik der Probenahme:
Eine mit reinem destillirten Wasser gefüllt Flasche ließ ich nahe über dem Spiegel des Wassers umgekehrt bis auf ein weniges auslaufen, verkorkte selbige, und stellt sie so umgekehrt hin...
Nach dem Zusatz von konz. Salpetersäure erhielt er einen schönen gelben Niederschlag, mit einer Bleiacetat-Lösung in einer zweiten auf diese Weise gefüllten Flasche ein schwarzes Pulver und mit etlichen mit Bleiweiß eingeriebenen Stückchen Papier erhielten nach kurzer Zeit über dem Wasser an der Quelle anfangs ein graues, nachher aber schwarzes Ansehn. Und schließlich färbte sich auch ein fein polirtes Silberblech, das auf eben diese Art der Atmopshäre des

Wassers eine Zeitlang ausgesetzt gewesen war, (...) anfangs rothbraun, und zuletzt schwarz.

Und daraus folgert Accum:

Aus diesen Versuchen ersieht man also deutlich, daß das luftförmige Wesen der Dunstatmosphäre dieses Wassers nichts anders, denn wahre Schwefelleberluft sey... (...) – Dasjenige Wesen, das sowohl das Nendorfer, als auch alle übrigen mir bekannten ähnlichen Wässer, zu wahren sogenannten Schwefelwässern macht...

Als Bestandteile ermittelte Accum dem Stand er damaligen Analytik entsprechend folgende Stoffe *bezogen auf 1 Pfund Wasser in Gran: Asphaltisches Harz 3/8 – Extractivstoff 7/24 – Salzgesäuerte Kalkerde 1 1/14 – Salzgesäuerte Bittererde 1 - Vitriols. Mineralalkali oder Glaubersalz 13 1/6 – Vitriols. Magensia oder Bittersalz 2 5/6 – Selenit 3 2/3 – Luftgesäuerte Kalkerde 2 – Luftgesäuerte Bittererde 1 ¼ - Luftgesäuerte Alaunerde 1/14 –* Außerdem die Gase *Schwefelleberluft und Fixe Luft oder Luftsäure.*

Abschließend schrieb Accum:

Mögte dies wenige andere einsichtsvolle Chemisten, worauf die dortige Gegend stolz seyn kann, aufmuntern, dieses Wasser ihrer Aufmerksamkeit zu würdigen, mit demselben mehrere und bestimmte Versuche zu verschiedenen Jahreszeiten an der Quelle, anzustellen, um bey dem, bey allen Quellen veränderlichen Gehalte eine Mittelzahl für diese Bestandtheile mit Genauigkeit festzusetzen. Ob dieses kalte Schwefelwasser nicht die Aufmerksamkeit jedes Chemisten, Patrioten und Arztes verdiene, überlasse ich Männern, die tiefere Einsicht in dieser Sache besitzen. Man vergleiche dasselbe mit anderen Mineralwässer dieser Art, und Urtheile.

Der Ratsapotheker WESTRUMB aus Hameln
in Eilsen 1805

Johann Friedrich WESTRUMB (1751-1819)

Frontispiz zu:

Johann Friedrich WESTRUMB (1805):
Beschreibung
der Gesundbrunnen und Schwefelbäder zu Eilsen
in der Grafschaft Schaumburg.

Die Schrift im Kleinformat umfasste 229 Seiten; ein weiterer Teil des Buches, in dem u.a. Auszüge aus vorangegangenen Untersuchungen enthalten sind, weitere 142 Seiten. Noch heute lesenswert sind die §§ 1 und 2 der Einleitung sowie die §§ 11 bis 14, die sich mit dem Aussehen, Geruch und Geschmack der Quellen (den heute als organoleptisch bezeichneten Eigenschaften) beschäftigen. Sie sollen im Folgenden mit Erläuterungen und etwas gekürzt wiedergegeben werden. Sie lesen sich wie ein Reiseführer für Kurgäste aus der Zeit um 1800.

Einleitung
§. 1
Veranlassung der Beschreibung und chemischen
Analyse der Eilsener Mineralwässer.

Das schönste und fruchtbarste Ländchen des nördlichen Deutschlandes, die Grafschaft Schaumburg-Lippe, welche, rechnet man ihm das nahegelegene Rehburger Bad und den merkwürdigen Steinhuder See, in dessen Mitte Graf Wilhelm *die berühmte Festung, der Wilhelmstein, erbauete, hinzu, mit Recht den Namen der norddeutschen Schweiz verdient, hat das Glück genossen, meherere achtungswürdige Regenten zu besitzen. Wem ist der* Graf Wilhelm, *der Held, der Philosoph nicht bekannt, der als Soldat und Gelehrter gleich berühmt war? Er hat viel, sehr viel für sein Land gethan und manche nützliche Anstalt, unter andern vortreffliche Unterrichts-anstalten für den Militair- und Bürgerstand, errichtet. Ihm folgte, nach einem kurzen Zeitraume, in welchem Graf* Philipp Ernst *regierte, die Gemahlin des letzteren, die* Fürstin Juliane, *aus dem Hause Hessen, eine höchstverehrungswürdige Frau.*

ELÄUTERUNGEN
In Schaumburg-Lippe, nach dem Aussterben des Hauses Holstein-Schaumburg in männlicher Linie erfolgte 1647 eine Aufteilung der Grafschaft Schaumburg, regierte Graf Wilhelm (1724-1777) von 1748 bis 1776. Er gilt als bedeutender Militärtheoretiker. Als Heerführer nahm er am Siebenjährigen Krieg teil. In seiner Grafschaft förderte er Gewerbe und Ackerbau. Sein Vorbild war König Friedrich II. von Preußen. In der „Geschichte des Landes Niedersachsen" (5. Aufl. 1988) heißt es: „Im Siebenjährigen Krieg ist er zunächst unter Ferdinand von Braunschweig an der Schlacht bei Minden beteiligt, dann verteidigt er als Feldmarschall der enplisch-portugiesischen Truppen die Unabhängigkeit Portugals gegen Frankreich und Spanien. In seinem kleinen Lande zeugt für seine militärischen Talente nur noch die Errichtung einer Festung en miniature, des Wilhelmsteins, mitten im Steinhuder Meer; auf der dortigen Kriegsschule erfährt kein Geringerer als Scharnhorst seine militärische, vor allem artilleristische Ausbildung. Graf Wilhelm ist

auch ein Förderer geistiger Kultur, er beruft Th. Abbt, den ‚Bückeburger' Bach, und Herder, der von Bückeburg nach Weimar übersiedelt." – Philipp Ernst (1723-1787), regierte ab 1777 als Graf Philipp II. zu Schaumburg Lippe. Die Gräfin Juliane (1761-1799) und Hraf Wilhelm haben ihre Grabmonumente südlich des Jagdschlosses Baum, nördlich der ehemaligen Residenz Bückeburg im Schaumburger Wald gelegen.

Gräfin JULIANE Wilhelmine Luise von Hessen-Philippsthal (1761-1799) wurde in Zütphen in der Provinz Geldern geboren. Ihr Vater Wilhelm von Hessen-Philippsthal (1726-1810) war in holländischen Diensten General der Kavallerie und Gouverneur von Herzogenbusch, so dass Juliane teilweise dort aufwuchs. 1780 heiratete sie in Philippsthal den Grafen (und Witwer) Philipp II. Ernst zu Schaumburg-Lippe (1723-1787). Nach dessen Tod übernahm sie gemeinsam mit Graf Johann Ludwig von Wallmoden-Gimborn (1736-1811), kurhannoverscher Feldmarschall und Kunstsammler, die Regentschaft über ihren unmündigen Sohn Georg Wilhelm (1784-1860). Unmittelbar nach dem Tod ihres Mannes ließ Landgraf Wilhelm von Hessen-Kassel die Grafschaft Schaumburg-Lippe als heimgefallenes Lehen militärisch besetzen. Landgräfin Julian jedoch konnte durch Einschalten ds Reichshofrates und mit Unterstützung aus Hannover und Preußen einen schnellen Abzug der Truppen erreichen. Im Februar 1787 hatte sich in der Festung Wilhelmstein etwa 150 Soldaten verschanzt, als die Hessen die Festungsinsel mit 2800 Mann belagerter, sie aber nicht einnehmen konnten. Auch wurde der Wilhelmstein vom Kurfürstentum Hannover unterstützt, zu dem das Norduferx gehörte, wo die Koalition aus Preußen und Hannover mehrere tausend Soldaten zusammenzog und so auch die Hessen ihren Rückzug antreten mussten.

Die Regentschaft der Landgräfin JULIANE wird als sehr segensreich bezeichnet; sie führte Reformen in Wirtschaft und Schulwesen durch, schränkte die Hofhaltung ein und konnte Steuerkürzungen durchsetzen – und sie gilt als die Gründerin des Kurbades Eilsen.

Unter dem vielen Guten, so das Land dieser Fürstin verdankt, ist es ihr auch den Plan und die ersten wesentlichen Vorkehrungen zu Errichtung der Badeanstalt in Eilsen schuldig. Sie lernte auf ihren Reisen die Bäder zu Plombieres, zu Enghien, zu St. Armand kennen, fand im Eilsener Thale Schwefelwässer und schwefelhaltigen Schlamm, die ihr Ähnlichkeit mit jenen Wässern und Übereinstimmung mit dem als äußerst heilsamen Badeschlamm zu St. Armand zu haben schienen. Dies erzeugte in ihr den Wunsch, Deutschland eine solche Badeanstalt, wie zu St. Armand ist, und ihrem Land den Nutzen, den diese Anstalt natürlich haben wird, zu verschaffen. Sie machte mit der Ausführung dieses Wunsches eigentlich erst im Jahre 1797 den Anfang, und übertrug die Betreibung des Geschäftes ihrer vormundschaftlichen Rentkammer. Der auf dem Situationsrisse mit A bezeichnete Brunnen, der jetzt den Namen des Georgen-Brunnens führt, wurde aus Veranlassungen, welche der Leser in dem nächsten § erfahren wird, zwar schon im Jahre 1799 aufgeräumt, und mit Ringsteinen gefaßt, jedoch damals noch auf eine ausgedehnte Badeanstalt nicht gedacht. In der Folge wurde diese Quelle von dem jetzt in London befindlichen Chemisten Herrn Accum, einem geborenen Bückeburger, chemisch untersucht. Diese Untersuchung viel sehr zu Gunsten des Wassers aus und war neben den dringenden Anträgen der Bückeburgischen Herren Ärzte, Veranlassung, daß vom Jahr 1891 an nach einander die meisten in Eilsen befindlichen Quellen aufgeräumt und gleich der ersten gefaßt und auf das sorgfältigste vor dem Andrange fremder Quellen verwahrt wurden. Es sind überhaupt Acht verschiedene Mineralquellen; eine derselben liegt auf einer Wiese außerhalb des Brunnenplatzes.

ERLÄUTERUNNGEN zu *Plombieres, Enghien* und *St. Armand*
Plombières-les-Bains ist eine französische Gemeinde in der Region Lothringen, deren Quellen zu gallo-römischer Zeit entdeckt, während der Völkerwanderung zerstört und im Mittelalter wieder aufgebaut wurden. Das *Bai Stanislas* (Stanislaus-Bad) aus dem 18. Jahrhundert gibt es noch heute. Die 27 schwach mineralisierten *Heißen Quellen* weisen Temperaturen zwischen 57 und 84 °C auf.

Enghien-les-Bains ist heute eine der begehrtesten Wohn-gemeinden in der Hauptstadtregion Paris. Die Schwefel-quellen im Kurort Enghien an einem See nördlich von Paris wurden im 19. Jahrhundert ziemlich häufig benutzt. Im „Universal-Lexikon" von PIERER (1842) ist zu lesen, das die „allkalisch mineral. Schwefelquellen von 12° R., in dem Thale von Montmorencz, fasr 2 M. von Paris, 1697 entdeckt, bis 1766 vergessen, dann wieder aufgefunden u. 1771 chemisch untersucht, 1822 von Ludwig XVIII. mit Erfolg gebraucht@ worden seien.

St. Armand-les-Eaux im französischen Department Nord weist vier Thermalquellen auf und ist bekannt für seine schwefelhaltigen Schlammbäder. 50 v. Chr. errichteten hier die Römer eine Therme, im 17. Jahrhundert wurden die Quellen neu entdeckt und instand gesetzt.

WESTRUMB

Einige Jahre darauf ertheilte mir die Fürstin den Auftrag, die vorzüglichsten der Eilsener Quellen zu analysiren. Diese Untersuchung ist von mir im Jahr 1799 in Gegenwart der höchstverehrlichen Fürstin angefangen und nach ihrem zu allgemeinen Bedauern zu frühzeitig erfolgten Ableben, im Auftrag des jetzigen Gräflichen Vormundes, regierenden Herrn Grafens von Wallmoden-Gimborn im Jahr 1800, unter den Augen des Herrn Erbgrafen zu Schaumburg-Lippe und mehrerer angesehenen Personen an den Quellen fortgesetzt, und endlich hier, wegen der mancherley Untersuchungen, die deshalb unternommen werden mußten, erst im Winter 1801 bis 1802 völlig beendigt werden können.

Als Ergänzung zu diesen zeitgenössischen Ausführungen von WESTRUMB sei noch Hans PUSEN („Niedersachsen, das Berg- und Hügelland im Süden", Nürnberg 1970) zitiert:

„Nicht auf eine fürstliche Laune führt das vom Harrl, den Bückebergen und dem Wesergebirge umhegte Bad Eilsen seinen Ursprung zurück. Vielmehr war es der Wunsch und Wille des Grafen Philipp-Ernst von Schaumburg-Lippe, der die bereits im 17. Jahrhundert auf vier Höfen verabfolgten Quellen einem größeren

Kreis nutzbar machen wollte. Nichts wußte man zu jender Zeit davon, daß die heilkräftigen Wasser von Bad Eilsen schon vor der Römerzeit bekannt gewesen. Erst die 1810 bei Neufassung einer Quelle in geringer Tiefe gefundene alte Einfassung aus dicken Eichenholzbohlen, die deutlich die ausschließliche Bearbeitung mit dem Steinbeil zeigten, brachten dafür den Beweis. 1780 hatte Philipp-Ernst die Quellen durch seinen Leibarzt Schmidt analysieren lassen. Die tatkräftige Witwe Juliane, die da französische Schlammbad St. Armand kannte, führte die Pläne ihres Gatten durch, ließ 1788 die Quellen ordnungsgemäß fassen, ein Bade- und Logierhaus errichten, einen Kurpark anlegen und wandte sich mit der Bitte um ein Gutachten an Johann Friedrich WESTRUMB. Der berühmte Chemiker zog zum Vergleich unter anderem Schwefelwasser von Medevic und Locka in Schweden, aus Enghien im Hennegau*) und von Baden bei Wien hinzu und gelangte zu dem Ergebnis, daß das Julianenbad und der Georgenbrunnen von Eilsen vor allem damit verglichenen Schwefelwassern den Vorzug verdienten."

[*] Das von PUSEN im Hennegau (Belgien) erwähnte Enghien besitzt keine Schwefelquellen; es ist im Zusammenhang mit der Gräfin JULIANE das zuvor genannte *Enghien-les-Bains* gemeint.]

Der §. 2 aus WESTRUMBs „Beschreibung..." beinhaltet die frühe Geschichte des Bades Eilsen – geschrieben von ihm als Fachmann, der durch seine eigenen Untersuchungen vor Ort zugleich ein Zeitzeuge war:

§. 2.
Historische Nachrichten über die Eilsener Mineralquellen.

Zu welcher Zeit sich diese Quelle zuerst haben sehen lassen oder bemerkt worden sind, darüber ist durchaus keine Nachricht vorhanden. (Es ist dies alles wörtlicher Auszug aus den über diesen Gegenstand vorhandenen Acten.) Sie können in neuern Zeiten sich erst geöffnet haben, so können aber auch uralt seyn. Wenigstens lassen die an der rechten Seite des das Eilsener Thal durchschlängelnden Bachs, die Aue, belegenen Quellen, namentlich die auf dem Tuffsteinhügel und der Quelle C oder der jetzige Augenbrunnen, ein hohes Alter vermuthen; denn nicht gerechnet, daß dieser Tufsteinhügel, selbst Niederschlag aus dem Wasser dieser Quelle zu seyn scheint; so findet sich in der Nähe derselben ein nicht unbeträchtlicher – aus schwefelhaltigem Schlamme gebildeter Sumpf, der aus den Niederschlägen entstanden seyn muß, die diese Wässer, beim Fortfließen, haben fallen lassen. Bey den Quellen an der entgegengesetzten Seite der Aue, nach Bückeburg hin, so wie bey dem am rechten Aueufer gelegenen Georgen-Brunnen, finden sich solche Tufmassen und Sümpfe nicht, und läßt sich also daraus ein Schluß auf ihr hohes Alter nicht ziehen. Da diese aber sämmtlich hart am Bette der Aue quillen, wohin sie gleich ihren Ausfluß nehmen, so ist auch ihr Wasser von jeher frisch abgeleitet worden; und können also alle Quellen sehr al seyn, ohne daß das Nichtdaseyn des Tufstein und der schwefelhaltigen Sümpfe, das Gegenteil beweisen sollte. Bekannt sind diese Quellen seit undenklichen Zeiten. Lange hat der Ort, wo jetzt die vornehmsten Brunnen befindlich sind, den Namen der Stinkplatz geführt, auch ist die Georgenquelle, weil das Wasser derslben, bey Wetterveränderungen, milchweiß wird, de Bottermelkbeke, der Buttermilchsbach, in der Mundart der Eilsener, genannt worden.

Viele Kranke haben alljährlich das Wasser dieses Brunnens, und des fast eben so lange bekannten Julianen-Bades mit Nutz gebraucht. Mehr von Belang wissen die ältesten Bewohner des Orts von diesen Naturschätzen nicht zu erzählen. Ein jeder Vorübergehender, sagen sie, seyn von ihnen wegen ihres üblen Geruchs hinweggeeilt. Das Wasser aus denselben sey indes auch von ihnen wohl, zur Zeit der Ernte, wenn sie kein Bier hätten haben können, getrunken worden, weil, wie sie alle versichern, dieses Wasser in der größesten Hitze, ohne Schaden, kalt getrunken werden könne, und ihnen besser bekomme, als das sonst sehr weiche, klare und wärmere Wasser aus der Aue. Wahre mdeicinische Hülfe leistete es, wie die jetzigen Bewohner des Dorfes sich erinnern, einem ihrer sehr alt gewordenen Nachbarn, der an einer Art der Colik litt, und es jederzeit mit guter Wirkung getrunken hat, und einer von Gicht fast gelähmten Dorfbewohnerin, die durch Baden in dem Wasser gänzlich hergestellt wurde.

Der ehemalige Landphysikus in Bückeburg, Doctor Schmidt, der hernach ausübender Arzt in Obernkirchen gewesen und jetzt in Bremen ist, hat das Verdienst um die Eilsener Mineralquellen, daß er die Landesherrschaft sowohl als das Publicum zuerst mit denselben bekannt und auf die Wichtigkeit dieser mineralischen Wasser aufmerksam gemacht hat. Er übergab nemlich, im Dezember des Jahres 1780, dem Collegio medico zu Bückeburg eine ausführliche Anzeige von seiner desfalls gemachten Entdeckung, von seiner mit drey der Eilsener Quellen – worunter der Georgen-Brunnen und Julianen-Bad enthalten sind, – gemachten chemischen Versuchen, und von den Heilkräften, welche die Wässer an verschiedenen Kranken bewiesen hätten.

Einige Jahre, vor und nach Einreichung des Gutachtens, sind als die Eilsener Mineralwässer, unter Leitung und Anrathung des gedachten Herrn Doctors Schmidt und anderer Ärzte, von vielen Kranken, die aus der Nähe und Ferne nach Eilsen kamen, mit auffallendem Nutzen gebraucht worden.

EXKURS: Das Gutachten vom Landphysikus Schmidt

Über das Gutachten und die Tätigkeit des Landphysikus Doktor SCHMIDT berichtete WESTRUMB in die Vorrede zum zitierten Bericht (ab LXXV) wie folgt:

Die Eilsener Schwefelwasser verdanken ihre erste Bekanntwerdung dem Doctor Herrn Schmidt. Dieser war vormals ausübender Arzt in Bückeburg und überreichte damals der Gräflichen Regierung ein, diese Mineralwasser betreffendes, Gutachten, das ich hier im Auszuge gebe*) und so den historischen Theil meiner Beschreibung dieser Bäder ergänze.

*) Dieses Gutachten ist vom 1ten December 1780, und führt die Überschrift: Kurze Beschreibung der Eilser Schwefelquellen, in der Grafschaft Schaumburg.

Eilsens Mineralquellen sind also früher, oder doch ebenso früh bekannt gewesen wie die Nenndorfer Quellen und haben *wenigstens früher, wie diese, die Aufmerksamkeit eines Arztes erregt.*

„Der Herr Doctor Schmidt erfuhr im Julius 1780, dass sich in Eilsen ein stark nach Schwefel riechendes Wasser befände. Wissbegierde trieb ihn dorthin. Er fand zuerst

    a. den Tufsteinbrunnen; dann

    b. den jetzigen Georgenbrunnen; und

    c. das Julianenbad.

Er urtheilte sehr richtig über die Stärke und die gehaltreiche Beschaffenheit dieser Schwefelbrunnen; denn er behauptet: das Julianenbad sey stärker im Geruche und Geschmacke, wie der Georgenbrunnen, und dieser wieder stärker, als die Quelle die aus dem Tufstein zu Tage komme. Das Julianenbad und der Georgenbrunnen, entsprangen, wie er sie sahe, aus einem schwarzen, sumpfigen und thonartigen Boden. Die Mineralwasser fand er dem ohngeachtet ausserordentlich klar.

Die innen liegenden Steine, Blätter und das nahe gelegene Holz, fand er mit einer weissen schmierigen Haut überzogen.

Den eingezogenen Erkundigungen zu folge, waren diese Mineralwasser schon seit langer Zeit und mit auffallendem Nutzen, gegen verschiedene Krankheiten und Gebrechen, von solchen Personen in Gebrauch gezogen worden, die von ihren Bestandtheilen und deren Heilkräften keine Kunde hatten. Diese Nachrichten vermogten ihn zu einer chemischen Untersuchung der Eilsener Schwefelwasser und zu Versuchen, wie sie sich in Absicht auf Heilkräfte gegen Kranke verhalten würden.

Jene Untersuchung lehrte ihn, dass *a.* diese Quellen, in einer Entfernung von 20, 15, 10 Schritten, wie Schwefelleber rochen, und dass dieser Geruch um so stärker werde, jemehr er sich den Quellen nähere.

b. Das Silbergeräth, so er um und an sich trug, lief in der Nähe der Quellen gelb und braun an. Er bemerkte hierbey, das Silber laufe in der Nähe des Julianenbades schneller an, wie beym Georgenbrunnen, und hier schneller, wie beym Tufsteinbrunnen.

c. Wasser, das Her Doctor *Schmidt* aus den ihm bekannt gewordenen drey Eilsener Brunnen in Flaschen füllte, deren Öffnung er mit blanken Silbergelde bedeckte, färbte dessen

Oberfläche schwarzbraun, auch schwarz. Vorzüglich brachte das Julianenbad diese Farbe zuwege.

d. An freyer Luft sonderte sich aus diesem Wasser ein graugefärbter Schwefel ab, der *zwey und ein Viertel Gran* vom Pfunde Wasser betragen haben soll.

e. Beym Abdampfen des Wassers des Julianenbades, in mässiger Wärme, lieferte es 60 Gran Rückstand von einem Maasse, oder zwey Pfunden Wasser.

f. Im Wasser aufgelöset gab dieser Rückstand – *e.* – 36 Grane Salz, welches *Glaubersalz* zu seyn schien, und 20 Grane Erden.

g. Diese Erde – *f.* – brausete mit Säuren. Sie verlor durch Glühen am Gewichte.

h. Der weissliche Schleim, der sich in der Nähe der Eilsener Brunnen fand, dort Laub, Holz und Steine bedeckte, gab, mit Alkalien und Kalk gekocht, eine gelbe Auflösung. Aus diesen fällten Säuren Schwefelmilch.

i. Die schwarze Erde aus dem Brunnen gab, wenn sie mit alkalischer Lage gekocht worden, einen braunen Absud, aus dem die Vitriolsäure Erdharz fällete.

k. Diese schwarze Erde liess, nach dem Glühen, Eisentheile durch den Magnet ausziehen.

l. Säuren, wie verdünnte Vitriolsäure und Salzsäure, änderten den äusseren Zustand des Schwefelwassers nicht.

m. Alkalien, fixe und flüchtige, fällten eine weisse Erde – *Kalkerde*, sagt Herr *Schmidt* – aus dem Wasser.

n. Die Farbe des Violensaftes wurde anfangs vom Wasser gar nicht geändert; nach 24 Stunden schien sie röthlich geworden zu seyn.

Aus diesen Versuchen, die – wie der Herr Doctor *Schmidt* sagt – nur mit geringen Quantitäten Wasser angestellt worden, und daher bey Untersuchung desselben im Grossen genauere Resultate gewähren würden, folgerte er, daß zwey Pfunde Wasser des Julianenbades

an Kalkerde	20 Grane
an Mittelsalzen	36 –
an Schwefel	5 –

überhaupt also 61 Grane

enthalten werden.

Wenn gleich diese Folgerung, sey die Rede nun von der Beschaffenheit der Bestandtheile, oder ihrer Quantität, der Wahrheit nun auch nicht ganz gemäss befunden werden mögte, so leidet es doch keinen Zweifel, dass der Herr Doctor *Schmidt* mit der Scheidekunst damaliger Zeit sehr vertraut gewesen seyn müsse, und dass seine Untersuchung der Eilsener Wasser, alles das enthält und sagt, was sich damals, bey einer solchen Untersuchung, thun und sagen liesse. *Bergmanni Opuscula*, die erst im Jahre 1788 den Deutschen bekannt wurden, konnten ihm nicht zur Hand seyn, dann würden seine Versuche mit dem Eilsener Wassern bestimmter und instructiver ausgefallen seyn.

Übrigens fand der Herr Doctor Schmidt das Wasser des Julianenbades gegen angehende Wassersucht innerlich als Getränk, und äusserlich, als Bad, gegen veraltete Beinschäden; eingewurzelte Krätze; gegen die Milchkruste; gegen Skorbut; die Gicht und gegen die Podagra, die letztern Krankheiten mit und ohne Gliederschwäche verbunden, höchst heilsam."

————————

(Daran anschließend stellte WESTRUMB den bereits zitierten Beitrag von ACCUM vor.)

Im May des Jahres 1791 entschloss sich die gute Fürstin Juliane, die bisher noch nicht gefassten Quellen aufräumen und fassen zu lassen; Es geschahe dieses gleich hintereinander, und nicht ohne grossen Kostenaufwand. An der jetzigen Georgenquelle zwar schon im Jahr 1788, aber nunmehro auch an der Quelle auf dem Tufsteinhügel, hernachmals an dem Julianen-Brunnen. Die Quelle, so zuletzt gefasst worden, war der sogenannten Augenbrunnen, in dessen Nähe sich auch der Schwefel- Kohlen- und Erdharzhaltige Badeschlamm befindet.

Den Absichten der Fürstin gemäss, welche Bäder, wie die zu St. Armand, Norddeutschland geben wollte, wurden da wo das Terrain erlaubt, Reservoire zum Auffangen des Wassers und des an der Luft aus ihm erfolgenden Niederschlages angelegt. Ein solches sehr grosses Reservoir findet sich in der Nähe des Julianen-Bades.

Die Fürstin und Regentin Juliane, bewogen durch ihre gemeinnützlichen Absichten und durch den Ruf, den die Eilsener Mineralwässer nun schon ohne alles Zuthun durch sich selbst erhielten, und in der Betrachtung, dass in dem kleinen und sehr geringen Dorfe Eilsen die Badenden nur eine einigermassen erträgliche Bequemlichkeit nicht finden konnten, fasste den Entschluss, hier eine gewöhnliche Brunnen- und Badeanstalt anzulegen, und sie mit einem Schlammbade zu verbinden. Sie erwarb daher in den Jahre 1798 und 1799 zu Eilsen, von den Bewohnern, auf deren Grund und Boden die Quellen befindlich waren, gegen ansehnliche Vergeltungen das Grundeigenthim von etwa 23 Morgen Fläche, worauf die sämmtlichen Quellen, außer einer einzigen, entspringen. Sie liess die Häuser, die auf diesen Plätzen standen, wegnehmen und gab ihren Bewohnern bessere und zweckmässiger eingerichtete an anderen Plätzen der Eilsener Dorfmark. Sie liess den Anfang zu verschiedenen Orts-verschönerungen machen. Es wurde von Ihr auf die Anlage eines Badehauses und anderer zweckdienlicher Gebäude gedacht. Aber der Tod entriss Sie zu früh für das gemeinnützliche Unternehmen; Sie hinterliess die Ausführung dem Mitvormunde Ihres Herrn Sohnes, des Herrn Erbgrafen Georg, dem Herrn Feldmarschall Reichsgrafen von Wallmoden-Gimborn. Der Herr Graf von Wallmoden-Gimborn beschloss, die Plane der guten Fürstin Juliane zur Ausführung bringen zu lassen. Es liess Hochderselbe den von Bückeburg nach Eilsen, über den mit Laubholz bewachsenen Berg, den Harrel *genannt, führenden Weg verschönern, und ihn bis auf den Brunnenplatz mit Bäumen bepflanzen. Der Brunnenplatz wurde geebnet, mit Rasen belegt und gleichfalls mit Bäumen bepflanzt. Es entstand mitten auf dem Brunennplatz ein zwar nicht kostbares aber niedliches Badehaus, mit sechs Bädern, einem großen Saale und mehreren Zimmern für Badegäste.*

Das Wasser des Julianen-Bades wurde durch eine Röhrenleitung bis zum Badehause geführt, allwo es in einem grossen Gefässe von Holz, nach der von Neumann beschriebenen Methode *) [Behandlung durch Feuerwärme von Carl Aug. Neumann, Altona 1800] *aufgefangen und erwärmt wird, kalt aber unmittelbar aus der Röhrenleitung in die Bäder fliesset. Zugleich legte man über dem Reservoir, durch welches das überflüssige Wasser des Julianen-Bades abfliesst, und in dem sich das alles niederschlägt, was dies reichhaltige Schwefelwasser an der Luft absetzt, ein Schlammbad an. Diese Schlammbadeanstalt ist zwar noch sehr eingeschränkt und gleichsam in ihrer Wiege: denn es ist erst ein einziges Bad vorhanden. Indessen hat sie doch darin Vorzüge vor der zu St. Amand, dass man, nicht wie dort, immerfort in einerley und eben demselben Schlamme badet, und dass man neben der Badeloge gleich ein Bad von reinem Schwefel- oder auch Flusswasser findet, welches man kalt oder gewärmt haben kann, um sich rein zu abzuwaschen. Für den zu diesen Bädern erforderlichen Schlamm hat die Natur gesorgt; er ist in Menge da und entsteht täglich. Es wird aber jetzt auch für diese Art der Bäder ein besonderes zweckmäßiges Gebäude errichtet werden, worin* **mehrere** *Badelogen mit den dazu gehörigen geschlossenen Cabinetten und Wasserbädern seyn sollen.*

Im Badehause findet man einen guten billigen Speisewirth. Hier und in den Häusern der Dorfbewohner kann man Wohnung und selbst Bäder haben. Letztere haben sich, so gut es ihnen möglich war, auf das alles eingerichtet. Auch fehlt es nicht an grossen hölzernen Zelten, in denen Erfrischungen zu haben sind, und an einer von allen Seiten zuströmenden Menge von Menschen, die theils hier gesund werden, theils sich vergnügen wollen. Das nur eine Stunde entfernte Städtchen dieses glücklichen Landes, Bückeburg, liefert alles was man bedarf, man sey nun seiner Gesundheit halber, oder des Vergnügens wegen zu Eilsen.

So fand ich Eilsen zur Curzeit des Jahres 1802 wieder. Ohnfern dem Platze, wo einige Jahre vorher ein Zelt stand, unter welchem ich die Untersuchungen des Wassers machte, stand das Badehaus. Da, wo kaum andere Menschen als die stillen Dorfbewohner wandelten, waren mehrere Hunderte; man war laut und vergnügt. Man tanzte im Saale des Badehauses und im Freyen. Es war überall Leben und Treiben in dem sonst so stillen Thale. Hoffentlich sehr ich Eilsen bald und verschönerter, dem Zweck, den man hat, entsprechender wieder. De jetzige Regent des Landes, Vormund des Herrn Erbgrafen Georg, der Herr Feldmarschall, Graf von Wallmoden-Gimborn, hat eine namhafte Summe zur Verschönerung des Ortes, zu Anlegung einer grösseren Badeanstalt, und mehrerer Wohngebäude für Curgäste, Wagenremisen, Pferdeställen und sonstigen Erfordernissen, angewiesen, mit deren Verwendung man im nächsten Herbste 1804 den Anfang machen, und den ganzen Bau dergestalt vollenden wird, dass im Sommer 1805 sich einfindenden Curgäste auf vortrefflich und bequem eingerichtete Bäder, gute gemächliche Wohnung und gesunde curgemässe Beköstigung in den billigsten Preisen, ganz zuverlässig werden rechnen können.

Der seit einiger Zeit statt gehabte Aufenthalt, des Herrn Feldmarschalls in Bückeburg, hat Gelegenheit gegeben, dass Hochderselbe nicht allein von der Wichtigkeit einer in Eilsen zu begründenden Badeanstalt Sich überzeugen und das Locale der Quellen Selbst in Augenschein nehmen und untersuchen können; sondern es hat auch Hochderselbe sowohl die Situation der nöthigen Gebäude und Anlagen, als die allgemeine Einrichtng der verschiedenen Bauten bestimmt. Wenn einst Kranke und Leidende in Eilsen das Behagliche, was zweckmässige Veranstaltungen gewähren, wohlthätig empfinden, dann mögen sie mit Dank an diesen vortrefflichen Landesregenten gedenken, Dessen theilnehmende und wohlwollende Gesinnung ihnen diese Vortheile und Bequemlichkeiten verschaffte.

Feldmarschall Graf Wallmoden-Gimborn

BESCHREIBUNG
der
GESUNDBRUNNEN ZU EILSEN:

I. Abtheilung.
Nähere Beschreibung der Eilsener Quellen
und des Eilsener Thales.

§. 3.
Lage des Dorfes E i l s e n und der Eilsener
Mineralquellen.

Das Dorf E i l s en liegt in der Grafschaft Schaumburg, *Gräflich*
Lippischen Antheils und zwar in dem Amte Arensburg, *in einem sehr*
fruchtbaren Thale, das sich von Süden nach Norden ziehet. Dieses
kleine Dorf enthält nur sieben, theils weit zerstreuet liegende Höfe,
auf welchen 50 bis 60 Menschen seyn mögen. Vier von den
Eingesessenen, welche den mineralischen Quellen am nächsten
wohnen, haben bisher Bäder in ihren Häusern gemacht und diese,
sowohl wie die übrigen, auch Curgäste von verschiedenen Ständen
zum Logiren aufgenommen.

An dem Thale nach Nordwesten hin liegt der mit schönen
Buchen bewachsene Berg, der Harrel, *welcher 120 Ruthen von den*
Schwefelquellen seinen Anfang nimmt, und von Südosten nach
Nordwesten bis Bückeburg, in einer Länge von ¾ Stunden fortläuft.
Sein höchster Rücken ist 440 Fuss höher als das Thal worin die
Schwefelquellen befindlich sind.

Nach Südosten liegt der, mit Buchen und Eichen
bewachsene, sogenannte Eilserberg. *Er ist 200 Fuss höher als das*
Thal. An ihn schliesst sich der Obernkircher Forst des Bückeberges,
welcher in einer ansehnlichen Höhe von Süden nach Nordost
mehrere Stunden sich erstreckt.

Nach Südwesten, eine halbe Stunde von den
Schwefelquellen, sieht man eine mit der jenseit fliessenden Weser
gleichlaufende Kette von Kalkflözgebirgen, zwischen welcher sich
bey Hausbergen die Porta Westphalica öffnet. Es sind darunter

namentlich unterschieden der Messingsberg *und* Arensberg, *im Hessichen Antheile der Grafschaft Schaumburg, der* Kleinbremerberg, *der* Wülpker *und* Stammerberg, *die im Preussischen belegen sind.* Dieses Kettengebirge ist 200 und mehrere Fuss höher als der Harrel. *Zwischen demselben und dem Harrel liegt ein sehr fruchtbares Thal, durch welches die chaussirten Heerstrassen von Bückeburg nach Rinteln, wie auch nach Oldendorf und Hameln ihren Lauf nehmen.*

Auf einem dieser Berge, dem Arensberge, liegt das uralte Bersgschloss, die Arensburg, *von dessen Erbauung man nicht bestimmtes weiss, dessen Ruinen jedoch ein mehr als tausendjähriges Alter ankündigen.*

Schloss(Burg)ruine ARENSBURG um 1840 (Ausschnitt)
(aus: Carl Schlickum, Das malerische und romantische Westphalen,
2. Aufl. 1872)

Vermutlich um 1300 von dem Schaumburger Grafen Adolf VI. (1256-1315) erbaut – möglicherweise gab es bereits um 1100 eine Vorgängeranlage. Dem Namen nach war es Sitz der Herren von Arnhem (aus dem Umfeld von Bückeburg und Minden). Die Burg sicherte die strategisch günstige Stelle der Heer- und Handelsstraße über den Steinberger Pass von Rinteln. Ein Umbau erfolgte 1560. *Man siehet dieses Schloss von mehreren Punkten des Eilsener Thals. In diesem Thale liegen die gesammten Quellen, und zwar auf beiden Seiten eines Baches, der das Thal von Sünden nach Osten durchschlängelt und den Namen, die Aue führet. Das Wasser dieses Baches ist äusserst klar und leicht, es führt Krebse, Forellen und andere Fische.*

§. 4.
Anzahl der Mineralquellen.

*Es finden sich, wie der Situationsriss^{Anm} zeiget, Sieben Mineralquellen in einem Oval, von dem der grösseste Durchmesser 48 Ruthen ist. Vier derselben liegen diesseits am linken Ufer der Aue, die vom Messingsberge herab kommt, am Fusse des Harrels, drey andere aber jenseits oder am rechten Ufer des Baches. Fünf dieser Quellen, (...), enthalten Schwefelwasser von grösserer oder geringerer Stärke, die sechste, (...), ist ein luftsaures eisenhaltiges Mineralwasser; und die Quelle G sehr reines süsses Wasser. *)
) Da man jetzt den Auebach zu einem geradlinigen Canale gemacht hat, so ist bey der Gelegenheit noch eine Quelle in der Nähe des Julianen-Brunnens aufgegraben, welche das nämliche Wasser wie der letztgenannte Brunnen giebt. Auch ist in einer an den Brunnenplatz stossenden Wiese noch eine nicht unbeträchtliche schwefehaltige Quelle, welche dem Augenbrunnen gleichet, vorhanden. Obgedachte kleine Quelle ist auf dem Plane mit H bezeichnet. Diejenige auf der Wiese aber fällt nicht in den Umfang des Plans.

[Anm.: In dem benutzten Werk von Westrumb war der genannte Situationsplan nicht enthalten – s. daher im Kap. Quellenspaziergang im 21. Jahrhundert.]

Die folgenden Abschnitte handeln von:
§. 5. Namen der Mineralquellen. (s. Anm. oben)
§. 6. Äussere Gestalt der Quellbehälter.

§. 7. Cubischer Inhalt der Brunnen zu Eilsen, Wassermenge eines jedes Brunnens.

§. 8. Anzeige der Mineralien, die sich in und um Eilsen find.

§. 9. Von den Pflanzen um Eilsen.

§. 10. Namen der um Eilsen gelegenen Städte, Entfernung derselben von den Mineralquellen.

Sie werden hier ausgelassen – es folgt:

BESCHREIBUNG
der
GESUNDBRUNNEN ZU EILSEN.
_____

II. Abtheilung.

Von den äussern in die Sinne fallenden Eigenschaften der Eilsener Mineralwässer.

§. 11
Physische Beschaffenheit des Bodens, in welchem die Quellen entspringen.

Die gesammten Mineralwässer zu Eilsen, die Quelle B auf dem Tufsteinhügel ausgenommen gehen, den von mit darüber angestellten Untersuchungen gemäss, aus den Ablagerungen der Quellen selbst zu Tage. Unter diesem ruhet Sandmergel, denn ein schwarzer thonartiger Boden, der mit Sandmergel oder zermalmtem Tuf, und in grösserer Tiefe mit grossen Tuf- und Sandstein-Geschieben vermengt ist, und abwechselt. Dieser thonartige Boden enthält Schwefel in seiner eigenthümlichen Gestalt und in Gasform. Die Quelle b entspringt in schwefelführenden Tuf.

§. 12.
Die Farbe der Eilsener Mineralwässer.

Die Mineralwässer zu Eilsen *) sind völlig von Farbe frey, klar wie Crystall, und so höchst durchsichtig, dass man in den mehresten Grund der Behälter deutlich sehen kann, so tief sie auch seyn mögen. Diese Klarheit behalten die stärkern Schwefelbrunnen, jedoch nicht ganz unabänderlich, sondern sie werden zu Zeiten in

302

der oberen Wasserschichte bey veränderter Witterung weisslich getrübet. Eine solchen Ausnahme macht vorzüglich der Georgenbrunnen. Dieser hat, bey sehr trockener Witterung, im Bassin der Quelle ein opalisirendes Ansehen, daher ihn der Landmann vormals den Buttermilchsbach nannte. Jene Milchfarbe entstehet von einem Schwefelhäutchen, das ihn zwar stets bedeckt, aber bey trockenem Wetter wie stärker wird.

*) Ich beschreibe den äussern und in die Sinne fallenden Zustand der Eilsener Brunnen hier in möglicher Kürze, und zeichne blos die vorzüglichern durch umständlichere Beschreibungen derselben aus. Wollte ich von jedem hier befindlichen Brunnen mit derselben Umständlichkeit handeln; dann würde ich ein voluminöses Buch zu schreiben haben, und doch nur stete Wiederholungen vortragen, die den Leser nicht belehren, sondern ermüden würden.

Dieses Häutchen entstehet aus einem weissgrauen Nebel, der über dem Wasser schwebt, und bey trockenem Wetter sichtbar wird.

Schöpft man das Wasser des Georgen-Bades mit einem weissen Glase unter diesen Häutchen, oder am Abflisskanale; denn stehet es den übrigen Eilsener Mineralwässern in Klarheit und Durchsichtigkeit nicht nach. Bey andern Brunnen muss man jedoch unterweilen bis auf einen Fuss tief unter dem obern Spiegel schöpfen, wenn man das Wasser vollkommen klar sehen will.

Eine andere Ausnahme macht der Augenbrunnen C. In diesem entstehen gleichfalls, indess nur bei sehr trockener Witterung, – wie sie im Sommer 1801, 1802, Statt fand, – schwarze Flocken, die sich bey näherer Untersuchung als schwefelhaltiges oder hydrothionsaures Eisen, zu erkennen geben. Ähnliche Flocken schwimmen fast immer in der so genannten grossen Quelle zu Nenndorf umher. *)

*) Vermutlich tritt ein luftsaures Eisen haltendes Wasser zu beiden Quellen; in Nenndorf fast immer, in Eilsen aber nur dann und wann. Schwefel, in allen den Verbindungen, wie er sich in Mineralwässern denken lässt, und Eisen, sey es aufgelöset worin es wolle, können neben einander nicht unzerlegt bestehen. Beide Verbindungen

303

zerlegen sich wechselseitig. Das Eisen reisst den Schwefel des Schwefelgases an sich, und bildet nun eine schwarze in Wasser unauflösliche Substanz – ferrum hydrosulphuratum, oder auch ferrum sulphuratum – die in Flockengestalt im Wasser umherschwimmt und zu Boden fällt, wenn sich mehrere zu Einer vereinigt haben. Dass dieses wenigstens bey dem Augenbrunnen zu Eilsen der Fall sey, wird dadurch beinahe zur Gewissheit gebracht, dass wenige Schritte davon, zwischen diesem und dem Brunnen B, eine kleine noch nicht ausgegrabene eisenhaltige Quelle zu Tage geht.

[Heute können wir diesen sehr anschaulich und zugleich auch als richtig verstandenen Vorgang der Fällung von Eisen(II)-Ionen mit Sulfid-Ionen mit der einfachen Gleichung $Fe^{2+} + S^{2-} \rightarrow FeS$ beschreiben! Aus „gelösten" Eisen(II)- und Sulfid-Ionen entsteht das schwarze, in Wasser wenig lösliche Eisensulfid.]

§. 13.
Der Geruch der Eilsener Mineralquellen.
Der Geruch dieser Mineralquellen ist schwefelgasartig oder den faulenden Eiern gleich. Man empfindet diesen Geruch auf 20 bis 40 und mehrere Schritte.. Am stärksten ist derselbe beim Julianen-Bade, minder stark beim Georgen-Brunnen, dem Augenbrunnen und der Quelle auf dem Tufsteinhügel; am allerschwächsten bey der Quelle E zu spüren. Der eisenhaltige Säuerling ist ganz geruchlos.

§. 14.
Der Geschmack dieser Quellen.
Der Geschmack ist ganz besonders; es ist der eigenthümliche süssliche Geschmack des hepatischen Gases. Bey völlig reinen und empfindlichen Geschmackswerkzeugen bemerkt man, – ist der schwefelartige Geschmack vorüber, – hintennach einen bitterlich salzigen Geschmack. Vorzüglich ist der bitterlich salzige Geschmack zu bemerken, wenn man die Eilsener Schwefelwasser langsam hinunterschlürft. In Hinsicht auf die Stärke des süsslich schwefelartigen Geschmacks folgen die Quellen in eben

304

der Ordnung, in welcher sie im vorigen §. aufgeführt worden. Der Säuerling schmeckt schwach eisenhaltig und salzig bitter.

§. 15.
Werfen die Quellen Blasen?

Die Quellen in Eilsen, in dem Zustande wie sie jetzt sind, werfen keine solche Blasen und brodeln nicht so, wie die an Luftsäure reichen Mineralwässer; sie perlen nur beym Einschenken. Luftblasen steigen denn erst aus dem Boden der Quellen auf, wenn man die Behälter derselben, bis auf einige Zolle Höhe, durch Ausschöpfen des Wassers von demselben entleert. Alsdann werfen das Julianen-Bad und der Georgen-Brunnen, so wie das Wasser des Tufsteinhügels, viele und grosse Blasen. Dieses Blasenwerfen mindert sich, so wie das Wasser bis auf einige Fuss Höhe wieder anschwillt, immer mehr und mehr; es hört ganz auf, wenn dasselbe seine gewöhnliche Höhe erreicht hat. Vermuthlich verschliessen die Wassersäulen die unterirdischen Canäle, in denen die Mineralwässer bis zum Quellorte kommen, und der Druck derselben verhindert, weil er die Canäle ganz mit Wasser erfüllt hält, die Entwickelung der Gasarten, welche die Eilsener Wässer enthalten. Überhaupt findet aber auch unter den schwefelartigen Bestandtheilen der Schwefelwässer, und den Erden die sie führen, eine weit innigere Verbindung Statt, wie unter den erdigen Grundlagen der Säuerlinge und der überschüssigen Luftsäure. Diese wird durch Bewegung und einen geringen Grad von Erhöhung der atmosphärischen Wärme in Blasenform abgeschieden. Das Schwefelgas fordert einen sehr hohen Grad Wärme, ja die Siedehitze selbst, ehe sie die Erden gänzlich verlässt, und ist das Schwefelgas, wie in den Eilsener Wässern, zugleich mit an Harz gebunden; dann kann es nicht abgeschieden werden, und muss man wiederholte Erhitzungen anwenden, ehe das Gas gänzlich ausgetrieben wird.

Es folgen:
§. 16. Die natürliche Temperatur der Quellen.
(Aus diesem Abschnitt ist zu entnehmen, das WESTRUMB am 7. Juni 1800, morgens 6 Uhr, an den Quellen war. Bei einer Lufttemperatur von 10,5 °R (= 13,1 °C) ermittelt er im Wasser 9 °R (= 11,25 °C).

Weitere Messungen erfolgten am 8., 9. Und 12. Juni – und wie WESTRUMB angibt in weiteren zwei Sommern an mehreren Tagen – mit ähnlichen Ergebnissen, d.h. Temperaturen für die Wässer.)

§. 17. Vom eigenthümlichen Gewichte der Eilser Wässer.

§. 18.
Von den Ablagerungen in den Bassins
und den Abflussröhren.

Die Eilsener Schwefelquellen setzen sämmtlich in den Bassins eine schleimige, meistentheils gelbweisse, hin und wieder aber rosenrothe und mit schwarzen Puncten vermischte Materie ab. Ich hielt diese Materie anfangs für eine Tremelle [Zitterpilze mit gallertartiger Konsistenz], sandte Proben derselben an mehrere Kräuterkundige und erhielt die Nachricht: dass es schwerlich eine Tremella sey. Sie wurde chemisch von mir untersucht. Ihre Untersuchung ist unter §. 38. zu finden.* In den Abfluss-Canälen bildet sich dagegen ein gelblich weisses pulverförmiges Wesen, das, nach dem Trocknen, auf einem glühenden Eisen mit blauer Schwefelflamme verbrennt, und mit Essig behandelt, Kalkerde und Bittersalzerde aus sich abscheiden lässt.

*Das Ergebnis war: *Wasser, Lebergas* (= Schwefelwasserstoff), *luftsaures Gas* (= Kohlendioxid), *schwefelhaltendes Harz,* oder *Stinkstoff, Schleim, Glaubersalz* (= Natriumsulfat), *Küchensalz* (= Natriumchlorid), *Selenit* (= Calciumsulfat), *hydrothionsaurer Kalk* (= Calciumhydrogensulfid), *Kalkerde* (= Calciumoxid), *Bittererde* (= Magnesiumoxid), *sehr vielen Schwefel,* und *Pflanzenfasern.*

Jene schleimige Materie und dieser pulverförmige Niederschlag sind am reichlichsten beym Julianen-Bade zu finden. Weniger finden sie sich beym Georgen- und dem Augenbrunnen, am wenigsten bey der Quelle auf dem Tufsteinhügel. Diese setzt fast gar keinen Schleim ab. Der Säuerling lässt etwas Eisen und Kalkerde im Abflussrohre fallen.

Die Quellen in Eilsen waren sämmtlich, wie ich schon erwähnt habe, vor ihrer Aufräumung und Einfassung mit Sümpfen umgeben. Jetzt finden sie nur bey dem Julianen-Bade und dem Augenbrunnen statt. Bey letzteren finden sich die uralten Ablagerungen der Schwefelbrunnen in ihrer ganzen Eigenthümlichkeit; bey diesen sind die neuesten Niederschläge und wie das Schwefelwasser sie täglich giebt, in dem eigentlich zu seiner Bildung und Auffangung vorgerichteten Schlammreservoir zu finden. Den Schlamm, der sich hier absetzt, ist anfangs gelblich weiss, geht dann ins graue über, und wird nach und nach braun, schwarz und immer schwärzer. Frisch ist er schlüpfrig beym Anfassen, er riecht sehr nach Schwefelgas. Beym Trocknen verliehrt sich dieser Geruch, er nimmt dann eine umberartige, graubraune Farbe an, und brennt auf einer glühenden Eisenplatte mit der bekannten blauen Schwefelflamme.

Der Schlamm, der sich in der Nähe des Augenbrunnens findet, ist schwarz gefärbt, torfartig mit Pflanzenwurzeln durchwirkt. Er riecht schwach schwefelartig und mehr moorartig. Beym Trocknen wird er grau, geruchlos, er brennt übrigens auf glühenden Kohlen gleichfalls mit blauer Flamme.

Der Schleim in den Reservoiren, der Schlamm bey dem Julianen-Bade, so wie der Schlamm bey dem Augenbrunnen, bedecken sich leicht mit Schimmel und faulen an einem warmen Orte.

Es folgt ein neues Kapitel unter der Überschrift:
Beschreibung der Gesundbrunnen zu Eilsen.
III. Abtheilung.
Verhalten der Eilsener Schwefelwässer in verschiedenen Graden der Temperatur.
woraus jedoch nur die *Einleitung* zitiert wird:
Es ist eine den Chemiker und Hydrologen bekannte Sache, dass die luftsauren Mineralwässer der freyen Luft nicht lange blos gestellt werden dürfen, wenn man sie bey ihrem eigenthümlichen Kräften, ihrer Durchsichtigkeit und ihren anderen Eigenschaften erhalten will.

Diese Wässer werden in freyer Luft, vorzüglich wenn diese nur um etwas weniger wärmer ist, wie das Wasser, schnell von der Luftsäure entleert, trübe, und fade im Geschmack; weil jene Säure es ist, die dem Wasser den angenehmen Geschmack ertheilt und die erdartigen Substanzen aufgelöset enthält. So wie die Luftsäure verfliegt, fallen die Erden nieder, und es verliert sich der angenehme Geschmack.

Den Schwefelwässern, welche blos Schwefelgas enthalten, wiederfährt dasselbe, auch sie verlieren Geruch und Geschmack, und werden trübe, aber es ist dazu eine weit längere Zeit erforderlich, weil, wie ich oben §. 15. schon erwähnte, dieses Gas weit inniger mit den Erden vereinigt ist, wie die überschiessende, die Erden auflösende Luftsäure, mit ihnen sich vereinigen kann. Schwefelwässer, welche wahre Schwefelleber, sey es alkalisch-salzige, oder alkalischerdig enthalten, verlieren den schwefelartigen Geruch und Geschmack nur dann erst, wenn der letzte Atom des geschwefelten Kali, oder der geschwefelten Erden, zerlegt ist. Diese bilden in Einem fort, so lange sie existiren, so lange Wasser da und die Temperatur der Atmosphäre nur etwas günstig ist, frisches Schwefelgas, und erhalten das Wasser bey seinem eigenthümlichen Geruche, seinem Geschmacke und seiner Klarheit. Eben so ist es mit den Mineralwässern beschaffen, welche, wie die Wässer zu Eilsen, – wie Gimbernat*) *den Stoff nennt, – schwefelhaltiges Azot führen. Diese schwefelartigen Wässer verlieren den Geruch, den Geschmack nach Schwefel und ihre Klarjeit langsam und nur in sehr erhöhter Temperatur gänzlich, weil auch höchst glaublich aus diesem sonderbaren Stoffe immer neues Schwefelgas gebildet wird, wenn das zuvor gebildete verflogen ist. Sehr merkwürdig sind diese Erscheinungen und es ist daher der Mühe wohl werth, zu untersuchen, wie sich die Schwefelwässer in der Luft und in verschiedenen Graden der Temperatur verhalten.*

*) Carl von Gimbernat, spanischer Chemiker und Mediziner, der sich u.a. auch mit den Aachener Schwefelquellen beschäftigte. *Azot(e)* ist eine französische Bezeichnung für Stickstoff; alchemistisch auch für erstickend wirkende Gase – her ist stets das Gas *Schwefelwasserstoff* gemeint.

In den nun folgenden Abschnitten werden diese grundsätzlichen Eigenschaften an den Beobachtungen vor Ort von WESTRUMB ausführlich beschrieben – sie werden hier ausgelassen und nur mit ihren Überschriften aufgeführt:

§. 20. Verhalten der Eilsener Mineralquellen an der Luft.
[Die Ausführungen, vor allem aus dem Jahr 1800, belegen, wie ausführlich und intensiv sich WESTRUMB in Eilsen selbst mit Versuchen an den Quellen beschäftigt hat!]
§. 21. Verhalten der Eilsener Wasser in höheren Temperaturen.
§. 22. Gehalt der Niederschläge, den die Eilsener Wasser an der Luft und in der Wärme absetzen.

In der *IV. Abtheilung* seiner *Beschreibung der Gesundbrunnen zu Eilsen* berichtet WESTRUMB über seine ebenso umfangreichen Untersuchungen mit Hilfe von *Reagentien* – also über die qualitativen Analysen – und kommt zu folgendem Ergebnis, nachdem er in der *Einleitung* Folgendes vorausschickt:

Reagens, gegenwirkendes Mittel, sagen die Chemiker, ist ein chemisches Hülfsmittel, durch dessen Wirkung und Gegenwirkung die Gegenwart irgend einer Substanz, in irgend einem der Untersuchung unterworfenen Stoffe, durch Erscheinungen verschiedener Art, durch den Geruch, Veränderungen der Farbe, Entstehung von Niederschlägen u. s. f:, entdeckt werden kann. Die Erklärung scheint richtig zu seyn, aber selten wendet man die Reagentien, vorzüglich bey Mineralwassern, in gehöriger und unter der so äuserst nothwendigen Abänderung der Umstände an. Man nimmt gemeiniglich sehr kleine Quantitäten Wasser, oft nur wenige Lothe – und eben so wenige Tropfen des reagirenden Mittels zu diesen Untersuchungen. So muss es aber, sollen Stoffe, die oft nur in sehr geringer Menge in den Mineralwässern enthalten sind, gefunden werden, nicht seyn; man muss hierzu mehrere Pfunde, wenigstens 2 Pfunde desselben, zu jeder Untersuchung nehmen, und diese frisch, zur Hälfte, auch noch weiter abgedampft mit dem gegenwirkenden Mittel in erforderlicher Menge vermischen. Ferner muss man in einigen Fällen, damit nicht irgend eine Substanz, die gegenwärtig seyn könnte, die Kräfte der Reagentien auf Abwege leite, und zu falschen Resultaten Anlass werde, die frischen *Mineralwasser mit Salpeter- oder Essigsäure, vor dem Zusatz der Reagentien, bis dahin vermischen, dass die eine oder die andere etwas weniges hervorsticht.*

Es folgen nun:

§. 24. Beweise für die Gegenwart einer schwefelhaltigen Substanz in den Eilsener Mineralwassern durch polirte Metalle.
(mit Silber, Gold, Quecksilber, Kupfer, Zinn, Blei)

§. 25. Beweise für die Gegenwart einer schwefelhaltigen Substanz in den Eilsener Wasser, durch metallische Kalke.
(Oxide von Arsen, Bismut, Blei, Quecksilber, Antimon – in Seidenpapier eingewickelt über die Ausdünstungen der Quellen gehängt)

§. 26. Beweise für die Gegenwart einer schwefelhaltigen Substanz, in den Eilsener Mineralwassern, durch metallische Auflösungen.
(Metallsalze der genannten Metalle – auch von Eisen, Zink)

§. 27. Darstellung des Schwefel in substantieller Form.
(vor allem durch Oxidation mit rauchender Salpetersäure)

§. 28. Die Eilsener Mineralwasser enthalten Säuren im Übermasse. Welches sind diese Säuren?
(Ergebnis: überwiegend Schwefelwasserstoff-Säure)

§. 29. Fernere Untersuchung der Eilsener Wasser mit Reagentien. Bestimmung der fixen Bestandtheile.
(Ergebnis: *luftsaure Kalkerde* (= Calcium als Hydrogencarbonat (bzw. Carbonat) nachgewiesen), *lufstaure Bittersalzerde* (Magnesium), *Thonerde* (Aluminium) ?)

In *§. 30* werden die *Folgerungen* aus den zahlreichen qualitativen Nachweisreaktionen beschrieben:

...so findet es sich, dass die Eilsener Wasser

1. Schwefelgas (Schwefelwasserstoff) *und eine noch unbekannte Verbindung des* Schwefels (damit ist das noch umbekannte Sulfid- bzw. Hydrogensulfid-Ion gemeint), *auch glaublich* Luftsäure (= Kohlendioxid) *enthalten.*

2. *Dass sie* Kalkerde (Calciumoxid), Bittererde (Magnesium-oxid) *und* Thonerde (Aluminiumoxid? – eher Silikat bzw. Kieselsäure gemeint – s.u.), *glaublich an* Luftsäure *und an* Schwefelgas

gebunden, führen (richtig heute: durch Hydrogencarbonat- bzw.. Hydrogensulfid-Ionen in Lösung gehalten).

3. Dass sie aber auch schwefelsaure *und* salzsaure Kalkerde, schwefelsaure und salzsaure Magnesia *aufgelöst haben* (Nachweis von Chlorid und Sulfat!).

4. Auch dass in ihnen Glaubersalz (Natriumsulfat) *und* Küchensalz (Natriumchlorid) *zu finden sey.*

Nicht nachweisbar waren für WESTRUMB *Alkalien* (vor allem Kalium) und *Eisen* sowie *Alaun* (Aluminiumsulfat).

6. Am reichsten ist unter den Eilsener Mineralwassern, an fast allen Bestandtheilen, vorzüglich aber an Lebergas, das Juliannen-Bad; *diesem folgt der* Georgen-Brunnen; *dan kommt das* Augenbad, *ihm folgt die Quelle auf dem Tufsteinhügel, und die noch unbenannte Quelle macht den Beschluss.*

7. Der Säuerling hat ausserordentlich viel ähnliches mit dem Rehburger Badewasser. Das Wasser desselben ist indess nicht so kalt und hart wie dieses Badewasser. Es führt, wie die Versuche mit den Reagentien ergeben – denn ihn zu analysiren ist mir nicht augetragen worden –

Salzsauren Kalk – salzsaure Magnesia – Küchensalz – Glaubersalz – schwefelsaure Magnesia – Selenit – luftsaure Kalkerde – luftsaure Magnesia – Thonerde, äußerst wenig – luftsaures Eisen – Erdharz und Extractivstoff, nebst luftsaurem Gas.

Es kann als Trinkwasser von solchen Kranken benutzt werden, die das Schwefelwasser nicht trinken dürfen, oder sollen.

Es folgen nun weitere Abteilungen zur quantitativen Analyse. Sie werden im Rahmen dieses Buches jedoch erst aus den Untersuchungen von C. Remigius FRESENIUS vorgestellt. Sie werden im Deutschen Bäderbuch von 1907 auch in den uns geläufigen Angaben – in mg/kg – aufgeführt.

Die Abhandlung von WESTRUMB zeigt jedoch, dass er dem Stand der Wissenschaft in der Analytischen Chemie um 1800 entsprechend, sehr umfassend und sorgfältig seine Untersuchungen und Analysen durchgeführt und sehr anschaulich beschrieben hat.

Ferdinand WURZER aus Marburg über die Schwefelquellen 1824

D? FERD. WURZER.

Ferdinand WURZER (1765-1844) studierte ab 1783 Philosophie und Medizin in Heidelberg, Würzburg, Göttingen und Wien. Sein Medizinstudium schloss er mit einer Dissertation zum Dr. med. an der Kurfürstlichen Akademie in Bonn 1788 ab. Bekannt wurde er durch seine 1790 erschienene Abhandlung
Physikalisch-chemische Beschreibung der Mineralquelle zu Godesberg bey Bonn.
In der Chemie bildete er sich u.a. bei Lorenz CRELL (1744-1816), Universität Helmstedt, und auch beim Ratsapotheker WESTRUMB in dessen Laboratorium in Hameln aus. 1793 wurde Wurzer als Professor für Chemie an der Kurfürstlichen Akademie in Bonn, der Vorläuferin der 1818 gegründeten Universität, angestellt. Nach der Auflösung der Akademie durch Napoleon und nahm Wurzer 1804 einen Ruf an die Universität Marburg an, wo er zum Begründer des Chemiestudiums wurde. Von dort aus führte auch er eine Reihe weiterer Mineralwasseranalysen durch.

In seiner 1824 unter dem Titel „Das Neueste über die Schwefelquellen zu Nendorf, in der kurhessischen Grafschaft Schaumburg" erschienenen Schrift, ist auch der folgende Abschnitt über die *Schwefelquellen zu Eilsen* enthalten, in dem er mehrmals auf WESTRUMB Bezug nimmt:

Das W e s t r u m b zuerst in den Schwefelquellen zu E i l s e n das stinkenden S c h w e f e l h a r z und den h y d r o - t h i o n s a u r e n K a l k angetroffen hat, welche er nachher in allen von ihm analysirten Schwefelquellen fand – und er hat deren 18-20 untersucht, worunten auch die von N e n d o r f waren –, so entschloß ich mich um so lieber auch Schwefelwasser von der Heilquellen zu E i l s e n zu untersuchen, als ich vielleicht hierin Aufschlüsse zu finden hoffen konnte, warum meine Resultate in manchen Stücken von jenen meines verstorbenen Freundes abweichen, und da außerdem Hr. W e s t r u m b mit auch oft – mündlich und schriftlich – den Wunsch geäußert hatte, daß ich diese Heilquellen untersuchen möchte. Ich verschaffte mir daher durch die Güte eines Freundes einige Bouteillen von der reichhaltigsten Quelle der Eilsener Schwefelwasser; nehmlich von der J u l i a n e n - Q u e l l e. – Namentlich rechnete ich darauf, h y d r o t h i o n - s a u r e n K a l k darin anzutreffen, wenn auch nicht in der vom würdigen W e s t r u m b angegebenen Menge (denn auf jeden G r a n S c h w e f e l, den man erhält, in dem S c h w e f e l w a s s e r z w a n z i g G r a n h y d r o t h i o n s a u r e n K a l k annehmen zu können, wie W. that, berechtigen uns bis jetzt keine g e n a u e n Versuche), aber ich habe davon eben so wenig im E i l s e n e r Wasser als in jenem von N e n d o r f angetroffen; obschon ich mein besonderes Augenmerk darauf gerichtet hielt, und nicht blos die von W. vorgeschlagenen Versuche anstellte...

Betrachtet man diese Aussagen nach dem heutigen Stand des Wissens, so geht es um den Nachweis von Sulfid- bzw. Hydrogensulfid-Ionen (HS^--Ion; damals mit dem Begriff *hydrothionsauer* bezeichnet). Vergleicht man das Verhältnis Schwefel (S) zur Verbindung CaS bzw. $Ca(HS)_2$ – von Wurzer nach Westrumb mit 1:20 angegeben und bezweifelt, so verhält sich der Schwefel zum Calciumhydrogensulfid tatsächlich wie $S:Ca(HS)_2$ (nach den Atomgewichten) 32: 106, also etwa 1:3.

Zum Zeitpunkt der Analysen wie WESTRUMB als auch WURZER waren IONEN jedoch noch nicht bekannt; die Ionenlehre fand erst am Ende des 19. Jahrhundert eine allgemeine Anerkennung, so dass im DEUSCHEN BÄDERBUCH 1907 erstmals die Umrechnungen der Konzentrationen von (fiktiven) Verbindungen in Ionenkonzentrationen zu finden sind – s. im folgenden Kapitel zu FRESENIUS (S. 336).

Die weiteren sehr speziellen Ausführungen aus Wurzers Schrift werden hier ausgelassen und nur noch einige allgemeiner formulierte Aussagen zitiert:

Die Ergründung des innern Naturprocesses bei der Erzeugung der Mineralquellen ist ein Geheimniß, was vielleicht noch lange nicht entschleiert wird. So wenig wie der crasse Chemismus der Stoffe – dem bloß eine bizarre Verkehrtheit der Zeit ein ephemeres [flüchtiges] Dasein kümmerlich fristen konnte, so keck er auch auftrat – die Resultate der Pflanzen- und Thierstoff-Analysen auf die Erklärung des Lebens und dessen Erscheinung mit Erfolg anzuwenden im Stande war; da das Lebendige stets aus den Schmelztiegeln unversehrt hervorgeht, und alle physicalisch-chemischen Process nie an der P s y c h e etwas finden werden, was ihnen ein palpables [greifbares] Product gäbe; so wenig glänzend ist auch das Glück (wie es mir scheint), womit bis j e t z t der g e l ä u t e r t s t e Chemismus sich in d i e s e s Labyrinth mit seinen Erklärungen gewagt hat, wie schon die d i v e r g i r e n d e n Meinungen geist- und kenntnißreicher Männer über die Ursache der Wärme bei den T h e r m e n beweisen.
Je länger ich – als Arzt – die Wirkungen der Mineralwasser auf den kranken Organismus mit Aufmerksamkeit beobachte; je weniger kann ich dieselben als eine S o l u t i o n v o n S a l z e n etc. ansehen, und je mehr überzeuge ich mich, daß die Wirkung der Bäder auf unseren Organismus mehr durch hydrogalvanische als durch unmittelbare Kräfte m a t e r i e l l e r P o t e n z e n, die in denselben enthalten sind, veranlaßt werde. Ich sehe sie deshalb als ein organisches (gleichsam lebendiges) Fluidum ab. So riesenhaft daher auch die Fortschritte der Chemie unsrer Tage – wenigstens

von empirisch-practischer Seite – sind; so unverkennbar das Streben philosophischer Köpfe unter den Chemikern ist, in die ungeheure Masse von Erfahrungen w i s s e n s c h a f t l i c h e n Zusammenhang zu bringen; so scheint mir doch - b i s j e t z t - das Stimmrecht der Scheidekunst bei der C o n s t r u c t i o n u. s. w. der Mineral-wasser sehr bestreitbar. –

Der letzte Abschnitt aus der Abhandlung von WURZER aus dem Jahr 1823 macht deutlich, dass dieser Mediziner und Chemiker offensichtlich der später von LIEBIG so verachteten NATURPHILOPOHIE verhaftet war.

Über die Schlammbäder zu Eilsen

In der „Medicinisch-chirurgischen Zeitung (16. Erg.Band, 4. Februar 1813, hrsg. D. Johann Nepomuk Erhart)ist zur Priorität der Moorbäder zu lesen:
Ueber die Gas- und Schlammbäder bey den Schwefelquellen zu Eilsen und deren ausgezeichneten Nutzen in Lungenschwindsuchten, Lähmungen, veralteten Hautkrank-heiten und mehrern chronischen Uebeln. 1811. XXII und 199 Seiten.
„In Norddeutschland wurden zu Eilsen die ersten Gas- und Schlammbäder errichtet. Nenndorf und Nordheim entstanden später..."

Bereits WESTRUMB berichtete in der VORREDE zu seiner umfangreichen „Beschreibung der Gesundbrunnen und Schwefelbäder zu Eilsen..." (1805), aus der bereits zitiert wurde, über die Schlammbäder (ab S. LXI) – vor allem auch im Vergleich zum Bad St. AMAND, das die Gräfin JULIANE offensichtlich aus ihrer Jugend kannte:

Nun auch einige Worte von den Schlammbädern zu Eilsen und hier zuerst von der Veranlassung ihrer Entstehung, den Bädern zu St. Amand, deren Heilkräfte längst bewährt sind. Was wir von diesen Bädern wissen, will ich zuvor hier aus den Schriften (vor allem von de Millevilles 1767, hat alle seine Vorgänger benutzt, wer diesen lieset, hat alles gelesen, was über St. Amand bis 1767 gesagt worden. – als Fußnote von WESTRUMB eingefügt), *die ich vor mir habe, zusammen stellen, und die Ergänzungen, welche ich der Güte des Herrn* van Mons *zu Brüssel und andern Gelehrten verdanke beyfügen. Alsdann wird man den ersten Gedanken, in Eilsen Schlammbäder vorzurichten, sehr natürlich finden.*

„Die Bäder von St. Amand verdanken ihren Ursprung der Nachbarschaft einer Abtey, welche eine Heilige dieses Namens 639, eine halbe Stunde von dem Dorfe erbauete. Die Quellen finden sich in einer mit Waldung umgebenen Wiese. Es wird behauptet, dass diese Quellen den Römern schon bekannt gewesen und man gebraucht das Wasser seit ihrem Heerzuge nach Gallien, im Jahr 693 nach Erbauung Roms [der Sage nach 753 v. Chr., also hier seit 60 v. Chr.].

Die Brunnen zu St. Amand bestehen aus drey Quellen, wovon die erste, Fontaine Bouillon *genannt, mit einem dache versehen, und mit einer Mauer eingefasst ist. Das Wasser derselben wird innerlich, zum Baden und zur Douche gebraucht.*

Die zweyte Quelle, genannt du Pavillon, *ist fast ganz vernachlässiget und ohne Dach. Die dritte,* de l'eveque d'Arras, *ist mit einem Dache versehen, auch mit einem Geländer von Holze eingefasst.*

Die Kranken baden sich einzeln in abgesonderten Kammern. Man kann sich dort, wie anderwärts, in kalten und erwärmten Mineralwasser baden.

Der Sumpf, worin gebadet wird, ist mit einem Gebäude von ansehnlicher Größe bedeckt, dessen Mittagsseite vom Boden bis unter das Dach aus Glasfenstern besteht. Der inwendige Raum dieses Gebäudes hat eigentliche Scheidungswände nicht, sondern wird nur durch eine zehn Fuss hohe Abscherung von Brettern in zwey Theile geschieden. In dem einen Theile baden Damen und Honoratioren, und diese haben Badelogen, über deren jeder ein

Berceau [Laube oder Bogen] *von mit Linnen überspannten Rahmenwerke ist. Die Badelogen im zweyten Theile sind für geringe Leute und ganz ohne Bekleidung neben einander. Zwischen den Logen, die beyläufig nicht grösser sind, als ein gewöhnliches Bad zu seyn braucht, laufen Gänge, aus denen man in die Logen hinab steigt. Diese Gänge enden sich bey den Bädern der Honoratioren in einem an der Ostseite quer davor liegenden Gange, von dem man in 6 Zimmer gehen kann, die mit Wasserbädern zum Abwaschen versehen sind. Die Leute enden ebenmässig in einem Quergange an der Westseite, von wo eine Thür in den Hof zu einem Bassin führt, welches Jedermann zum Abwaschen dient.*

Das ganze Bauwerk ruht auf Pilotage. Der Boden der Bäder besteht aus Bohlen, welche mit vielen Löchern durchbohrt seyn sollen; durch diese Löcher soll der Badeschlamm sich empor drängen, und jede Loge bis zum Überfliessen anfüllen. Der Überfluss wird durch Canäle unter den Gängen abgeleitet.

Die Logen sind numerirt, und jeder Kranke behält die ihm angewiesene bis zu Ende der Cur.

Dem Wasser und Schlamme zu St. Amand schreibt man grosse Heilkräfte in Steinbeschwerden aller Art, in rheumatischen und in Hautkrankheiten zu. Überhaupt soll es auflösen, verdünne und die Stockungen in den lymphatischen Gefässen zertheilen. Militairpersonen, deren Blessuren Lähmungen zur Folge hatten, haben hier äusserst schnell Beweglichkeit der gelähmten Glieder wieder erhalten.

Wenn die Kranken im Schlamme gebadet haben, denn erhalten sie, wie oben gesagt, entweder ein Bad zum Abwaschen, von erwärmtem Mineralwasser, oder sie hüllen sich in ein Tuch und waschen sich in einem allgemeinen Badebassin ab.

Das Wasser der Quelle de l'eveque d'Arras wird den andern vorgezogen. Es setzt, gleich dem Schlamme, Schwefel an die das Bad umgebende Mauer ab.

Der Boden der Wiesen, wo die Sumpfbäder sind, bestehet aus drey verschiedenen Erdschichten. Aus einer schwarzen, Torf ähnlichen, Erde, einem sehr fetten Mergel und aus sehr losem Sande, der 8 bis 10 Fuss tief ist. In diesem Sande befinden sich die Quellen. Das Wasser steigt durch den Sand auf, durchstreicht dann die Mergellage und theilt sich der schwarzen Erde mit. Hier bildet es eine Art Morast, den man mineralischen Sumpf – boue mineral – nennt.

Die Temperatur der Quellen und der Sümpfe ist gewöhnlich 20° R.“

Die Schriftsteller haben über die Bestandtheile des Schlammes zu St. Amand noch nichts befriedigendes gesagt; und alle mit dem Wasser bisher angestellten Analysen sind sehr mangelhaft; man weiss blos, dass beide Lebergas und luftsaures Gas enthalten. Das Wasser der Quelle de l'eveque d'Arras hat einen so widrigen Geschmack nach faulen Eyern, dass wenige Personen es trinken mögen.

Eine oberflächliche Untersucung, die Herr van Mans, auf mein Ersuchen, mit dem Badeschlamm zu St. Amand anstellte, zeigte ihm, dass er grösstentheils aus Sand, aus Kohle, Schwefel, Eisen und Thonerde gestehe.

Das alles findet sich nun, in Hinblick auf den Schlamm und dessen Entstehung, in Eilsen auch. Der Boden, in welchem der uralte Schlamm entstanden, ist moorig und torfartig. Auf diesen folgt eine Schicht, welche mit Lehm und mergelartigen Letten abwechselt, dann Tufstein und unter diesem liegt Sand. Auch hier steigt demnach das Schwefelwasser, da sich überall Quellen desselben in der Tiefe finden lassen, erst durch den Sand, den Tufstein, den Lehm oder Letten, zu dem Torfboden auf, und bildet hier den schwefelhaltigen Schlamm, der, (...), aus luftsaurem Gase, Lebergase, aus Schwefel, Thonerde, Kohle, Sand und Pflanzenfasern besteht.

Dazu kommt noch, dass man nicht blos die Absicht hat, sondern schon längst an der Ausführung arbeitet, alles daselbst zur Curzeit überschiessende Schwefelwasser beständig zu Sumpf zu ziehen. Dadurch wird man alles Schwefelwasser, was zu Bädern nicht erforderlich ist und in den übrigen Jahreszeiten ungenutzt fortfliessen würde, zu Schlamm benutzen und einen so grossen Vorrath desselben anhäufen, wie, zu Anspeisung der Bäder, in der frequentesten Badeanstalt nur je erforderlich seyn mag.

In der Folge der Zeit wird man also ähnliche Schlammbäder in Eilsen finden, wie die zu St. Amand, Plombieres, zu Medwi, Loka,

318

dem Schlangenbade und die zu Fachingen sind, und dort eben die Wirkungen dieser Bäder beobachten, die sie an jenen Orten erzeugen. Schon sind durch Verwundungen gelähmte Krieger und solche Personen, die anderwärts vergebliche Hilfe für ihren Zustand gesucht hatten, in Eilsen so gut geheilt worden wie zu St. Amand.

Diejenigen Vorschläge, die von Andern und von mir zu Bildung des Schlammes für diese Bäder; so wie für die zweckmäßige Einrichtung dieser Bäder selbst, gegeben worden sind, hoffe ich, der Natur abgefragt zu haben, und werden, da des Herrn Feldmarschalls Reichsgrafen von Wallmoden-Gimborn Excellenz sie auf das sorgfältigste ausführen zu lassen beschlossen haben, die Wünsche eines Curgastes, der Eilsen in der Folge besuchen mögte, völlig befriedigen.

Der Arzt HUFELAND
über Eilsen – *nach eigenen Erfahrungen*

Der berühmte Arzt Christoph Wilhelm HUFELAND (Langensalza 1762-1836 Berlin) schrieb in seinem Buch *„Practische Uebersicht der vorzüglichsten Heilquellen Teutschlands nach eigenen Erfahrungen"* (Herausgegeben und ergänzt von Dr. E. Osann – s. nächstes Kapitel) 4. Aufl. 1840 im Anschluss an NENNDORF über

EILSEN.

─────

In der nämlichen Gegend, in der an Naturschönheiten und Naturschätzen so reichen Grafschaft S c h a u m b u r g, sind seit einigen Jahren auch diese Schwefelquellen entdeckt worden, die sowohl nach ihren sinnlichen Kennzeichen, als nach chemischer Analyse, die größte Aehnlichkeit mit den N e n n d o r f e r n haben. Besonders gilt dieses von zween Quellen, deren im Ganzen nun sieben entdeckt sind. Der treffliche und berühmte Chemiker

W e s t r u m b hat sich ihrer mit großem Eifer angenommen, welches schon ein gutes Vorurtheil dafür erwecken muß, und es sind unter seiner Anleitung eine Menge zweckmäßiger Einrichtungen zur Benutzung derselben gemacht worden, die ihnen eine gute Aufnahme versprechen, wozu noch die reizende Gegend und die Nähe von B ü c k e b u r g nicht wenig beitragen wird.

Die Heilkräfte dieses Wassers sind die nämlichen, wie die zu N e n n d o r f, doch kann ich aus eigner Erfahrung noch nichts davon sagen. – Aber bemerken muß ich eine Anstalt, die zuerst hier, und dann auch in Nenndorf angelegt ist, und diesem Bade einen ausgezeichneten Werth zur Kur mancher Krankheiten giebt. Dies ist die Einrichtung des s u l p h u r i s c h e n S c h l a m m b ä d e r. Es ist bekannt, daß sie in Schweden, Frankreich und Italien mit großem Nutzen gebraucht werden, und hier läßt die, durch chemische Kunst verstärkte Kraft noch mehr erwarten. Es wird nämlich der schon mit sulphurischen Theilen imprägnirte Schlamm der Quellen in ein Behältniß gebracht, und daselbst durch unterhalb angebrachte Röhren mit heißem Schwefeldunste erhitzt und durchdrungen. In diesen Schlamm begiebt sich der Kranke, bleibt eine halbe oder ganze Stunde darin, und nimmt nachher in einer gleich daneben stehenden Wanne mit warmem Wasser ein Reinigungsbad. Die Behälter sind in Zimmern, welche erwärmt werden können, und wodurch jede Erkältung nachher verhütet wird. Es ist kein Zweifel, daß diese Bäder bei Lähmungen, hartnäckigen Haut- und Gichtkrankheiten, Contracturen und Verhärtungen großen Nutzen leisten werden.

Ich empfehle darüber eine Schrift von dem würdigen Herrn Stadtphysikus H e i n e k e n zu Bremen: E i l s e n s H e i l q u e l l e n u n d s e i n e U m g e b u n g. Besonders verdient das, was er über den Nutzen des Schwefelgases sagt, beherzigt zu werden.

Auch verdienen die, unter der Leitung des würigen Brunnenarztes, Dr. G e b h a r d, angelegten hepatischen Gasbäder, wodurch ein längst gefühltes und ausgesprochenes Bedürfniß der Kunst realisirt worden, rühmliche Erwähnung und Empfehlung. Sie haben schon bei manchen Lungenkrankheiten, selbst manchen Arten der Lungensucht, treffliche Wirkung geleistet.

Im „Lexikon aller Gelehrten, die seit der Reformation Bremen gelebt haben…" (von Heinrich Wilhelm Rotermund, Dompastor in Bremen), Erster Theil 1818, ist über Johann HEINEKEN zu lesen:

„Heineken (Johann), …, wurde am 26. Oct. 1761 gebohren, studirte in Bremen und in Gröningen, wurde am 16. Aug. 1783 daselbst Doctor der Arzneygelehrsamkeit, machte in diesem und dem folgenden Jahre eine gelehrte Reise durch Holland, England, Schottland und Teutschland, ward am 6. Jan. 1786 Professor der Anatomie und Experimental-Physik am Gymnasio wie auch Stadt-Physikus und trat seine Professur am 1. Jun. mit einer Rede *de actione aeris in corpus humanum* an. Er ist Mitglied der Societät der Wissenschaften in Göttingen, der kaiserlichen naturforschenden Gesellschaft in Moskau und der kurfürstl. Gesellschaft für die gesammte Naturkunde, in Marburg."

In der Liste seiner Veröffentlichungen, die im Gegensatz zum obigen Text mit seiner Doktorarbeit 1783 in Göttingen (!) beginnt, ist auch die Schrift „Eilzens Heilbäder und deren Umgebungen, in Briefen dargestellt. Mit 2 Grundrissen und einer Titelvignette. Hannover 1808." verzeichnet.

Emil OSANN als Balneochemiker über die EILSENER QUELLEN

Emil Osann (Weimar 1787-1842 Berlin)

Emil OSANN gilt als Begründer der wissenschaftlichen Balneolgie (Bäderkunde). Er war der Sohn de weimarischen Regierungsrates Friedrich Heinrich Gotthelf Osann (1753-1803); seine Mutter war Amalie Caroline Friedrika geb. Hufeland (1766-1843), Tochter des bedeutenden Arztes Christoph Wilhelm Hufeland (1762-1836). Er studierte Medizin in Jena und Göttingen, war 1824 ao. Professor für Physiologie an der Berliner medizinisch-chirurgischen Militärakademie und ab 1818 Professor für Heilmittellehre an der Universität sowie 1833 Nachfolger Hufelands an der Charité.

OSANN schrieb in seinem Buch *„Physikalisch-medicinische Darstellung der bekannten Heilquellen der vorzüglichsten Länder Europas"* Zweiter Teil. 2. Aufl., S. 993-) **1841** über die Schwefelquellen in Eilsen:

323

D i e   M.q u e l l e n   z u   E i l s e n. *Das durch sie berühmte Dorf Eilsen liegt 293 Fuß [84,4 m] über dem Meere, südwestlich von Nenndorf in einem Thale, welches südöstlich von dem Eilsener Berge, nordwestliche von dem Harrel begränzt wird, eine Stunde von Bückeburg, zwei Stunden von Rinteln, sechs Stunden von Nenndorf, acht Stunden von Pyrmont entfernt. Die bei den M.quellen aufgeführten, zur Aufnahme von Kurgästen bestimmten Wohngebäude sind bequem, – die zu der Benutzung der M.quellen vorhandenen Einrichtungen, besonders die zu Gas-, Wasser- und Schlammbädern, so zweckmäßig, dass sie als Muster vielen anderen Bädern dienen können.*

Die Badeanstalt wird den 1. Juni eröffnet und den 1. September geschlossen. Badeärzte sind die Hrn. DDr. M e y e r und K. v. M ö l l e r. Logisbestellungen übernimmt der Brunnen-Commisarius (gegenwärtig Hr. Rath T i s c h b e i n).

Obgleich Eilsen sich jährlich eines bedeutenden Zuspruchs von Kurgästen erfreut, gehört dasselbe doch zu den weniger geräuschvollen Badeorten. Im Jahre 1820 betrug die Zahl der Gäste 900; im Sommer 1827 von Juni bis September 1306, in den Jahre 1824-1834 jährlich durschnittlich gegen 1000; im Sommer 1828 : 1122; – im J. 1834 : 1250.

Die Zahl der verabreichten Bäder belief sich:

	In den Jahren 1824-1834	im Jahr 1834:
der Wasserbäder	*auf* 7591,2	9594
der Schlammbäder	– 2243,5	2355
der Douchen (mit Bad)	– 717,3	849
der Gasdampdouchen		
u. Bäder	– 420,5	21
der Gasbäder	– 752,5	379
	11725,0	13198
(darunter Freibäder	2748	2736)

Von den häufig von Kurgästen besuchten freundlichen Punkten der Umgegend nenne ich: den H a r r e l, die L u h d e n e r K l i p p e, den S t e i n h u d e r   S e e mit Wilhelmsstein, die

A h r e n d s b u rg, die P a s c h e b u r g (1056 F. hoch), S c h a u m-
b u r g, H o h e n s t e i n (1140 F. hoch) und die P o r t a W e s t f a -
l i c a, drei Stunden von Eilsen, wo die Weser die Bergkette zwischen
dme Jakobs- und Wittekindsberge durchbricht.

Die Hauptmasse des gegen Süden streichenden Gebirges
gehört der Flötzformation an, und besteht aus Muschelkalk,
sandigem Mergelschiefer, welcher sich dem Schieferthon nähert,
und Eisensteinflötzen, – das gegen Norden sich ziehende Gebirge
enthält dagegen Quader-sandstein, Schieferthon und Steinkohlen.
Bemerkenswerth sind bei Eilsen mehrere, zum Theil mit Tuffstein
bedeckte schwefelreiche Torflager, welche zur Bereitung des
vortrefflichen M.schlamms zu Eilsen Gelegenheit geben.

Benutzt werden die M.quellen zu Eilsen als Heilquellen erst
seit dem Ende des vorigen Jahrhunderts. Ueber ihre Wirkungen und
medizinische Benutzung sind zu empfehlen die Schriften von
H e i n e k e n, H u f e l a n d, G e b h a r d t, welcher um die
musterhaften Einrichtungen zu Eilsen sich wesentliche Verdienste
erwarb, und die neueste von Z a e g e l, dem gegenwärtigen
Badearzt zu Eilsen.

Unter den teutschen kalten Schwefelq. gehören die zu
Eilsen mit Recht zu den vorzüglichsten, und streiten nicht bloss
hinsichtlich ihrer Mischungsverhältnisse und Wirkungen, sondern
auch in Bezug auf ihre trefflichen Anstalten mit dem benachbarten
berühmten und vielbesuchten Schwestern zu Nenndorf um den
Vorrang.

Das Schwefelwasser *zu Eilsen ist von einem starken,*
durchdringenden Schwefelgeruch, einem eigenthümlichen, salzig-
bitterlichen Schwefelgeschmack, nach D u M é n i l von einer sehr
wenig wechselnden Temperatur von 9-10° R., und bildet, der
Einwirkung der atmosphärischen Luft ausgesetzt, einen
Niederschlag, welcher aus kohlensaurem Kalk und Schwefelhydrat
besteht.

EXKURS zu DU MÉNIL (s. auch S. 83)

Der Apotheker August Peter Julius DU MÉNIL (Celle 1777-1852 Wunstorf – s. auch in Kap. 1: Rehburg S.83) stammte aus einer Hugenottenfamilie. Er wirkte nach seiner Ausbildung in Celle und einer Tätigkeit als Gehilfe in Schleswig ab 1798 in der Andreä'schen Apotheke in Hannover und in Apotheken zu Einbeck, Schnakenburg (Elbe) und Schwerin. 1809 kaufte er nach der Promotion zum Dr. phil. an der Universität Rostock die Apotheke in Wunstorf. Nach WESTRUMB veröffentlichte er 1830 seine *neue chemisch-physikalische Untersuchung der Schwefelwässer, wie auch des Badeschlamms zu Eilsen, nebst gasometrischen Beobachtungen über die Atmosphäre des dortigen Reviers.*

Für den *Georgenbrunnen* stimmen die Angaben weitgehend mit denen von Westrumb überein – so werden von Osann auch gegenüber gestellt. Keine Übereinstimmung sind dagegen zwischen den Daten von Wurzer und Du Ménil für den Georgenbrunnen festzustellen.

Du Ménils Temperaturmessung von *9-10 °R.* (= 11,25-12,5 °C) konnte sogar 60 Jahre später noch von FRESENIUS (s. folgendes Kapitel) mit 11,5 °C bestätigt werden.

Karl Otto Jacob EWICH (1814-1894, Arzt und Balenologe) veröffentlichte in seinem „Practischen Handbuch über die vorzüglichsten Heilquellen und Curorte für Aerzte und Badereisende" (Berlin 1862 – eines der letzten umfassenden Werke über Heilquellen vor dem Erscheinen des Deutschen Bäderbuches) die Ergebnisse von DU MÉNILS Analysen im Vergleich der Quellen wie folgt:

> *Die Hauptquellen enthalten nach D u m e s n i l in 1 Pfund von 16 Unzen = 7680 Gran, nach Granen:*

[nach den Nürnberger Apothekengewichten: 1 Gran = 0,062 g; 7680 Gran = 476 g = 1 Pfund]

	Georgenbr.	Julianenbr.	Neuwiesenbr.	Augenbr.
Glaubersalz	5,82	5,08	2,94	4,60
Bittersalz	5,01	4,49	4,77	5,17
Kohlens.Kalkerde	15,28	17,19	15,56	14,45
" Magnesia	0,16	0,18	0,27	0,16
Chlormagnesium	1,29	1,54	2,30	2,38
Phosph.Kalkerde	0,006	0,008	0,004	0,006
Eisenoxyd	0,006	0,008	0,08	0,006
Kieselsäure	–	0,07	–	0,06
Thonerde	Sp.	Sp.	Sp.	Sp.
Summe der festen Bestandtheile	30,0	30,64	27,21	28,38
Schwefelw.st. ccm	1,57	2,09(?)	1,66	1,37
Kohlensäure	1,44	2,15	1,46	0,73
Stickstoff	0,31	0,37	0,30	0,33
Sauerstoff	0,08	0,08	0,08	0,10
Kohlenw.stoff	0,07	0,11	0,07	0,07
Temp. R.	(alle 9-10°)			

Der Vergleich zeigt eine große Ähnlichkeit in der Zusammensetzung der Quellwässer, die auch durch FRESENIUS (s. folgendes Kapitel) bestätigt werden konnte.
[Erläuterungen: *Glaubersalz* = Natriumsulfat, *Bittersalz* = Magnesiumsulfat – s. den um 1900 erfolgten Umrechnungen auf Ionenkonzentrationen – als statt *Glaubersalz* in Natrium und Sulfat usw. – s. im Kapitel zu FRESENIUS)]

Fortsetzung OSANN:
(...)
Man unterscheidet folgende M.quellen.
1. Den G e o r g e n b r u n n e n, nach D u M´e n i l beträgt sein spec. Gewicht 1,00373, – er wird vorzugsweise zum Trinken benutzt.
2. Der J u l i a n n e n b r u n n e n, von gleichem spec. Gewicht als der vorige.
3. Den A u g e n b r u n n e n, von 1,00359 spec. Gewicht.

327

4. Den N e u w i e s e n b r u n n e n, sein spec. Gewicht beträgt nach D u M é n i l 1,00365, – zwar chemisch untersucht, aber wenig benutzt.

An sie schließen sich der T u f f s t e i n b r u n n e n, Schwefelquelle beim B a d e h a u s e a n d e r A l l e e, die Schwefelquelle auf W a l t e m a t t e n W i e s e, die Schwefelquelle im S c h l a m m r e s e r v o i r, der e i s e n - h a l t i g e S ä u e r - l i n g u n t e r d e m S a a l e d e s a l t e n L o g i r h a u s e s und am P f a n n e n h a u s e.

Chemisch analysirt wurden die Schwefelquellen zu Eilsen von S c h m i d t, A c c u m, W e s t r u m b, neuerdings von W u r z e r und D u M é n i l. (...)
[Es folgen die Analysenergebnisse zum Georgenbrunnen (Vergleich Westrumb und Du Ménil mit sehr ähnlichen Daten), zum Julianenbrunnen (Vergleich Wurzer/Du Ménil mit sehr unterschiedlichen Ergebnissen!) und des Augen- bzw. Neuwiesenbrunnens nur von Du Ménil. Die letzteren unterschieden sich in der Zusammensetzung kaum voneinander.]

Forsetzung OSANN:
Die schon erwähnten eisenhaltigen eisenhaltigen Mineralquellen enthalten nach W e s t r u m b: Kohlensäure, kohlensaures Eisen, kohlensaure Kalk- und Talkerde, schwefelsaures Natron, schwefelsaure Kalk- und Talkerde, Chlornatrium und Chlorcalcium.

(...)
Ueber die Mischungsverhältnisse der Luft zu E. hat D u M é n i l neuerdings das Resultat seiner deshalb veranstalteten Untersuchungen bekannt gemacht. Diese zufolge betrug der Sauerstoffgehalt der atmosphärischen Luft an der Esplanade und in den Alleen 20,3 Procent, an den Gehrden und in der Anlage um Harrel 20,45 Procent, – in den Gaszimmern dagegen, so wie in dem Lokale, wo die Gasdouche angewendet wird, in der Mittelzahl 19,95 Procent.

In Bezug auf den Gehalt der atmosphärischen Luft an Schwefelwasserstoffgas ergab sich, dass Stückchen Papier, welche in eine Bleiauflösung getaucht, wieder getrocknet und an verschiedenen Plätzen des Badeortes aufgehängt worden waren, bei stillem Wetter in der Nähe der Quellen tiefbraun, aber auch entfernt von denselben, wenn gleich schwächer, doch gefärbt wurden.

Die Sch.quellen zu Eilsen besitzen eine den Sch.quellen zu Nenndorf ganz ähnliche Wirkung, und nehmen gleich jenen die äussere Haut, die Schleimhäute, das Drüsen-, Lymph- und Venensystem vorzugsweise in Anspruch.

Ihre flüchtigen Bestandtheile, äusserlich angewendet, wirken, auf eiternde Stellen applicirt, die Eiterung verbessernd, – auf Verhärtungen und Geschwülste, die Resorption bethätigend, auflösend, – mit atmosphärischer Luft und Wasserdampf vermischt, in ähnlicher Weise, nur weniger reizend, als ohne Wasserdampf, den Reiz zum Husten beruhigend, und die Frequenz des Pulses mindernd.

Benutzt werden sie, gleich den Sch.q. zu Nenndorf, in folgenden Formen:

1. Als G e t r ä n k. Man benutzt hierzu den Georgenbrunnen, und lässt hiervon täglich vier bis acht Becher trinken. Nach W e s t r u m b hält sich das in wohl verschlossenen Krügen versendete Eilsener Wasser lange Zeit.

2. Als W a s s e r b ä d e r, allein, in Verbindung mit Schlammbädern oder zur Unterstützung der Trinkkur.

3. In Form von W a s s e r d o u c h e, Einspritzungen oder Waschungen, – als Klystier, Gurgel- und Waschwasser, oder als Injectionen bei Krankheiten des Uterinsystems.

4. Als G a s-D a m p f-D o u c h e und G a s b a d. Von dem letztern unterscheidet man zwei Arten, das t r o c k e n e oder k a l t e, und das f e u c h t e oder w a r m e Gasbad; das erste besteht aus den flüchtigen Bestandtheilen der M.quellen mit atmorphärischer Luft verdünnt, das zweite aus einer Beimischung von wasserdunst, wodurch die reizende Wirkung des erstern gemindert wird. Beide werden in Gaszimmern gebraucht, deren Atmosphäre mit den genannten Bestandtheilen vermischt wird. (...)

5. Als S c h w e f e l-M.s c h l a m m b ä d e r.

[Es folgt eine Aufzählung der Krankheiten, die nach dem damaligen Stand durch die Schwefelquellen – als Getränk, in Form von Wasserbädern, Gasbädern oder als Gasdampfdusche zu behandeln seien.]

EXKURS: **Gasbäder**
In der Jenaischen Allgemeinen Literatur-Zeitung (Band 2, ab Sp. 79; 1815) wird ausführlich die Publikation des *Stadtphysikus in Stadthagen und Brunnenarztes zu Eilsen* Dr. Joh. Christoph GEBHARD „Über die Gas- und Schlamm-Bäder bey den Schwefelquellen zu Eilsen und deren ausgezeichneten Nutzen in Lungenschwindsuchten, Lähmungen, veralteteten Hautkrankheit u. m. chronischen Überln" rezensiert – und darin auch die GASBÄDER beschrieben:
IV. Einrichtung der Gasbäder zu Eilsen.
Die Kranken athmen das Gas frey, und wenn nichts dagegen ist, Tag und Nacht unausgesetzt in der Atmosphäre ihrer Zimmer ein. (Zu wünschen wäre, dass die wichtigsten Badecuren, und so besonders die Schwefelbäder und Schwefelgasbäder beständig zu haben wären. Diesem Wunsche ließe sich vielleicht zu Eilsen, wo schon ein so vortrefflicher Anfang gemacht ist, am besten Genüge leisten!) Das Schwefelgas wird theils aus dem durch Schwefeldünste erwämten Badeschlamme, theils aus dem in vielen feinen Strahlen durch einen Theil des Krankenzimmers gespritzten Wasser entwickelt. Lungenkranke werden vorsichtig erst mit den niederen, und nach und nach mit den höheren Graden der Gasbäder behandelt…

EILSEN
Im WESERBUCH
(Ein aufklärender Begleiter auf der Weserreise)
1845

Anton Wilhelm Strack: Eilsen von der Morgenröte (Osten) -
Ausschnitt 1810

In dem von August ENGEL in Hameln herausgegebenen Reiseführer
ist über Eilsen in Bezug auf seine Schwefelquellen zu lesen:

*Fürstl. Schaumburg-Lippisch. Bad. Dorf. Außer den herr-
schaftlichen Cur- und Bade-Häusern 17 Bauer(n)höfe. 200 Ew. Eine
Stunde vom rechten Weserufer entfernt, an der Aue, welche
unterhalb von Minden sich in die Weser ergießt.*

*Der Ort ist weithin berühmt durch die daselbst befindlichen
Schwefelwasser-, Schlam(m)- und Gas-Bäder.*

*D i e   S c h w e f e l w a s s e r - B ä d e r   sind seit 1772 [?] in
Gebrauch. Auf einem kleinen Raume von 50 Ruthen* [preuß. 1 Rute =
15 Fuß = 4,3218 m; 50 Ruten = 216 m] *Durchmesser treten 9*

Schwefelquelle zu Tage, mit einer Temperatur von 9-12° R [= 11,25-15 °C]. Unter ihnen werden die Julianenquelle und der Georgenbrunnen, als die an Schwefelwasserstoffgas am reichhaltigsten, zum Trinken benutzt. Die Krankheiten, gegen welche der innere und äußere Gebrauch dieses Schwefelwassers von ausgezeichneter Wirkung ist, sind

1) diejenigen, welche auf venösen Stockungen des Unterleibes beruhen, als da sind: Hämorrhoidalleiden aller Art, Hypochondrie, Koliken, Gelbsucht.

2) Gicht, wenn sie fieberlos ist, und wenn sie, wie gewöhnlich in Stockungen im Unterleibe oder gestörter Hautthätigkeit ihren Grund hat.

3) Rheumatismus, wenn er fieberlos ist.

4) Chronische Hautkrankheiten, namentlich alle Formen von Flechten, Hautjucken, Kupferausschlag im Gesicht.

5) Scrofeln namentlich im Knochensystem.

6) Gegen alle Zufälle, welche vom ü b e r m ä ß i g e n G e b r a u c h e d e s Q u e c k s i l b e r s entstehen.

7) Gegen Lähmung der Extremitäten wenn sie nicht rein dynamischer Natur sind.

Die Eilsener S c h l a m m b ä d e r haben ganz besonderen Ruf. Sie wurden als die ersten in Deutschland 1802 eingerichtet, und die Schlamm- und Moorbäder aller übrigen Badeörter sind mehr oder weniger unvollkommene Nachahmungen der hiesigen. Der zu diesen Bädern gebrauchte, dazu eigens präparirte Schlamm, liegt in einer 3-5 Fuß mächtigen Schicht längs dem Aueflusse unter der Dammerde, und besteht aus den metallisch-salinischen Niederschlägen des den Boden durchziehenden Geäders der Schwefelquellen, und aus einer sammtartig-feinen mit bithuminösen Substanzen geschwängerten Moorerde. – Die Wirkung der daraus bereiteten Bäder ist jener der Schwefelwasserbäder analog, jedoch eigenthümlich modifiziert, und die Erfahrung hat gelehrt, daß sie namentlich bei Lähmungen, bei Knochenkrankheiten, chronischen Entzündungen der Knorpel, weißer Kniegeschwulst, freiwilligem Hinken, Verdickung der Sehnen und Bäder, weit wirksamer als die Schwefelwasserbäder sind.

Die G a s b ä d e r, ein kaltes und ein warmes, wurden 1811 eingerichtet, und verdanken ihre Wirkung dem durch eine sinnreiche Vorrichtung aus dem Schwefelwasser frei werdenden Schwefelwasserstoffgase. – Sie leisten ausgzeichnete Dienste bei dem sogenannten trockenen Asthma etc.

Die Heilkraft der genannten Bäder zieht alljährlich tausend und mehr Curgäste nach Eilsen, und obwohl 200 Fremde in den herrschaftlichen Häusern logirt werden können, so fehlt es doch in den frequenten Zeit oftmals an Logis, daher zu rathen ist, daß man seine Wohnung beim Brunnen-Commisariat vorausbestelle, oder daß man sich, wenn besondere Krankheitsverhältnisse es nothwendig machen, an einen der Brunnenärzte (Hofrath Dr. v. Möller in Minden, Dr. Weiß in Bückeburg) wende. –

Das Schwefelbad ist Privateigenthum des Fürsten. Fünf der reichern Bauern haben das Vorecht, in ihren Wohnungen an Badegäste niederer Stände Bäder zu verabreichen. Die ärmeren Einwohner finden der Mehrzahl Beschäftigung und Unterhalt bei der Badeanstalt.

Es ist in jeder Beziehung für das das Weserthal bereisenden belohnend, von Rinteln aus einen Abstecher nach Eilsen zu machen. Die herrliche Naturumgebung dieses Bades bietet vielfach mannigfaltige Parthieen dar.

Durchreisende Fremde übernachten, da besondere Gasthöhe hier nicht bestehen, in den herrschaftlichen Häusern.

ERLÄUTERUNGEN
Moorbäder
Schon Paracelsus soll Moor als Heilmittel empfohlen haben. Zu Beginn des 19. Jahrhunderts entstanden Kurbäder mit Mooranwendungen auch in Nenndorf, Pyrmont sowie in zahlreichen europäische Kurorten wie Marienbad (1813), Franzensbad (1827), Karlsbad (1836) und Bad Aibling (1845).

Als Moorbad wird ein Voll- oder Teilbad bezeichnet, in dem mit Wasser vermischter Badetorf eingesetzt wird. Eine solche Behandlung hat offensichtlich zwei Wirkungen: als sogenannte Überwärmebäder, da Badetorf ein guter Wärmespeicher ist, wobei 20 Minuten in einem Moorbad zu einer Erhöhung der Körpertemperatur um etwa 2 Grad führen (künstliches Fieber, Anregung des Stoffwechsels und positive Auswirkungen auf das Immunsystem) und durch entzündungshemmende Inhaltsstoffe wie Huminsäuren.

Remigius FRESENIUS:
Analyse des Julianenbrunnens und des Georgen-Brunnens im fürstlichen Bade Eilsen (1890/1891)

Carl Remigius FRESENIUS (1818-1897) wurde als Sohn eines Notars in Frankfurt am Main geboren. In der Stein'schen Apotheke zu Frankfurt absolvierte er eine Ausbildung zum Apotheker und hörte nebenbei Vorlesungen am Senckenberg-schen Institut und im Physikalischen Verein. Ab 1840 studierte er an der Universität Bonn Chemie, Pharmazie und allgemeine Naturwissenschaften. Im Laboratorium des Apothekers Ludwig Clamor MARQUART (1804-1881) entwickelte er seine „Anleitung zur qualitativen chemischen Analyse" (1. Aufl. 1841). Daraufhin wurde er 1842 als Staatsassistent bei dem berühmten Chemiker Justus LIEBIG (1803-1873) an der Universität Gießen angestellt, wo er 1842 promovierte, bereits 1843 habilitierte und als Privatdozent tätig war. 1845 erhielt er einen Ruf als Professor für Chemie, Physik und Technologie an die Herzoglich-Nassauische Landwirtschaftsschule auf dem Hof Geisberg bei Wiesbaden. 1848 kaufte er ein Haus in der Kapellenstraße von Wiesbaden und richtete dort sein eigenes chemischen Laboratorium ein. 1849 begann Fresenius mit der „Chemischen Untersuchung der wichtigsten Mineralwasser des Herzogthums Nassau". Er entwickelte eine zuverlässige Methodik der Mineralwasser-analytik, so dass seine Analysenergebnisse für zahlreiche Mineralwässer auch in das erste DEUTSCHE BÄDERBUCH von 1907 übernommen wurden.

EXKURS:
Von den Salz- zu Ionen-Konzentrationen
Erst mit Erscheinen des ersten *Deutschen Bäderbuchs* 1907 wurden die Angaben zu den Inhaltsstoffen der Mineralwässer von den Salz- auf Ionen-Konzentrationen umgestellt. Zur Geschichte und Begründung ist dort – im Chemischen Teil „Allgemeines über die Chemie der Mineralwässer" – von Theodor PAUL (1862-1928, Professor für Lebensmittelchemie und Direktor des Laboratatoriums für angewandte Chemie an der Universität München) u.a. zu lesen:

„Bekanntlich findet man bei der Mineralwasseranalyse nicht eine gewisse Menge Kochsalz, sondern dessen Einzel-bestandteile Chlor und Natrium, nicht Bittersalz, sondern Magnesium und Schwefelsäure. In welchem Zustande diese Einzelbestandteile im Mineralwasser enthalten sind, darüber gibt die Analyse keine Auskunft. Nach den früheren Ansichten glaubte man annehmen zu müssen, daß diese Stoffe zu Salzen verbunden in der Lösung vorhanden wären. Fand man daher in einem Mineralwasser Chlor und Natrium, so nahm man das Vorhandensein von Kochsalz an, bei Gegenwart von Magnesium und Schwefelsäure das Vorhanden sein von Bittersalz. Allerdings entstand bei diesem Vorgehen die Schwierigkeit, in welcher Weise man beim Vorhandensein mehrerer Salzbestandteile, wie dies beim Mineralwasser die Regel ist, zwischen den verschiedenen Salzkombinationen entscheiden sollte. Im Falle man also, um bei dem oben gewählten Beispiele zu bleiben, in einem Mineralwasser äquivalente, d.h. ihren Verbindungs-gewichten entsprechende Mengen Natrium, Magnesium, Chlor und Schwefelsäure gefunden hatte, so hatte man die Wahl zwischen der Annahme von Natriumsulfat neben Magnesiumchlorid oder von Natriumchlorid neben Magnesiumsulfat, oder man konnte auch die gleichzeitige Anwesenheit aller vier Salze annehmen. Da in den Mineralwässern in der Regel weit mehr Bestandteile vorhanden sind, so ist eine mehr oder weniger große Zahl von Kombinationen dieser einzelnen Bestandteile möglich. Für die Annahme bestimmter Kombinationen gaben die chemischen Theorien keine sicheren Anhaltspunkte.

(...)

Deshalb war man darauf angewiesen, bestimmte Grundsätze für die Gruppierung der Salzbestandteile, die natürlich nicht frei von Willkürlichkeiten sein konnten, aufzustellen, um eine einheitliche Darstellung der Analysenergebnisse, besonders auch zum Zwecke der Vergleichbarkeit verschiedener Analysen desselben Mineralwassers oder der Mineralwässer untereiander zu ermöglichen. So schlug R. B u n s e n vor, 'Säuren und Basen in der Weise zu Salzen gruppiert anzunehmen, wie diese Salze bei der Konzentration ihrer Lösung durch freiwillige Verdunstung bei einer ein für allemal angenommenen Temperatur je nach dem Löslichkeitsgrade aller denkbar vorhandenen Salze der Reihe nach für sich auskristallisieren würden'. Andererseits stellte F r e s e n i u s das Prinzip der Stärke der Säuren und Basen in den Vordergrund, indem zunächst die stärkste Säure der stärksten Base zugeteilt wurde, dann die nächste in der Folge der Säuren usw. War so die stärkste Base vollständig verteilt, so wurde mit der zweitstärksten Base in derselben Weise fortgefahren usw. Sowohl der Vorschlag von B u n s e n als auch derjenige von F r e s e n i u s sind theoretische nicht einwandfrei und erwiesen sich in der Praxis schwer durchführbar.

Mit Rücksicht auf derartige Schwierigkeiten und in der Erkenntnis, daß nicht einzelne bestimmte, sondern alle theoretisch möglichen Salzkombinationen in den Mineralwässern vorkommen, schlug K a r l T h a n [Carl von Than (1834-1908), ungarischer Chemiker, ab 1860 Professor an der TU Budapest] im Jahre 1864 vor, von einer Gruppierung zu Salzen ganz abzusehen und die unmittelbaren Analysenergebnisse nur auf die Einzelbestandteile umzurechnen. So rechnete er die Menge des gewogenen Chlorsilbers auf Chlor, die das Baryumsulfats auf den Sulfatrest (SO_4), die des Magnesiumpyrophosphats auf Magnesium um. Diese

337

Methode bot den Vorteil, daß sie ohne Zuhilfenahme unsicherer Annahmen eine übersichtliche Darstellung der Analysenergebnisse und einen direkten Vergleich der Zusammensetzung verschiedener Mineral-wässer ermöglichte. Zu einer ähnlichen Darstellung hat schließlich die moderne Theorie der Lösungen [insgesamt als IONENLEHRE, erst Ende des 19. Jahrhunderts allgemein anerkannt] geführt…"

Zu ergänzen ist, dass man allgemein (und richtig) annahm, dass in Kohlendioxid-haltigem Wasser die Erdalkalien Magnesium und Calcium vor allem als Hydrogencarbonate gelöst seien. Im Deutschen Bäderbuch von 1907 wird dann diese Theorie erstmals umgesetzt, wobei (im Hinblick auf die Herstellung auch künstlicher Mineralwässer) daneben auch die Salzkonzentrationen genannt werden, die bei einer Auflösung in destilliertem Wasser dem natürlichen Mineralwasser am ähnlichsten kämen.

FRESENIUS' Beitrag über die
Chemische Analyse des Julianenbrunnens und des Georgenbrunnens
erschien im Journal für praktische Chemie (1891), S. 287ff)

Das eine Stunde von Bückeburg, in einem vom Wesergebirge begrenzten, von der Aue durchströmten, zum Theil bewaldeten Thale, inmitten eines grossen Parkes gelegene fürstliche Bad Eilsen verdankt seinen Ruf den starken daselbst zu Tage tretenden Schwefelquellen und seinen Schlammbädern.

Da von den Schwefelquellen keine den heutigen Anforderungen der Wissenschaft entsprechende Analysen vorliegen, ersuchte mich die fürstlich Schaumburg-Lippische Rentkammer, von den zwei stärksten der Eilser Schwefelquellen, dem J u l i a n e n - b r u n n e n und dem G e o r g e n b r u n n e n, eine neue und umfassende chemische Untersuchung vorzunehmen. Diesem Auftrage entsprach ich, indem ich zunächst die Quellen im Juni 1890 besuchte, um alle Bestimmungen vorzunehmen, welche nur an Ort und Stelle ausgeführt werden können, und um die Wassermengen abzufüllen, welche zum Behufe der Analyse in mein Laboratorium nach Wiesbaden abzuschicken waren.

(…)

Der Julianenbrunnen liegt in der nördlichen Brunnen-Alle, nahe am Ende der Trinkhalle. Seine Fassung besteht aus einem Schachte von 7 Fuss Durchmesser und 16 Fuss Tiefe. Er liefert in einer Stunde 40,6 Cubikfuss Wasser. Dasselbe fliesst nicht frei ab, sondern wird dem Schachte mittels einer Pumpe entnommen.

Das frisch ausgepumpte Wasser erscheint ganz klar und farblos. Bei Lufteinwirkung trübt es sich in Folge der Ausscheidung fein zertheilten Schwefels weisslich. Bei langem Stehen in nicht ganz gefüllter Flasche klärt es sich wieder, während sich auf dem Boden der Flasche ein grauweisslicher Bodensatz von Schwefel ablagert. Das Wasser riecht und schmeckt stark nach Schwefelwasserstoff. Beim Schütteln in halbgefüllter Flasche lässt sich ein Druck nach aussen nicht bemerken, wohl aber, wenn man dem Wasser etwas Salzsäure zugesetzt hat. Die Temperatur des Wassers betrug am 20. Juni 1890 bei $17°= 18,6°$ R. Lufttemperatur, $11,45° = 9,16°$ R. – Das specifische Gewicht des Wassers, mit Hülfe an der Quelle gefüllter grosser Pyknometer bestimmt, ergab sich bei $17,5°$ zu $1,003087$.

Zu Reagentien verhält sich das der Quelle frisch entnommene Wasser also:

B l a u e s   L a c k m u s p a p i e r, in das Wasser eingetaucht, verändert seine Farbe nicht, g e r ö t h e t e s   L a c k-m u s p a p i e r wird im Wasser sehr schwach, aber doch deutlich erkennbar gebläut; lässt man das eingetaucht gewesene an der Luft trocknen, wird es blau.

C u r c u m a p a p i e r bleibt im Wasser unverändert, wird aber schwach gebräunt, wenn man das eingetaucht gwesene an der Luft trocknet.

A m m o n i a k bewirkt einen ziemlich starken, weissen Niederschlag. Derselbs löst sich leicht in Salzsäure und entsteht nicht wieder, wenn man Ammoniak im Ueberschuss zufügt.

S a l z s ä u r e veranlasst keine erkennbare Gasentwicklung. In dem damit angesäuerten Wasser entsteht durch C h l o r b a r y u m ein sehr reichlicher, weisser Niederschlag.

Oxalsaures Ammon erzeugt ebenfalls einen sehr starken, weissen Niederschlag.

Salpetersaures Silberoxyd liefert einen starken, schwarzen Niederschlag.

Mit Salzsäure angesäuerte Kupferchloridlösung bewirkt sofort einen schwarzen Niederschlag.

Was die Verbindung betrifft, in welcher der nicht an Sauerstoff gebundene Schwefel in dem Wasser vorhanden ist, so bemerke ich dazu Folgendes:

Aus den später mitgetheilten Resultaten der Analyse ergiebt sich, dass die Schwefelverbindung in 60 Ccm. des Wassers des Julianenbrunnens zur Zersetzung 22,5 Ccm. der dort näher bezeichneten Jodlösung erforderte, die in 100 Ccm. enthaltene hätte, somit 37,5 Ccm. erfordert.

Als Wasser des Julianenbrunnens in einem ganz gefüllten, mit Gasentbindungsröhre versehenen Kolben etwa eine Stunde lanf gekocht worden war, bis kein Gas mehr entwich wobei sich ein gringer, weisser, krystallinischer Niederschlag von kohlensaurem Kalk bildete, erforderten 100 Ccm. des erkalteten Wassers nur noch 0,8 Ccm. der Jodlösung. Eine Probe des so aufgekochten Wassers färbte sich durch einige Tropfen Kupferchloridlösung nicht mehr bräunlich; als man aber eine andere mit verdünnter Schwefelsäure vesetzte, liess sich ein geringer Geruch nach Schwefelwasserstoff eben noch wahrnehmen. Das ausgekochte Wasser enthielt somit eine Spur eines Schwefelmetalls und zwar Schwefelcalcium.

[Mit diesen Untersuchungen bestätigte FRESENIUS die Analysen und Aussagen von WESTRUMB (zur Existenz dieser speziellen Schwefelverbindung bzw. des Sulfid-(Hydrogensulfid-Ions) und widerlegte die Meinung von WURZER! – s. dort. FRESENIUS stellte fest:]

Aus dieser Beobachtung kann man den Schluss ziehen, dass diese sehr geringe Menge Schwefelcalciums als Schwefel-wasserstoff-Schwefelcalcium im Wasser vorhanden sei, – man kann aber auch annehmen, dass sie beim Kochen des Wassers erst entstehe, weil dabei der Gleichgewichtszustand zwischen Kalk, Kohlensäure und Schwefelwasserstoff aufgehoben wird, indem die freie und halbgebundene Kohlensäure rascher entweicht als der schwerer flüchtige Schwefelwasserstoff. *Da es sich nun doch darum handelt, das Wasser in dem Zustande zu beurtheilen, in welchem es aus der Quelle kommt, nicht aber in dem, welchen es beim Kochen annimmt, und da die Annahme im Wasser präexistirenden Schwefelcalciums eine willkürliche ist, so habe ich es vorgezogen, die Gesamtmenge des nicht an Sauerstoff gebindenen Schwefels als an Wasserstoff als Schwefelwasserstoff gebunden in der Analyse aufzuführen.*

Langsamer als durch Kochen wird der Schwefel-wasserstoff aus dem Wasser des Julianenbrunnens beim Durchleiten von Wasserstoffgas ausgetrieben. Aber als dasselbe 4 Stunden hindurch fortgesetzt worden war, liess sich doch in dem Wasser noch eine geringe Spur von Schwefewasserstoff nachweisen.

Beim A b d a m p f e n des Wassers an der Luft scheidet sich mit dem kohlensauren Kalk schwefelsaurer Kalk aus, auch enthält dann das so concentrirte Wasser durch Lufteinwirkung entstandenen unterschwefligsauren Kalk.

(...)

[Zu den weiteren Untersuchungen verweist FRESENIUS dann auf seine „Anleitung zur qualitativen chemischen Analyse", 15. Auflage.]

Die Bestandtheile der Quelle sind nach diesen Ermittlungen die folgenden, von welchen diejenigen, welcher ihrer geringen Menge halber nicht quantitativ bestimmt werden konnten, eingeklammert sind.

B a s e n   A n o r g a n I s c h e S ä u r e n u.
                       H a l o g e n e
Natron,   *Schwefelsäure,*
Kali,   *Kohlensäure,*
Lithion,   *Phosphorsäure,*
Ammon,   *Borsäure,*
Kalk,   *Kieselsäure,*
Strontian,   *Schwefelwasserstoff,*
Magnesia,   *Chlor,*
Thonerde,   *Borm,*
Eisenoxydul,   *Jod.*
Manganoxydul.

Organische und indifferente Bestand-
theile:
(Ameisensäure und andere flüchtige Säuren),
(Harze und Extractivstoffe),
Stickgas,
Leichtes Kohlenwassersoffgas.

Das zur quantitativen Analyse bestimmte Wasser entnahm ich dem Brunnen am 20. Juni 1890. Es wurde in mit Glasstopfen versehenen Flaschen und Ballons in mein Laboratorium nach Wiesbaden transportiert. Die Bestimmung der Kohlensäure wurde an der Quelle vorbereitet.

Die quantitative Analyse führte ich im Wesentlichen nach den in meiner Anleitung zur quantitativen Analyse, 6. Auflage. §. 206 u. f. angegebenen Methoden aus. Bei einzelnen Betsimmungen machte die Natur des Wassers kleine Abweichungen nöthig.

Die folgenden Daten stammen aus dem DEUTSCHEN BÄDERBUCH von 1907, indem sie nach der Resultaten von FRESENIUS in die heute bekannten Konzentrationen (hier in mg/kg) der Ionen umgerechnet worden sind.

Kalium 4,23 – Natrium 81,83 – Lithium 0,11 – Ammonium 0,489 – Calcium 633,1 – Strontium 9,267 – Magnesium 126,6 – Eisen 0,46 – Mangan 0,02 – Aluminium 0,101 /
Chlorid 117,2 – Bromid 0,453 – Iodid 0,005 (d.h. 5 Mikrogramm/kg!) – Sulfat 1648 – Hydrogenphosphat 0,122 – Hydrogencarbonat 461,4 – Hydrogensulfid 24,1.
Borsäure 0,715 – Kieselsäure 31,09.
Freies Kohlendioxid 100 – Stickstoff 27,19 – Schwefelwasserstoff 24,9 – Methan 2,145.

Auf die gleiche Weise beschrieb FRESENIUS auch die Analyse der GEORGENQUELLE – mit nur unwesentlichen Unterschieden in der Zusammensetzung.
Das genannte BÄDERBUCH vermittelt noch folgende Informationen:
„**Heilquellen**. 9 Quellen: ‚Julianenquelle', ‚Georgenquelle', ‚Neuwiesenbrunnen', Quelle auf Nordmeiers Wiese,

‚Tuffsteinbrunnen', Quelle neben der Hauptallee, ‚Stahlbrunnen', ‚Augenbrunnen' und der Brunnen im Schlammreservoir (die beiden letzteren werden nicht benutzt), im Laufe des 18. Jahrhunderts entdeckt und seit dessen Ende zu Heilzwecken im Gebrauch, entspringen aus der unteren Schiefertonschicht der Wealdenformation und sind in 1,25 bis 6,45 m tiefe Steinschächte gefaßt."

Zur Charakteristik des Wassers der Heilquellen ist zu lesen:

„Die Summe der gelösten festen Bestandtheile betragen 3,0 und 3,1 g, wobei Sulfat-, Calcium- und Magnesium-Ionen vorwalten. Mit Rücksicht auf den Gehalt an Hydrosulfid-Ionen und freiem Schwefelwasserstoff sind die Quellen als ‚s u l f a t i s c h e S c h w e f e l w a s s e r s t o f f q u e l l e n' zu bezeichnen.

Das Wasser der ‚Julianenquelle' und der ‚Georgenquelle' wird zum Trinken, das der ‚Julianenquelle' auch zum Inhalieren benutzt. Zum Baden und Duschen dient das Wasser sämtlicher Schwefelquellen gemischt (46 Zellen mit versenkten Sandsteinwannen), sowie das des ‚Stahlbrunnens'. Zur Erwärmung wird ein Teil des Wassers in großen Holzkübeln durch einströmenden Dampf erhitzt und in den Wannen mit dem übrigen Wasser vermischt. 1903 wurden 10 726, 1904: 12 280; 1905: 11 785 Mineralbäder verabreicht. Im Inhalationsraum befindet sich in der Mitte ein runder, mit Sandstein gefütterter Schacht, gegen dessen Wände das Schwefelwasser aus feinen Öffnungen unter starkem Druck geschleudert und so fein verteilt wird.

Sonstige Kurmittel: Schlammbäder; der aus den benachbarten Talwiesen gegrabene, unter Zufluß von Schwefelwasser durch Siebe geriebene und längere Zeit unter Schwefelwasser aufbewahrte Schlamm wird mit erhitztem Schwefelwasser in Sandsteinwannen zu einem Brei angerührt. In 25 Zellen mit je 3 bis 4 dicht nebeneinander befindlichen versenkten Wannen aus Sandstein oder Zement wurden 1903: 7209; 1904: 8257; 1905: 8569 Schlammbäder verabreicht. – (...)"

FRESENIUS nimmt in seiner Schrift auch auf die Veröffentlichung von Hermann LINDINGER Bezug, der 1859 in Bückeburg „seinen Gästen gewidmet" über **Eilsen und seine Heilquellen** sehr ausführlich berichtete.

Lindinger war 1846 Lehrer und Hofmeister der Kinder des Fürsten Georg Wilhelm (1784-1860) und wird 1855 als *Candidat und Lehrer, provis. zum Brunnencommissär für das Bad Eilsen* ernannt.

(Über die Schriften berichtet ausführlich auch Horst Merckens 1978.) – Genauere Lebensdaten konnten nicht ermittelt werden.

In 6 Kapiteln berichtet er zur *Topographie*, liefert eine *Physikalisch-chemische Beschreibung der Quelle. – Das Schwefelwasser und der Schwefelmineralschlamm*, über *Das Gasbad und die Molkenanstalt* (Auszüge daraus s.u.), über *Die Heilkraft der Quelle. – Allgemeine und specielle Wirkungsweise der Schwefel-, Schlamm- und Gasbäder. Gebrauch der Kur. Diätetik*, zur *Oekonomie der Anstalt* und schließlich auch über *Sociale Verhältnisse und Umgebung* – auf insgesamt 135 Druckseiten.

Ergänzend zu den bisher zitierten Auszügen anderer Autoren sei hier das 3. Kapitel zitiert:

III.
Das Gasbad und die Molkenanstalt.

Die Gase. *Wir haben oben erfahren, daß die Luft nicht nur in der näheren Umgebung der Quellen, sondern auch innerhalb das ganzen Kurortes mit schwefeligen Gasen erfüllt ist. Während nun in den entfernteren Theilen der Anlagen, namentlich in denen am reichbewaldeten Berge ein fast normales (21%) Volumen an Oxygen vorherrscht (20,45), nimmt dieses Gleichgewicht im näheren Umkreise der Anstalt selbst allmählig ab, indem es durch die hinzugekommenen Gasarten des Mineralwassers verdrängt wird, bis sich zuletzt in den Baderäumen selbst, wo eine stetig Entbindung derselben erfolgen muß, ein von dem gewöhnlich in der atmosphärischen Luft enthaltenen Sauerstoffquantum ziemlich bedeutend abweichendes Verhältniß herausstellt. Die dem Wasser emanirenden Hauptgase sind nun Schwefelwasserstoffgas, kohlensaures Gas und Stickgas* [s. dazu weiter unten]. *Die geringe Zunahme an Kohlenwasserstoffgas und Sauerstoffgas kann weniger in Betracht kommen.* **Das Schwefelwasserstoffgas** *besteht aus*

5,824 Wasserstoff und 94,176 Schwefel, und ist eben dasjenige Ingredienz, welches dem Wasser den Geruch nach faulen Eiern giebt, etwas säuerlich bitter schmeckt und auf Pflanzenfarben reagirt, die blauen röthet. Es ist an sich höchst irrespirabel und tödet, rein eingeathmet, auf der Stelle, indem es die Reizbarkeit des Herzens und aller Muskelfasern sofort erlöschen macht. Thenard's Versuche an Thieren wies diese tödliche Eigenschaft nach. Es ähnelt also darin den lähmenden narkotischen Giften, insbesondere der Blausäure. Mit atmosphärischer Luft und andern Gasarten verdünnt verliert es seine giftige Beschaffenheit und kann dann ohne Nachtheil eingeathmet werden. **Das kohlensaure Gas** besteht aus 27,36 Kohlenstoff und 72,24 Sauerstoff, hat einen stechenden Geruch, einen säuerlich stechenden Geschmack, ist specifisch viel schwerer als die atmosphärische Luft und wird vom Wasser absorbirt. Rein eingeathmet ist es nicht sofort tödlich, sondern ruft zunächst Pulslosigkeit, eine Art Scheintod, hervor, der durch reine Luft wieder gehoben werden kann. Es ist, in größerer Quantität eingeathmet, ein kräftig erregendes Mittel, das den Körper mit angenehmem Wärmegefühle durchströmt. [Es folgen Angaben zum **Stickgas** = Stickstoff, die jedoch offensichtlich, als aus Sauerstoff und Salpeter (oder Stickstoff) zusammengesetzt, nicht richtig sind – und daher ausgelassen werden!]

Stellt man sich nun eine jede dieser Gasarten isolirt dem Organismus als eine feindliche Macht gegenüber, so werden sie in ihrer Verbindung durch atmosphärische Luft selbst zu einem Heilmittel. Als solches ist denn die Quellenatmosphäre schon an sich zu betrachten. Bei längerem Aufenthalte in ihr muß eine Aufnahme dieses verschiedenen Gasgemenges durch die Lungen und die ganze Hautoberfläche Statt finden, und von da aus zum Einfluß auf das Innere des Gesammtorganismus, auf das Blut und das Nervensystem gelangen. Ein solcher ist dann auch je nach indivdueller Disposition mehr oder weniger unverkennbar.

Um indessen die specifischen Kräfte der Gasarten selbst zu intensiverer Wirksamkeit gelangen zu lassen, sind auch hier, wie an manchen andern Quellenorten, wo Gase emaniren, besondere Vorrichtungen getroffen worden, um diese flüchtigen Bestandtheile zu eigener Verwendung mehr in die Gewalt zu bekommen und besonderen Heilzwecken dienstbar zu machen. *Früher bediente man sich zur Anwendung von Gasarten mancherlei Inhalationsmaschinen, die aber nur auf kurze Zeit den Gebrauch des Mittels verstatteten. Die ursprünglich Einrichtung der Gasbäder selbst war die, daß man die Quellen mit einem fest schließenden Ueberbau versah, dessen Fussboden aus einem Gitterwerke bestand, durch welches das Wasser zur förderlichen Entwickelung der Gase oftmals umgerührt wurde. Wegen mancherlei Unzulänglichkeit dieser Einrichtung, wie sie über dem Neuwiesen- und Augenbrunnen bestanden, wurden seit 1811 im Badehause selbst zwei geräumige Zimmer zum gemeinschaftlichen Gebrauche hergerichtet. In ihrer Mitte befinden sich steinerne Bassins, in denen das Schwefelwasser, durch ein Druckwerk unmittelbar aus der Quelle getrieben, mittelst eines Steigrohrs durch eine Brause ausströmt, an den Wandungen der Bassins vollends zerstiebt und auf diese Weise sein Gas abgiebt. Die Quantität desselben kann durch Modification der Wasserstrahlen beliebig vermehr oder vermindert werden. Das eine der beiden Zimmer ist so eingerichtet, daß mit dem kalten zugleich auch heißes Mineralwasser springen kann. Das Gas wird hier also mit Wasserdämpfen gemischt, welche das kohlensaure Gas, das reizendste in dem Gasgemenge, einhüllen und abschwächen, und den Reiz auf die Respirationswerkzeuge vermindern. Dieses wird, während jenes das kalte, das warme Gasbad genannt. Da die Diät die möglichste Ruhe der zunächst in Anspruch genommenen Organe im Gasbade vorschreibt, also anhaltendes Reden und Lesen verbietet, so ist für anderweitige Unterhaltung durch zweckmäßige Spiele und auch für die nöthige Bequemlichkeit Sorge getragen.*

__Die Molkenanstalt.__ In unmittelbarer Beziehung zu der Sphäre derjenigen Uebel, welche die Heilwirksamkeit der Luft und dem zuletzt geschilderten Heilapparate der Gasbäder angehören, steht nun auch eine schon seit längeren Jahren gegründete Trinkanstalt der süßen warmen Ziegenmolke, deren hier darum mit gedacht werden möge. Ja, sie kann selbst in wesentlicher Beziehung als ein Product des gesegneten Thales und seiner Lage betrachtet werden. denn wenn die Qualität dieses Heilmittels, um es zu einem wirksamen, kräftigen und heilbezweckenden zu machen, durch das

Vorhandensein einer kräuterreichen Flora mit bedingt ist, so ist diese Bedingung in dem Thale selbst und den angrenzenden Gebirgshöhen in aller Füller gegeben. Die Abhänge der Berge erziehen nicht nur in ihren Gehegen einen Reichthum an Gehölz, Sträuchern und Halbsträuchern, welche den Molkenziegen eine mannigfaltige Abwechselung in der Weide bringen; jene sind zugleich auch durch ein Netz von lebendigen Hecken getheilt und durchzogen, welche in ihren Holzarten und der ihren Fuß bekleidenden Vegetation eine geeignete Nahrung bieten, während auf den Bergwiesen selbst zwischen den kräftigen Grasarten ein reiches Gemenge von aromatischen Kräutern emporsproßt. Zur Begründung dessen bedarf es nur, von jenen unter manchen andern die Waldrebe, Geisblatt, Brombeerstrauch, Spindelbaum, Hartriegel, Berberize, Hornstrauch, Hagedorn, Schwarzdorn, Silberdisteln, Moos- und Heidelbeere, Hollunder, Stechpalme, Birke, Esche, Heckenbuche u. s. w., unter diesen die verschiedenen Arten der Minze, des Klee, des Ehrenpreis, Ampfer, Huflattig, Löwenzahn, Odermennig, Enzian, Schöllkraut, Erdrauch, Steinbrech, Labkraut, Melisse, Melilote, Traganth, Esparsette u. s. w. als besonders entsprechende Futtermittel hervorzuheben.

Es liegt außerhalb meiner Aufgabe, dem Freunde der scientia amabilis auch als Wegweiser zu dienen. Doch unterlasse ich bei dieser Gelegenheit nicht, auf den Reichthum unserer Flora aufmerksam zu machen, wie solcher aus den oben geschilderten Bodenverhältnissen, welche den Gegensatz und die Uebergänge vom Sumpf bis zum nackten Felsen auf Bergeshöhe einschließen, naturgemäß von selbst sich ergeben muß. So bieten sie denn nicht nur Bekanntes, oft Begegnetes in schöner vollkommener Gestaltung, sondern auch sehr Seltenes, wie Natur es nur der bevorzugten Stätte wirkt. Ich zeichne in dieser Beziehung aus der Familie der Orchydeen die kräftigen Exemplare von der cephalanthera pallens auf dem Hunsberge, namentlich aber aus der Familie der Cruciferen die buscutella laevigata (Brillenschote) auf den Felsen des Hohnsteins aus, welcher außer im Süntel nur auf den südlichen Gebirgen Deutschlands und Tirols angetroffen wird.

Die Molkenanstalt ergänzt und vervollständigt also den Umfang der Mittel, welche für die Kategorie jener Uebel von der

Natur geboten sind. Gerade denjenigen Formen der Leiden der Respirationswerkzeuge, welche sich für den Aufenthalt in der Seeluft oder in hohen Gebirgsgegenden nicht eignen, ist das mehr herabstimmende Verweilen in Thalgründen zwischen den Bergen, wo sich der Einfluß von Sumpf und Moor auf die Luft geltend macht, weit zuträglicher. Bei ihnen kommt es wesentlich auf die Luftbeschaffenheit an, viel weniger auf die Temperatur derselben. Die benachtheiligende Einwirkung des Aufenthaltes in hohen Gebirgsgegenden bei schon ausgedehnter Infection der Lungen liegt nicht in der irrthümlichen Annahme der reizenden Wirkung von dem hier Statt habenden Präponderiren von Sauerstoff, denn dieser ist überall gleich vertheilt, wie die neuesten Untersuchungen auf Bergen und in hohen Luftschichten festgestellt haben, sondern theils in der vorherrschenden lästigen Trockenheit der Luft, welche schon an sich eine stärkere Gefäßaufregung veranlaßt, namentlich aber in der großen Verdünnung derselben, welche einen gesteigerten Athmungsproceß bedingt. Die leichtere Luft, welche unter schwächerem Drucke den Lungenzellen eine weit geringere Menge Gases vermittelt, nöthigt, um dem gleichbleibenden Bedürfnisse des Blutes an Sauerstoff zu seiner Entkohlung zu genügen, zu häufigeren und tieferen Athemzügen. Indem nun diese zunächst die den respiratorishen Bewegungen angehörige Nervenfasern willkürlich und unwillkürlich zu gleicher Theilnahme Nervencomplexe, selbst die Centralorgane, an der erregung Theil, durch ihre Verbindungen eine beschleunigte Bewegung in allen Geäßen fortpflanzend, die eben der Lebenskraft nur um so rascher anufreibt. Finden denn Solche für die scheichende Entzündlichkeit det Athmungswerkzeuge in der feuchteren Atmosphäre und in dem Ausströmen des Kohlenwasserstoff-, Schwefelwasserstoff- und des Stickgases hier das geeignete Besänftigungsmittel, so kommt ihnen neben diesem der Gebrauch des andern Heilmittels zu Hülfe, dessen Wirksamkeit darauf aber keineswegs beschränkt bleibt, sondern bei den mannigfachenkrankhaften Blutmischungen und chemischen Hautausschlägen nicht weniger Verwendung findet.

Die Molkenanstaltsteht unter Aufsicht der officiell bestallten Badeärzte und des Brunnen-Commissariates. Die Molke wird in der Apotheke selbst nach Art der Kreuth'schen süßen

Ziegenmolke bereitet. Ihre Qualität, ihre vorzüglich Klarheit und Reinheit im Geschmack ist nicht selten von anwesenden auswärthigen Aerzten rühmend hervorgehoben. Sie wird denn auch alljährlich von einem großen Theile der Badegäste benutzt, theils rein, theils mit Schwefelwasser oder andern Mineralwassern vermischt getrunken.

Der königlich Hannoversche Hof-Medicus, auch Land- und Stadt-Physicus zu Peine, Johann Carl Adolph BIERMANN, schrieb „Ueber die Molkenanstalt zu Rehburg…“ (1842) einleitend über die *Molken*: „Die Molken (*serum lactis*) sind der wässerige Theil der Milch, welcher nach Ausscheidung des Fettes und des Eyweissstoffes zurückbleibt und noch den Zukerstoff der Milch enthält. Man unterscheidet die s ü s s e n und die s a u r e n Molken; hier kommen nur die ersteren zur Frage, die rücksichtlich ihrer Wirkung besonders wichtig sind, (…), da sie aus Z i e g e n - m i l c h bereitet werden, in welcher ein weit grösserer Reichtum von Milchzukker enthalten ist, als in den aus Kuhmilch gewonnen Molken. Die Milken wurden von den Aerzten schon seit Jahrhunderten mit grossem Nutzen angewandt; eigene Molkenanstalten entstanden jedoch in Deutschland erst später…“

Biermann erwähnt dann die Molkenanstalt von Salzbrunn (Schlesien) von 1819 und Kreuth 1822 – in Rehburg gab es erst 1841 eine solche Einrichtung.

In den „Anzeigen des Fürstenthums Schaumburg-Lippe: 1849“ ist zu lesen:

„…Die bereits bewährte Molkenanstalt in Eilsen wird in der bisherigen Art ihren Fortgang behalten.

Im April 1849.

Das Brunnen-Commissariat,

Rath T i s c h b e l n.“

Quellen-Spaziergang im 21. Jahrhundert

Wir beginnen unseren Rundgang von der Bahnhofstraße aus am Eingang zum Kurpark, wo sich rechts die *Brunnenstube* mit dem *Georgenbrunnen* befindet.

Der Weg führt und an der Aue entlang über den Auetunnel zum Ende der Harrlallee, wo sich die *Tuffsteinquelle* befindet. Der Auetunnel wurde anlässlich des Baus des Georg-Wilhelm-Hauses (links des Weges) von Schaumburger Bergleuten angelegt, als das Bett der Aue verlegt und der Tuffsteinhügel untertunnelt werden musste, um die Aue unterirdisch hindurch zu leiten.

Über die Geschichte des *Tuffstein Durchbruchs* informiert ausführlich eine Tafel mit Texte und historischen Abbildungen unter den Überschriften *Von Menschen gemacht – Ursprünglich Bachlauf – Die Anfänge des Kurparks – Das heutige Flussbett* und auch zur Frage *Was ist Tuffstein?* (= Kalksinter).

Nach dem Besuch der *Tuffstein-Quelle* auf dem Tuffstein-Hügel , die zwar stärker als die anderen noch zu besuchenden Quellen sprudelt, jedoch nur einen geringen Schwefelgehalt aufweist, wenden wir uns ein Stück auf dem Weg zurück nach rechts in den Kurpark. Dort kommen wir am *Augenbrunnen* direkt an der Aue vorbei zum *Adolfbrunnen,* dessen hohe Schwefelwasserstoff-Konzentration schon von weitem am Geruch erkennbar wird. Er wird auch Neuwiesenbrunnen genannt und wurde früher als Inhalatorium genutzt: In einem engen Bretterverschlag konnte am auf Bänken sitzend direkt über die Quelle die Dämpfe einatmen.

An den Tennisplätzen (linkerhand) vorbei gelangen wird auch zum *Nordbrunnen* – „Bad Eilsens qualitativ stärkste Schwefelquelle", wie uns das Faltblatt „Der Kurpark in Bad Eilsen. Ein Streifzug durch den historischen Kurpark und durch Bad Eilsens Geschichte(n)" verrät.

Auf dem Rückweg in den Kurpark benutzen wir die *Brunnenpromenade* und gelangen schließlich zur *Julianenquelle.*

An dieser Quelle fanden die Trinkkuren statt – mit bis zu 12 Gläser des Schwefelwassers –, indem man zwischendurch im Kurpark promenierte. Gegen Rezept wurde das Schwefelwasser auch angewärmt oder mit Ziegenmolke (als „Molkenkur") vermischt ausgeschenkt.

Übersicht zu den wichtigsten Ereignissen in Eilsens Badgeschichte

1033   Der Ort wird als *Eildissum* erstmals urkundlich
genannt

1738   Druck des *„Situations Charte von Eilsen"*
des Ingenieurs Johann Chrisoph RÜSTMEISTER

1772   Erstmalige ärztliche Anwendung von Bädern durch
den Fürstl. Schaumburg-Lippischen Leibmedicus und
Landphysicus Dr. SCHMIDT (Bückeburg)

1780   Bericht von Dr. SCHMIDT an das Bückeburger
Medicinal-Collegium über die Wirkung des
Schwefelwassers

1785   Druck der *„Flurkarte von Eilsen"* vom Landvermesser
Albrecht Georg Jakob RAUSCHENBACH (mit 7 Höfen)

1788   Georgenquelle wurde eingefasst

1791   Einfassung der übrigen Quellen auf Veranlassung der
Fürstin JULIANE – die ersten Kurgäste kommen

1798/
1799   Ankauf der Ländereien von den ansässigen Bauern   rund
um die Quellen durch Fürstin JULIANE

1799   Anlage des Kurparks

1802   Gründung des Heilbades EILSEN –
erste Schlammbäder werden verabreicht
Ratsapotheker WESTRUMB in Eilsen –
Neuer Brunnenarzt Dr. GEBHARD

1805   Baubeginn des Georg-Wilhelm-Hauses und des
Schlammbadehauses –
Anstellung von Friedrich   Christian PÄTZ *„zu einem
beständigen Commissario bei der Gesundheitsanstalt in
Eilsen"* –
Erteilung einer Konzession für die *Krugwirtschaft* –
WESTRUMBs *Beschreibung der Gesundbrunnen und der
Schwefelbäder zu Eilsen in der Grafschaft Schaumburg*
erscheint im Druck

1807   GEORG WILHELM (1784-1860) übernimmt die
Regierung der Grafschaft Schaumburg-Lippe

1811   Erste *Gasbäder* werden verabreicht.

1850   Fertigstellung eines Kursaales

1889   Bau von zwei weiteren Schlammbadehäusern

1971   Staatliche Anerkennung als Heilbad

Verzeichnis der Literatur bis in die Mitte des 19. Jh. nach OSANN

C. F. ACCUM, phys. chem. Beschreibung von der Lage und den Bestandtheilen der Schwefelquellen zu Eilsen in: CRELL's Beiträgen zu den Chem. Annalen. Bd. V. S. 450-466.

J. F. WESTRUMB's Beschreibung der Gesundbrunnen u. Schwefelbäder zu Eilsen. Hannover 1805.

J. HEINECKEN, Eilsens Heilquellen und Umgebung. Hannover 1808.

J. Chr. GEBHARDT, über die Gas- und Schlammbäder bei den Schwefelquellen zu Eilsen. Berlin, Th. I. 1811. – Th. II. 1812.

STROMEYER in: GILBERT's Annal. d. Physik. Bd. XXXVIII. S. 468.

F. WURZER, das Neueste über die Schwefelquellen zu Nendorf, in der kurhessischen Grafschaft Schaumburg, Leipzig 1824 – S. 42, 88, 90.

HUFELAND's Uebersicht. S. 173. Viert. Aufl. S. 162.

– – Journal. Bd. XXVII. St. 4. S. 101. – Bd. XXX. St. 6. S. 95. – Bd. LI. St. 6. S. 114. – Bd. LIII. St. 5. S. 126.

Wilhelm STRACK, Wegweiser durch die Gegend um Eilsen. Lemgo 1817.

J. Ch. GEBHARDT, über die vorzüglichsten Heilkräfte des Gesundbrunnens zu Eilsen. Bückeburg 1822.

– – im: Hannöv. Magazin. Nr. 33. 1822. S. 259-263.

– – in: Hufeland's Journal. Bd. L. St. 2. S. 68-112. – Bd. LII. St. 4. S. 113-118.

ZAEGEL in: Hufeland's und Osann's Journal der prakt. Heilk. Bd. LXIV. St. 5. S. 58. – Bd. LXVIII. St. 3. S. 118. St. 4. S. 102.

S. ZAEGEL, Physikalisch-medicinische Abhandlung über das schwefelhaltige Mineralwasser und die Bäder zu Eilsen, Bückeburg 1831.

DU MÉNIL, neue chemisch-physikalische Untersuchung der Schwefelwässer, wie auch des Badeschlamms zu Eilsen, nebst gasometrischen Beobachtungen über die Atmosphäre des dortigen Reviers. Hannover 1830.

Weitere Literaturhinweise

B.C F.A. MEYER: Erster Jahresbericht über das Bad zu Eilsen, nach dem mit weil. Herrn Medicinalrath Zägel gemeinschaftliche geführten Tagebuche und eigenen Beobachtungen bearbeitet, Berlin 1835.

Hermann LINDINGER: Eilsen und seine Heilquellen in topographischer, physikalisch-chemischer, therapeutischer, ökonomischer und socialer Beziehung, Bückeburg 1859.

Adelbert SCHOOF: Analyse der Schwefelquellen des Badeorts Eilsen, Göttingen 1863.

R. BENSEN: Bad Eilsen und seine Heilquellen, Minden 1901

Horst MERCKENS, Bad Eilsen, wie es wirklich ist: Das neue Buch über ein altes Bad, Rinteln 1976.
Horst MERCKENS; Bad Eilsen. Ein Spaziergang durch zwei Jahrhunderte, Bückeburg 1978.
Horst MERCKENS, Eilsen, die Geschichte eines Dorfes in der Geschichte, Bückeburg 1983.

Wilhelm DIENEMANN und Karl FRICKE: Mineral- und Heilwässer Peloide und Heilbäder in Niedersachsen und seinen Nachbargebieten, (Die Lagerstätten Niedersachsen und ihre Bewirtschaftung, 5. Abteilung), Göttingen-Hannover 1961 – 1.4.12.4. Bad Eilsen, S. 282-289 und Anal. 137-141.